Zhongguo Dushi Zonghe Yunshu Xitong

中国都市综合运输系统

罗仁坚 主编

人民交通出版社

内 容 提 要

本书是以都市型特大城市为研究对象，打破以往的分割，将城市交通、城市对外交通作为整体进行研究和系统构建。从都市不同圈层交通出行的特点和对交通运输功能的不同要求出发，突破以往按运输方式划分的“条”式研究方法，对都市交通运输系统进行了更切合实际的以“块”为主，加“条”式的结构划分，对都市交通运输发展的目标要求、主要的战略思想、各子系统的构建要求和未来发展等进行了深入的系统性研究，从理论和共性层面提出了方向性的发展思路和建议。

本书适合于交通运输相关专业的大学本科及以上学历的学生、科研人员以及从事交通领域工作的管理人员使用。

图书在版编目（CIP）数据

中国都市综合运输系统/罗仁坚主编. —北京：人民交通出版社，2009.6

ISBN 978-7-114-07744-9

Ⅰ.中... Ⅱ.罗... Ⅲ.城市运输：综合运输-交通运输管理-研究-中国 Ⅳ.F572.3

中国版本图书馆 CIP 数据核字（2009）第 071831 号

书　　名：中国都市综合运输系统
著 作 者：罗仁坚
责任编辑：曾　嘉
出版发行：人民交通出版社
地　　址：(100011)北京市朝阳区安定门外外馆斜街 3 号
网　　址：http://www.ccpress.com.cn
销售电话：(010)59757969，59757973
总 经 销：北京中交盛世书刊有限公司
经　　销：各地新华书店
印　　刷：北京鑫正大印刷有限公司
开　　本：787×980　1/16
印　　张：12
字　　数：254 千
版　　次：2009 年 6 月　第 1 版
印　　次：2009 年 6 月　第 1 次印刷
书　　号：ISBN 978-7-114-07744-9
定　　价：30.00 元

中国都市综合运输系统

编　写　组

主　　编：罗仁坚

编写人员：郭小碚　程世东　谢雨蓉　祝　昭

前　言

《中国都市综合运输系统》是以都市型特大城市为研究对象，打破以往的分割，将城市交通、城市对外交通作为整体进行研究和系统构建。

以往由于体制原因，我国城市交通（主要指市区交通）和市区外部交通一直由不同的部门分别管理、规划、建设，存在着发展不协调、衔接不畅、责任不清、整体性差等诸多问题，而且进行整体研究也很少。实施大部制改革后，虽然管理体制在形式上实现了统一，但要进行统一管理，处理好各部分之间的关系，真正做到整体规划与一体化发展，还需要很多的理论研究和具体实践。当前亟需改变以往都市内外交通分别研究的方式，对整个大系统进行统一的系统性研究，为决策提供理论支持和依据。

都市交通问题非常复杂，涉及城市发展的规划思想、空间布局调整、路网结构、轨道交通发展、公共交通与私人交通的关系处理、对外交通基础设施的布局规划和运输系统建设、城市内外交通的衔接等，需要有结构层次清晰的方法进行系统分析和研究。本书从都市不同圈层交通出行的特点和对交通运输功能的不同要求出发，突破以往按运输方式划分的“条”式研究方法，对都市交通运输系统进行了更切合实际的以“块”为主，加“条”式的结构划分，在对存在的问题和面临的挑战进行深入分析的基础上，以科学发展观为指导，根据综合运输体系理论，对都市交通运输发展的目标要求、主要的战略思想、各子系统的构建要求和未来发展方向等进行了深入的系统性研究，从理论和共性层面提出了方向性的发展思路和建议。

本书根据国家发展和改革委员会宏观经济研究院《我国都市综合运输系统研究》课题的研究成果编写而成，课题组长罗仁坚为总执笔人，书中第一章由程世东编写，第四章主要由祝昭编写，第七章第一节和附录由谢雨蓉编写。郭小碚所长对课题总体设计和研究思路以及本书的编写提供了很多宝贵意见。

由于该项研究具有理论开创性，可借鉴的成果少，书中肯定有诸多不足，恳请行业内外各界专家和领导予以批评指正。

罗仁坚

2008 年 12 月

目　录

引　言 ………………………………………………………………………………… 1

第一章　都市空间结构和交通运输特征分析 ……………………………………… 4

第一节　都市空间结构及人口分布 …………………………………………………… 4

第二节　都市与外部的关系 …………………………………………………………… 6

第三节　都市客运交通出行的主要分布和特点……………………………………… 10

第四节　都市货运交通出行的主要特征……………………………………………… 15

第二章　都市综合运输系统构成研究……………………………………………… 16

第一节　对都市综合运输系统构成研究的必要性…………………………………… 16

第二节　都市综合运输系统构成……………………………………………………… 18

第三节　各子系统功能和基础设施网络配置要求…………………………………… 23

第三章　我国都市综合运输系统存在的问题和挑战……………………………… 27

第一节　我国都市交通运输普遍存在的主要问题…………………………………… 27

第二节　我国都市交通运输发展面临的挑战………………………………………… 40

第四章　国际主要大城市交通运输发展经验……………………………………… 46

第一节　西方主要大城市交通运输发展经验………………………………………… 46

第二节　亚洲主要大城市交通运输发展经验………………………………………… 68

第五章　我国都市综合运输系统发展的主要战略思想…………………………… 84

第一节　都市综合运输系统未来发展的主要目标要求……………………………… 84

第二节　我国都市综合运输系统构建和发展的主要战略思想……………………… 86

第六章　都市中心城综合运输子系统构建和发展………………………………… 93

第一节　我国都市中心城交通模式选择……………………………………………… 93

第二节　都市中心城交通运输子系统构建和发展需要体现的主要思想…………… 95

第三节　都市中心城交通基础设施网络构建和发展的主要思路…………………… 97

第四节　都市中心城公共客运子系统构建和发展的主要思路 …………………… 104

第五节　都市中心城货物运输子系统构建和发展的主要思路 …………………… 120

第七章　都市中心城对外交通运输子系统构建和发展 ………………………… 122

第一节　中心城至市域交通运输子系统构建和发展 ……………………………… 122

第二节　区域城际交通运输子系统构建和发展 …………………………………… 128

第三节　对外跨区域交通运输子系统构建和发展 …… 137
第八章　运输枢纽子系统构建和加强一体化的主要措施 …… 162
第一节　运输枢纽子系统构建与发展 …… 162
第二节　加强系统一体化的主要措施 …… 170
附录　交通运输发展的相关政策评述 …… 173
参考文献 …… 182

引　言

内容提要：在原来的管理体制下，城市内交通与城市外交通分属不同的部门主管、负责规划和建设，存在很多问题；加强整体研究和一体化运输系统的构建是适应大部制改革的要求。研究对象主要是在全国政治、经济、区域影响力等方面具有重要地位和都市形态特征的超大规模城市。

一、研究背景

(1)城市是现代社会经济的核心。2006 年我国城市总数为 661 个，其中地级及以上城市 287 个；地级及以上城市(不包括市辖县)总人口 36764 万人，地区生产总值 132272 亿元，占全国 GDP 比重 63.2%，超过 1000 亿元的城市(不包括市辖县)达 30 个。随着我国城市化进程的加快，城市的数量和规模都以较快的速度不断扩大，各种要素更多地向城市集聚，城市在全国社会经济发展中的重要性和影响力进一步提高。同时，城市发展的各种资源压力越来越大，对系统效率和资源节约提出了更高要求。

(2)交通运输是城市发展的重要基础和命脉，是城市发展潜力、活力的重要影响因素。交通运输的发达与否直接影响着城市的运转效率、取得要素的发展能力、城市发展的空间形态、区域经济发展中的地位、居民生活环境质量等各个方面。然而，目前我国城市交通运输普遍存在着发展不足、整体功能不强、城市内部及城市出入口交通拥堵严重、对外通道薄弱等问题，有的已影响到了城市的正常运转，交通出行环境和效率呈恶化趋势。各城市政府也都在花巨资、下大力努力改善交通条件，以求缓解城市内部交通拥堵和提升对外交通功能，增强发展能量和对区域的影响力。

(3)大城市交通运输是一个非常复杂的系统，包括城市内部交通和各种对外交通运输，由于受体制分割的影响，在既有的规划建设以及研究中，并没有将它们全部纳入统一的系统中，而是分别进行。大部制改革前，城市交通的主管部门为建设部和所在城市的城建部门，有专门独立的发展规划、与大交通不同的建设资金来源渠道以及运营管理方式，虽然也参与对大交通发展布局的讨论，但其意见受重视程度和影响力相对较小；大交通则是由铁道部、交通运输部和所在省市交通部门主管，发展规划和管理的范围是除城市交通以外的城间和乡村所有的交通运输。在规划上，大交通只是把整个市区作为一个“点”看待，不研究城市交通以及城市交通与大交通的衔接问题；而城市交通规划则主要关心城市内部交通问题，对城市外部交通研究很少。两者缺少从系统的角度进行统一规划和衔接协调，这也是目前大交通与城市交通之间衔接转换问题较多的主要原因。

(4)近十几年来国家干线交通运输的大规模发展，较大程度地改善了城市对外交通，促进了城市社会经济的发展。然而，由于国家干线交通运输主要是以大城市为主要结点和客货集散地进行规划建设，尽管在一定程度上也考虑了城市的要求和客货运输需求，但与从城市自身发展的视角对交通运输进行的规划建设仍有很多不同，有许多内容和要求没有纳入或涵盖，尤其是在支持区域经济、市域经济发展方面，还需要更多地依靠城市地方交通规划来考虑和解决。由于目前国家干线交通与地方交通、地方交通与城市交通并没有从城市的统一、系统的角度进行规划建设，往往造成各部分自成体系、抢占有利资源、整合难度大、一体化程度低、中转换乘不便等诸多问题。

(5)新的城市总体规划包括全行政区范围，城市空间形态和功能布局的扩散，城乡一体化的建设发展规划，以及越来越强的区域经济一体化等，城市的空间概念和作用已不再仅仅限于市区范围，而是包括整个行政区以及辐射带动作用的影响区域。因此，作为基础支撑和先导的交通运输，也应适应这样的发展要求，从城市发展的角度，进行更大范围的统一的系统性规划。

(6)交通运输大部制的改革为研究和构建大城市一体化的综合运输系统，解决当前存在的问题创造了有利条件，消除了城市内部交通与外部交通管理分割的体制障碍。加强和完善大城市综合运输系统建设也是大部制交通主管部门今后的一项重要工作内容。

因此，在现有交通运输发展的基础上，为了进一步提高交通运输的整体性和系统效率，适应城市空间形态发展和以城市为核心的经济带动发展模式，非常有必要对作为全国交通运输重要组成单元的都市综合运输系统进行专门性研究。

二、研究目的

根据都市交通运输特征，研究都市综合运输系统构成、发展的战略思想、各组成部分的发展思路和系统一体化的发展措施，初步建立都市综合运输系统理论，为制订都市交通运输整体规划、构建一体化的综合运输系统，提供理论基础和思路借鉴，引领该领域研究。

三、研究对象范围的界定

根据《中华人民共和国城市规划法》的规定，城市规划中所称的“城市”是指国家按行政建制设立的直辖市、市和镇。根据城市的规模、职能、行政级别、地理位置、地形条件、平面几何形状、内部结构等,可将城市划分为不同的类型。城市规模,包括城市人口规模与城市地域规模两种指标,通常人口规模是衡量城市规模的决定性指标。我国城市统计中,大城市是指市区和近郊区非农业人口 50 万以上的城市,市区和近郊区非农业人口 100 万以上的城市称为特大城市。2006 年,全国人口规模达 200 万以上的城市就有 20 多个。

由于城市交通运输系统与城市的规模、类型、空间形态、周边其他城市状况等密切相关,交通运输系统最复杂、问题最多的主要是超大规模城市,这些城市的交通运输问题如果能够得到有效解决,其他城市也就有了可以借鉴的方法和经验,解决起来相对比较容易。因此,本书研究和论述的对象主要是在全国政治、经济、区域影响力等方面具有重要地位和都市形态特征的超大规模城市,一般指市区常住人口 200 万人以上、具有区域中心城市性质和作用的直辖市、副省级城市。

本书研究和论述的这些具备都市形态和都市意义的城市,交通运输所需的各方面构成比较齐全,城市内部需要发展轨道交通,城市外部需要形成圈层覆盖,具有典型的代表意义,而且交通运输系统的主要形态基本上是以市区或中心城为核心(或"极")的对外放射形态,以服务于本地区社会经济活动和人们生活为主要目标,有别于全国干线交通运输系统的"通道"形态和服务的目标范围。在借鉴已有的一些研究成果和对交通运输系统的研究认识的基础上,本书将对其构成、面临的挑战、发展的战略思想和系统的构建思路进行系统性研究。

第一章

都市空间结构和交通运输特征分析

内容提要：都市人口密度高、产业规模大，空间结构一般呈中心城、新城/外围组团、远郊区的圈层结构形态，与外部的关系可分为与同区域主要城市间的关系、与本区域外主要城市间的关系，客流出行和对交通运输的要求呈现明显的圈层特征，对速度、时间保障性、便捷性、舒适性有着明显不同的侧重。

第一节　都市空间结构及人口分布

一、都市空间布局结构的一般形态

我国都市空间结构一般包括市区、近郊区、远郊区，市区有单中心、多中心、带状、圈层饼状等不同形态。随着城市的发展以及郊区县城、卫星城的不断壮大，新的城市总体规划涵盖的范围包括了整个行政区域，都市的空间结构一般为中心城（包括市区中心地区和边缘集团）、新城（卫星城）、市域范围的其他地区。例如，根据最新的城市发展总体规划，北京市未来将在控制中心城规模的前提下，围绕中心地区发展北苑、清河等10个边缘集团，同时建设昌平、通州等11个新城，形成“中心城—新城—镇”的市域城镇结构，在市域范围内构建“两轴—两带—多中心”的城市空间结构，如图1-1所示。上海市也在建设中心城区的同

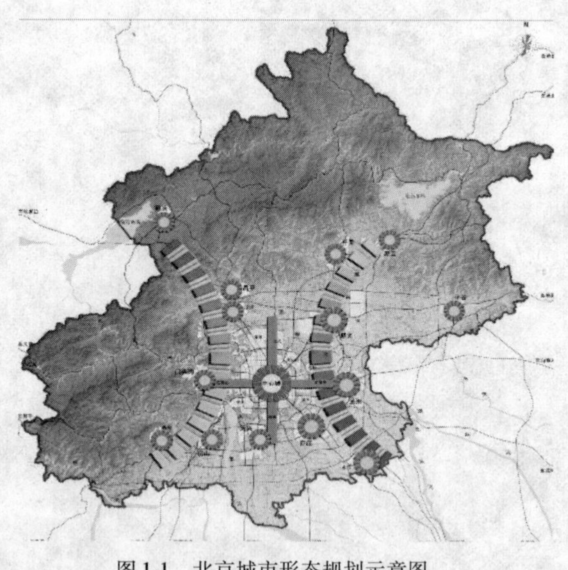

图1-1　北京城市形态规划示意图

时，规划建设宝山、嘉定等11个新城，如图1-2所示。

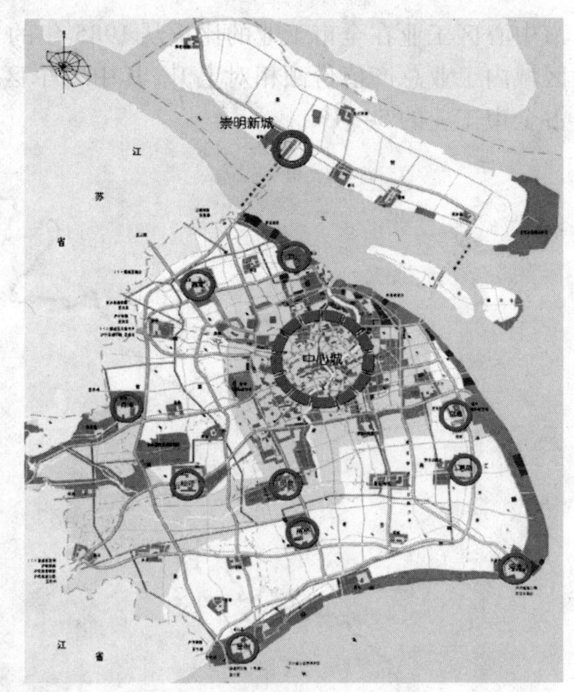

图1-2　上海城市形态规划示意图

二、都市的人口和社会经济分布特征

都市人口和就业岗位分布主要集中于市区，由里向外呈明显递减趋势，中心城人口一般都占全部人口的50%以上，工业化、城市化水平越高，新城（卫星城）越发达，市域人口分布的相对集中度就越大。中心城是都市的起源地，人口和产业首先在这个区域集中，然后以各种形式向外围扩展。都市的吸引力主要归功于其强大的市中心，伦敦、巴黎、纽约、东京、莫斯科、北京、上海等都市的中心城早已聚集了大量的公共活动，具有强烈的向心吸引力。目前，都市都以中心城为结构核心，公共活动随着核心距离的增大而衰减。人口、就业岗位的分布是公共活动强度的重要体现，其密度在都市中心城区最高，逐步向外降低。2006年，上海市内环线以内的常住人口密度为3.39万人/km^2，内中环之间为1.75万人/km^2，中外环之间为0.70万人/km^2，外环线以外为0.14万人/km^2。2006年，北京市中心城四个区的平均人口密度为22394人/km^2，近郊区平均人口密度为6312人/km^2，远郊区县平均人口密度只有413人/km^2，如图1-3所示。就业岗位也呈现类似的分布状况，北京市城区就业岗位密度超过2万个/km^2，是近郊区的10倍。

随着人们生活水平的提高对改善生活、居住环境的要求，以及城市功能疏解措施的实施，未来市区人口数量将会在保持相对稳定的基础上略有下降，外围地区由于市区人口外移以及城市化进程将吸纳部分新人口，人口数量会相对增长较快。但是，城市功能疏解是一个缓慢、长期的过程，市区以及整个中心城的核心地位决定了向心吸引的各种关系和作用。在经济产业分布和功能方面，都市越来越突现其区域经济管理控制中心的功能，中心城区以金融服务、高科技、总部管理等第三产业为主，原来位于都市中心的工业企业逐步整体或把生产制造环节向都市新城或郊区转移。北京市自从20世纪80年代开始进行工业结构和用地结构的调整，目前北京市工业企业中已经出现了总部与加工制造环节分离布局的现象，企业总部、研发、设计、营销、贸易等价值链高端环节，一般布局在中心城区特别是商务区；而加工制造工厂则逐渐由中心城区向远郊区县转移，以最大限度地降低厂房、原材料、劳动力等制造成本。上海市也从20世纪80年代中期开始加快工业布局调整，市中心区工业在全市工业的比重从1985年的71.6%下降到1997年的28.2%，郊区、郊县区域内工业总产值份额相对上升，其中5个区（闵行、嘉定、宝山、金山、浦东新区）的工业占全市工业的54.4%。

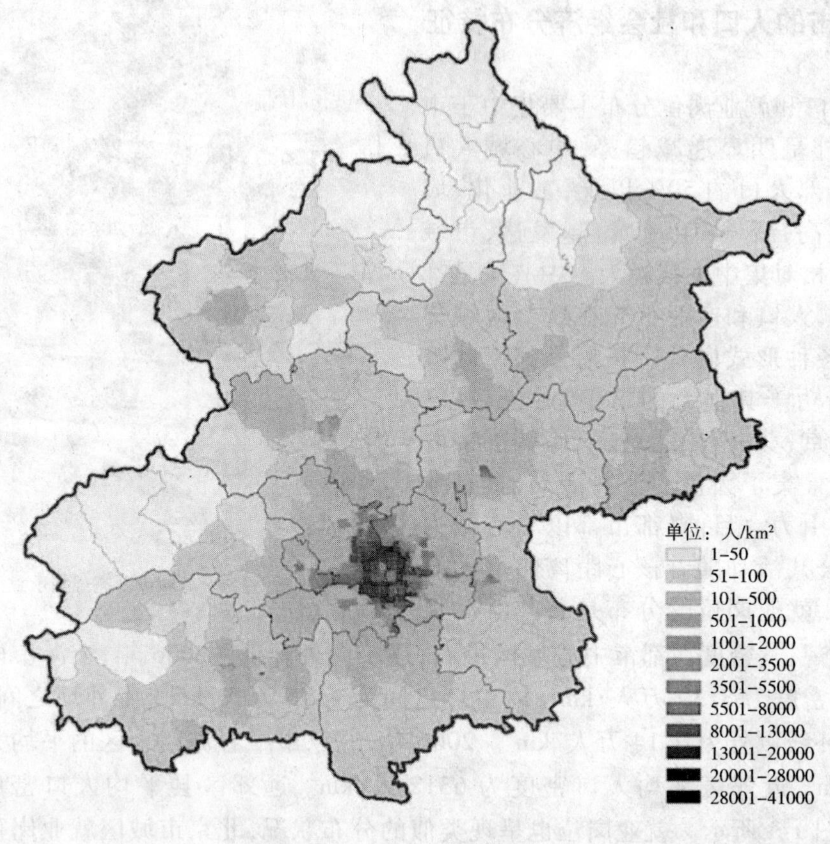

图1-3　北京市人口密度图

第二节　都市与外部的关系

一、都市的交通枢纽功能

都市的形成和发展壮大与交通的发展密不可分。便利的交通带来物资、人员的交流，在形成和发展市场的同时解放人们的思想，集聚各种资源并不断影响和辐射周边地区。从历史的角度看，我国在宋代以前，国际交通以车马为主要交通工具，西安、咸阳、武威、张掖、敦煌、吐鲁番、喀什构成了中国连接中亚、西亚、南亚的交通要道，都繁华一时。宋元以后，国际交通改为以海运为主，上述城市不断没落，而泉州、宁波、广州等港口城市取代了它们的地位而繁荣起来；欧洲工业革命以后，随着海洋交通地位的日益重要，上海依靠其在太平洋西岸扼守长江入海口这一优越的地理位置，占据了我国国际交通的霸主地位，并成为全国经济中心。就现实状况而言，西安、兰州、西宁、乌鲁木齐都是西北地区的省会（首府）城市，城市的政治功能相当，但兰州、西宁、乌鲁木齐的竞争力、吸引力远不如西安，其中最根本的一条原因是，这三个城市的交通功能不如西安强大。西安扼守新亚欧大陆桥的要冲，是中国连接中亚以及地中海地区的重要枢纽，同时也是中国东北、华北、华中、华南、华东连接西南、西北的铁路交通纽带，其强大的交通功能为西安的发展提供了具大的动力。

交通与都市形成、发展的关系决定了都市在地理交通区位上都是全国性交通运输枢纽。如果没有良好的地理交通区位优势，不是全国性交通运输枢纽，也不可能发展成为大都市。从地理交通区位上看，北京处于西北、华北北部的出海通道与东北的出关通道的交汇处；上海市是东北亚航运中心，是长三角经济区以及长江流域的出海口；广州是华南地区的出海口。这三个城市是我国三大航空枢纽，都有发达的公路、铁路网向区域内辐射，是全国最重要的交通枢纽中心，如图 1-4、图 1-5、图 1-6 所示。

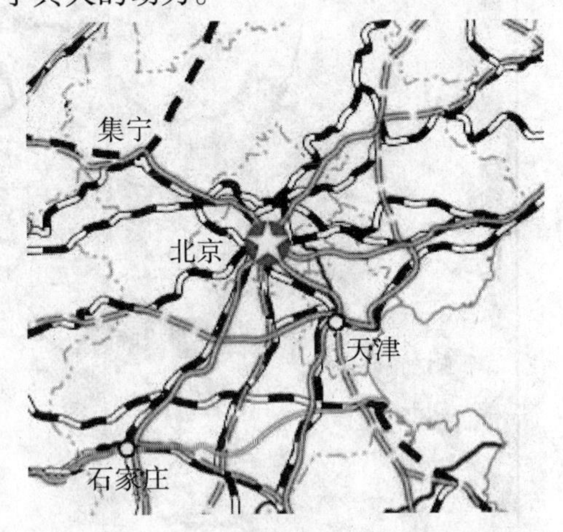

图 1-4　北京市地理及交通区位图

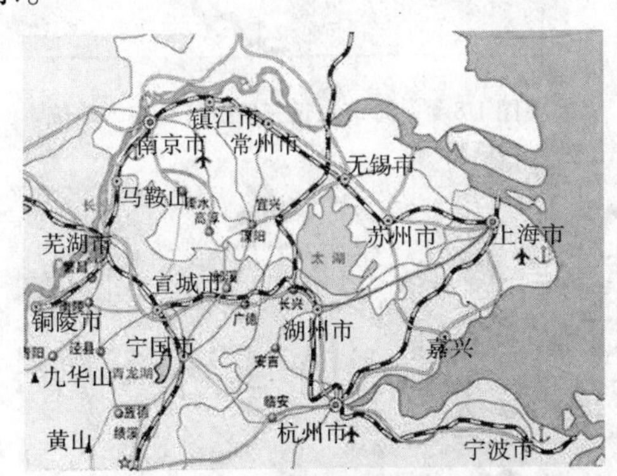

图 1-5　上海市地理及交通区位图

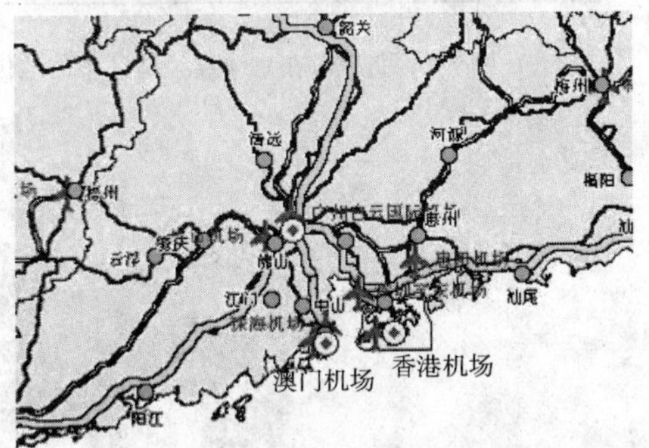

图 1-6　广州市地理及交通区位图

二、都市的区域经济中心功能

都市在功能上是区域政治、经济、文化中心，人口、经济、空间规模大，对周边城市和地区具有较强的辐射和影响力。随着区域合作及一体化程度的不断加深，作为区域的政治、经济、文化中心，这些都市的辐射作用以及与周边地区的经济和产业互补性不断加强，区域内以该都市为核心的城市间联系越来越频繁和紧密。同时,都市还承担着与其他经济区之间的大部分联系和往来。北京是全国的政治、文化中心,同时也是京津冀经济区域的中心,如图 1-7 所示;上海是全国的经济中心,也是长三角经济区的核心,如图 1-8 所示;广州是珠三角经济区的中心,如图 1-9 所示。这些城市在各自经济区域中的中心地位从其人口、经济和城市规模上可以体现出来,不管是人口、经济总量还是城区面积,这几个城市在各自的区域中都处于绝对主导的地位,具体情况如表 1-1 所示。

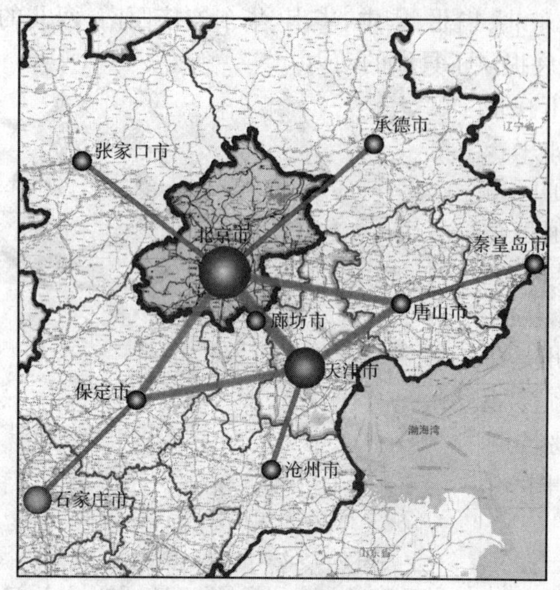

图 1-7　北京市在京津冀经济区中的地位

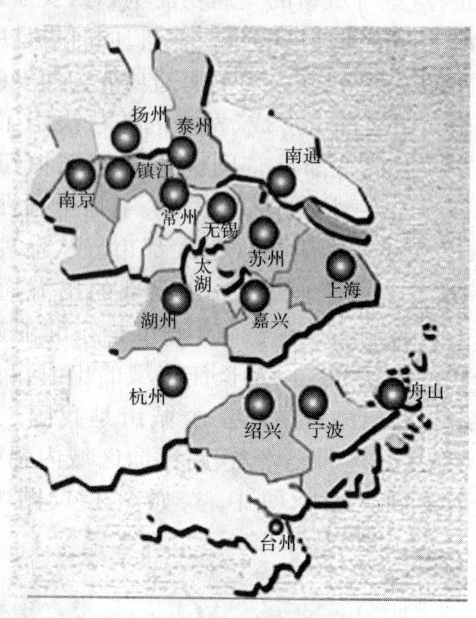

图 1-8　上海市在长三角经济区中的地位

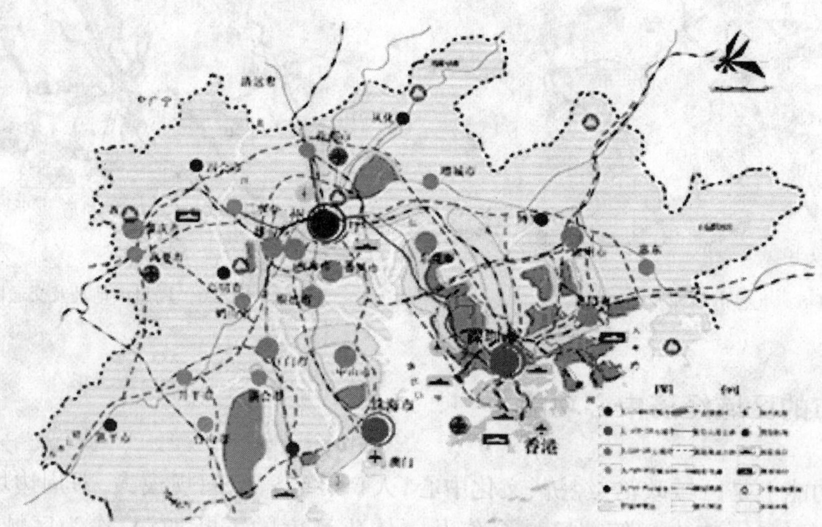

图 1-9　广州市在珠三角经济区中的地位

各都市在区域中社会经济数据对比　　表 1-1

区域	城市名称	人口（万人）	地区生产总值（万元）	建成区面积（km^2）	区域	城市名称	人口（万人）	地区生产总值（万元）	建成区面积（km^2）
长江三角洲	上海市	1298.1	102581100	860	京津冀城市圈	北京市	1126.9	77374069	1226
	南京市	524.64	25590000	575		天津市	77.91	40248700	540
	苏州市	230.15	19465500	215		石家庄	231.35	8046943	175
	扬州市	116.82	5063800	70		唐山市	301.17	12252471	209
	镇江市	102.72	4557675	90		廊坊市	77.36	1600953	54
	泰州市	64.25	2701200	50		承德市	46.91	1148269	77
	无锡市	232.3	18922000	198		保定市	105.23	2584956	100
	常州市	222.48	11851700	108		张家口	87.74	2011237	77
	南通市	86.64	4553600	59		沧州市	50.06	1704620	42
	杭州市	414.18	27377732	327		秦皇岛	78.88	3351044	83
	宁波市	215.81	15979900	215	珠江三角洲	广州市	625.33	56439497	780
	湖州市	108.22	3547244	71		深圳市	196.83	58135624	720
	嘉兴市	81.4	3414164	66		珠海市	92.63	7477029	108
	舟山市	69.19	2410576	34		佛山市	358.06	29281591	140
	绍兴市	64.89	2990216	83		东莞市	168.31	26265085	119
	台州市	150.2	5472022	114		中山市	142.26	10363164	36
						惠州市	118.26	5884913	94
						江门市	134.7	4856777	109
						肇庆市	49.34	1630307	49

资料来源:2007 年中国城市统计年鉴

注:现状数据为 2006 年数据,地区生产总值为当年价。

第三节　都市客运交通出行的主要分布和特点

一、出行的空间特征

都市客运出行基本上与社会经济、城市功能分布相对应,居民出行活动以日常出行为主导,主要范围为生活和工作的活动区域,其他的出行包括休闲娱乐等;外来出行主要是公务、商务出行和休闲旅游出行。

都市行政区范围内的出行从空间上可分为:市区内出行,市区与中心城边缘集团之间,中心城与新城(卫星城)之间,新城或区县城市与乡镇、农村地区之间的出行等几大主要部分;此外,还有新城(卫星城)等地区性出行。都市客运出行中除了比重最大的中心城内客运出行外,由于都市的形态由市区、边缘集团、新城、郊区等几部分构成,它们在功能上的分工合作,使得相互间产生较多的市域内客运出行。

都市行政区范围以外的国内出行,从出行距离和空间上可分为:与周边城市之间的出行,与区域以外的全国其他城市或地区之间的出行;此外,还有国际出行。由于区域一体化的不断加强,都市作为区域中心,与周边城市的联系越来越密切,人员往来越来越多,产生了都市与周边城市的客运出行。由于都市是区域经济社会的核心,使其承担着大部分的区域对外联系的作用,产生了对外跨区域客运出行。

都市客运出行呈现出的这种空间分布是随着城市和经济的发展,以及不同层次的客运交通出行数量和规模的变化而不断发生变化。近几年来,一些原来规模较小的客运出行需求总量发展很快,规模不断变大,使得有必要根据其需求特点进行独立的交通运输供给来满足这种需求,如中心城与新城之间的交通出行和区域内城际交通出行等。

二、出行规模分布及发展趋势

不同空间的出行量和该空间范围内的人口规模,与对应端的功能吸引度密切相关。

都市市区居民出行量大,并且增长迅速。都市中心区集聚了绝大多数的人口和工作岗位,与之相适应地,也产生和吸引了大量的客运交通出行,中心城的交通出行在整个都市交通出行中占有绝对比重。以北京市为例,中心城的出行量约占全市出行总量的60% ~70%,2005 年全市居民日出行量 2830 万人次(不含步行),其中,中心城出行量约为 1800 万人次。随着生活水平的不断提高,都市居民人均出行次数不断增长,如北京市人均出行次数年均增长 4%,由 1983 年的 1.61 人次/人・日增长到 2007 年的 2.6 人次/人・日。在都市中心城人口规模也在不断增长的作用下,都市中心城客运出行总量迅速增长。

随着边缘集团、新城建设的快速发展，市区与边缘集团、新城之间的出行量也在快速增长。该类客运出行总量的规模与边缘集团、新城的实际功能有密切关系。如果其具有清晰的产业功能，并且有完善的教育、医疗等社会保障设施，则其客运出行总量相对较小；如果其功能以居住为主，则出行总量相对较大。

区域城市间的出行数量与城市之间经济、产业的依存度、关联度有密切关系，随着区域一体化以及区域间交通条件的改善，此类出行增长迅速，除了休闲购物、探亲访友、旅游以外，公务、通勤出行逐渐增多。区域经济一体化发展水平不断提高，各城市根据自己的自然禀赋，明确各自优势，确定城市功能和产业分工，整个区域内各城市经济产业通过相互合作和衔接，形成一个或几个完整的产业链条。由于经济产业之间的关联度和分工协作不断增强，人员往来也会越来越频繁。这种人员往来出行的目的已经不仅仅是业务的洽谈和合作，甚至是在运营操作层面的沟通与协作，这使得出行数量有不同量级上的增加。

随着全国经济的持续快速发展，人们收入水平的不断提高，长距离的旅游、度假等出行也在以一定的速度增长。

三、不同空间层次出行的主要特点和对交通的要求

（一）中心城出行的主要特点和对交通的要求

都市中心城客运出行，以工作、上学等通勤交通为主，但生活休闲一类出行的增长速度快，比重不断上升，出行目的构成的多样化趋势更加明显。居民活动是产生居民出行的根源，工作和上学是都市中的人们所必须的活动，由此产生上下班和上下学这样工作日所必须的交通出行。大多数居民被工作或学习占去了大部分时间，没有更多的时间参加其他活动，因此其他方面的交通出行相对较少。但是，随着居民生活水平的提高，居民有更多的时间和财力进行生活休闲等其他活动，这方面的交通出行数量也不断增长，而上班和上学等通勤交通出行的数量增长缓慢，导致它们在出行中所占比重明显下降，如北京市通勤交通出行比例从 1986 年的 80% 下降到 2007 年的 55% 左右。

都市中心城居民出行距离不断增加。由于都市中心城的规模在不断扩大，大多数人在市中心上班，而居住地逐步向城市中心区以外搬迁，有的甚至在新城、边缘集团内居住，这使得居民出行距离不断增加。北京市 1986 年一次出行的平均行程为 6km，2000 年增加到 8. 04km，而 2010 年平均出行距离预计将达到 9. 19km 左右。

都市客运出行密度由中心区向外逐步降低，且潮汐式、早晚高峰特征明显。客运需求密度与土地利用的性质、开发强度、人口密度等有着密切的关系。由于都市中心区的土地开发强度和人口密度由都市中心向外逐步降低，与之相对应，交通出行密度也由都市中心向外逐步降低（图 1-10）。例如，北京三环路以内吸引的出行量占市区出行总量的 50%，其中，二环以内旧城区吸引的出行量占市区总量的 25%。另外，由于在土地开发功能性质方面，大多数

城市的商务、办公多集中在中心区，居住生活区在外围，这样导致了客运交通出行呈现出早上向心、晚上向外的潮汐式特征，而且早上上班、上学和下午下班、放学在时间上相对集中，产生明显的早高峰和晚高峰，如图 1-11 所示。

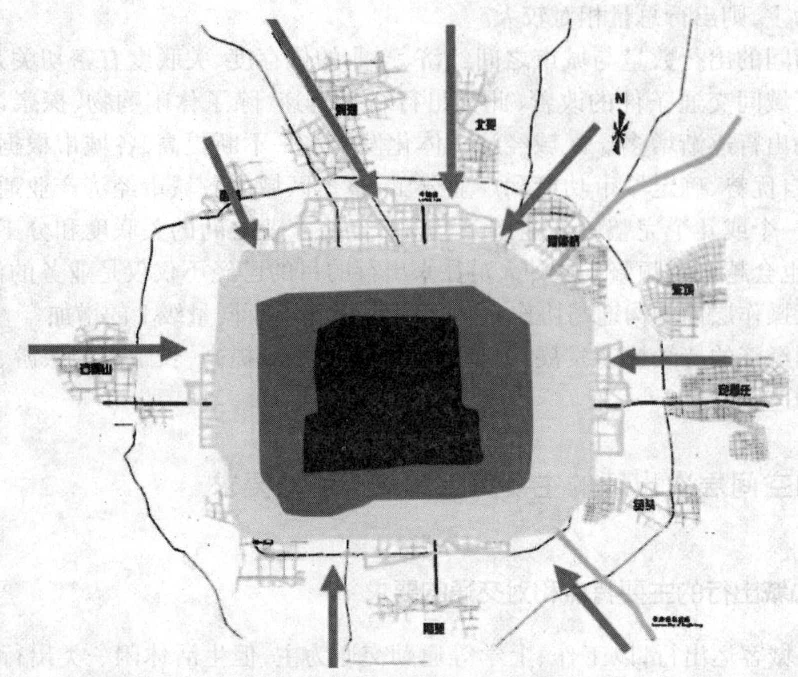

图 1-10　北京出行强度及早高峰方向示意图

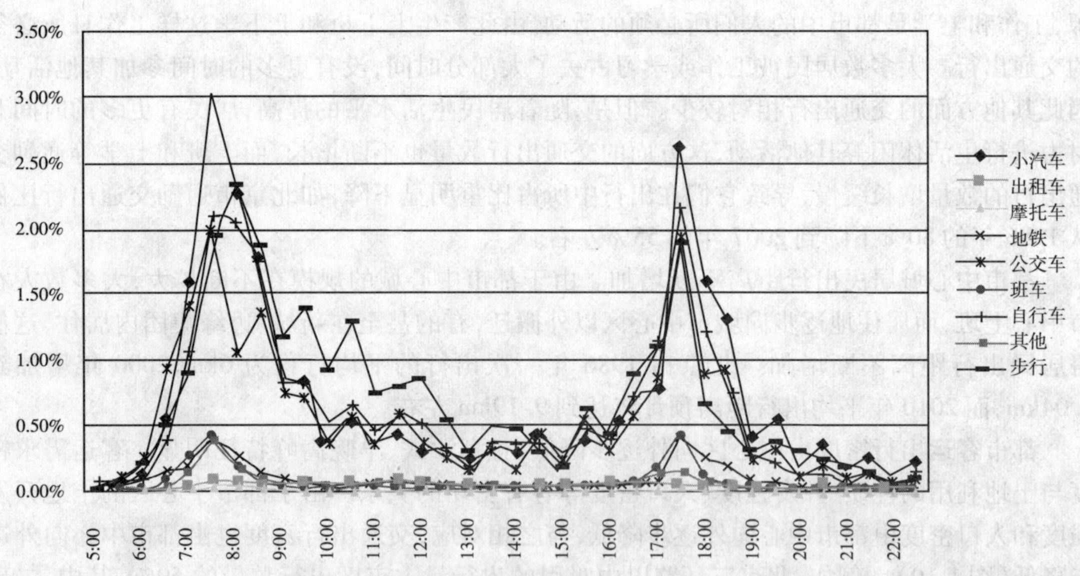

图 1-11　北京中心城居民各类出行方式随时间变化的分布图

都市中心城居民出行对出行速度、准点性和舒适度提出了更高的要求。随着都市中心城内交通流量越来越大,车辆之间的相互影响导致出行速度越来越低,根据相关数据统计结果显示,北京市 2007 年五环范围内早高峰(7:00 ~ 9:00)期间,快速路平均速度为 31.2km/h,主干道平均速度为 20.5km/h;晚高峰(17:00 ~ 19:00)期间,快速路平均速度为 26.7km/h,主干道平均速度为 18.4km/h。在出行距离也不断增长的情况下,都市中心城居民出行时间越来越长。同时,道路交通流量越大,交通流的稳定性也越差,整个系统显得更为脆弱,微小的事故就会引起大规模的拥堵,导致出行时间的不确定性,人们不得不在出行时留出更多富余时间。而随着社会经济的发展,人们的时间显得越来越宝贵,希望节省出行时间用于工作、休息、生活娱乐等,这样就对出行速度和准点性提出了更高的要求。另外,随着居民生活质量的提高,出行作为其中的一部分,对出行的舒适度也有更多的期望和要求。

中心城客运需求的特点要求交通基础设施和运营网络覆盖面广,交通行驶畅通,准点率高,步行距离短,乘坐、换乘方便。市区主要通道以及市区至边缘集团的交通走廊客运出行量大并且时间集中,要求具有较强运送能力以及相对快捷的运输系统。

(二)新城客运出行特点及对交通的要求

新城的居民出行除了新城内部出行外,由于不同的定位和功能分工,在经济社会一体化的要求下,新城与中心城之间以及相互间具有一定的依附和合作的关系,因此产生出新城与中心城之间的出行以及各新城之间的出行。

新城的所有居民出行都与其功能定位及规划实施有关。如果新城的功能定位为某一个或几个产业,并且有良好的教育、医疗等社会保障设施,做到了居职平衡,那么居民工作、学习以及休闲娱乐等其他活动都在新城内部,该新城的居民出行就主要以内部出行为主,新城与中心城以及相互间出行仅限于少量的商务、公务出行。在这种情况下,该组新城居民内部出行特点与中小城市的情况基本类似;对外出行,即与中心城以及其他新城之间的交通出行量的大小主要取决于产业之间的合作、配合密切程度,出行在时间上的分布也相对比较均衡。

但目前我国都市的新城中达到这种理想状况的很少,绝大多数是以居住为主的"卧城",产业功能不明确,其内部的工作岗位很少,教育、医疗、娱乐等设施较少或较差,居民大部分的工作、学习、生活休闲都依赖于中心城区,因而产生了大量与中心城区的交通往来,尤其是上下班高峰和潮汐现象特征更加明显。在这些新城内部的居民出行相对比较简单,数量较少;同时,各新城之间由于产业分工合作较少,相互往来出行也较少。主要出行是与中心城区的客运上下班出行,对出行的速度、准点性和舒适性都有较高的要求,在时间上更集中于早晚高峰的时间段内。

在新城客运出行中,内部客运出行对交通的要求与中小城市内部交通相同,对外客运出行中,新城间客运量小、时间分布均匀,以商务出行为主,要求有快速的交通通道;新城与中心城之间客流量大,早晚集中,需要有快速通道和快捷、大容量运输系统与之相适应。

(三)市域其他地区客运出行特点及对交通要求

市域其他地区的居民出行主要包括郊区乡镇、农村居民在本地生产、生活出行以及这些居民与中心城之间的出行，同时还有中心城居民到这些地区的郊区旅游出行等。其中郊区乡镇、农村居民在本地的生产生活出行的特点是数量较少，相对比较分散，出行范围和距离也比较小。社会主义新农村建设以及从社会公平的角度出发要求加快农村道路建设和郊区公交运营建设，改善农村居民的出行条件，为农村居民的出行提供更好的通达性和便捷性。

城乡一体化建设使得城乡之间的经济社会联系越来越多，这些地区与中心城、新城之间的交通出行不断增多。同时，郊区越来越多的农村富余劳动力到中心城、新城工作，但他们会因为家庭事务等需要不时地回家，往返于郊区乡镇、农村和中心城或新城之间，进一步增加了中心城、新城与这些地区的交通出行。这些出行的特点是出行一端相对集中于中心城或新城，另一端分散于郊区农村，线路客流的集中度不高。这部分出行主体的经济收入相对较低，为了从经济性和便捷性等方面更好地满足这部分出行，促进城乡一体化发展，要求加快公共交通城乡一体化的建设。

随着中心城居民收入、消费水平的提高，以及居民消费观念、生活方式的改变，中心城居民在周末或节假日到郊区农村进行旅游休闲活动的越来越多。这部分出行的特点是时间集中在周末和节假日；在出行方向上，节假日开始的时候是出城方向、节假日结束的时候为进城方向；在出行方式上，以自驾小汽车出行为主，这种出行特点要求有良好的郊区道路条件。

(四)对外交通出行的特点

由于出行距离范围、出行的频率、目的、以及对交通服务方面的要求差异很大，故将对外交通出行分为与周边地区的对外交通出行和长途干线出行。

与周边地区的对外交通出行最重要也是数量最多的是都市与区域内其他城市之间的客运出行，这一类出行的特点是两个城市之间点对点的城际出行，并且由于在同一个经济区域内，出行距离不会很远，一般在二三百公里以内。随着经济一体化的发展，都市与都市相互间的合作从业务洽谈到运营操作层面的沟通与协作，这部分出行在数量上有大幅增长，在时间上要求更便捷和快速，需要有快捷、较大运输能力的交通运输系统与之相适应，如高速公路和城际轨道等。

长途干线出行是指都市与所属经济区域以外的城市、地区之间的交通出行。这部分交通出行包括政府公务、商务洽谈、探亲访友、休闲旅游等。这部分交通出行在距离上是所有出行中最长的，但人均出行频率较少。随着经济社会发展，人们收入水平的提高，长距离的旅游、度假等出行也在以一定的速度增长，同时对时间价值的重视和生活质量的要求不断提高，需要越来越多的铁路客运专线、航空等快捷、舒适的运输方式以满足这种出行需要。

第四节　都市货运交通出行的主要特征

由于市区货运交通受城市交通管理的限制较多，市区内外货运组织方式差别很大，故对市区货运交通与城市外货运交通分别进行研究。

一、市区货运交通

市区货运主要是以商业物资、居民日常生活物资和生活垃圾等为对象，该类货运量保持着稳定快速的增长趋势。随着都市中心城区用地性质的调整，第二产业转移到外围，中心城区以服务业和居民居住为主，导致中心城区最主要的货物需求是满足居民生活需要，包括上游的商业物资和下游的生活垃圾。都市日用消费品需求量与都市的人口规模、都市消费水平有直接关系。人口越多，需要的消费品数量就越多；并且随着人们收入和生活水平的提高，人均所需消费品的数量也在不断增加。在两者的相互作用下，都市的日用消费品保持着持续快速的增长趋势。

城市日用消费品需求特点为小批量、多批次，而这些货物大多是从其他地区和城市大批量地运往都市，这种供需特点在运输方面恰恰适合“城市外长途干线运输 + 市区内物流配送”的组织模式。

另外，大多数都市现阶段存在较大数量的建筑材料、渣土等建筑废弃物运输。我国正处在城市化高速发展的进程中，都市正在新建或改建大量基础设施，包括住宅、商务楼、道路、市政设施等。这些基础设施的建设需要大量建筑材料并产生相对数量的渣土等建筑废弃物。这部分货运将随着都市基础设施的完善而逐步减少。

大部分都市市区白天对货车采取禁行限制，大多数货物在夜间运输，总体上对交通的影响相对较小。都市货运需求不管是日用消费品还是工业原材料、产成品以及建筑材料等，在时间上的要求与居民上下班等客运需求相比要缓和很多。随着都市交通拥堵越来越严重，为了更合理地分配有限的交通资源，许多都市采取了多种措施不同程度限制大型货车白天在中心城区行驶，只有取得通行证的货车才允许白天进入市区进行部分货物的运送，以便把更多的交通资源让位于客运出行。

二、都市外部货物运输

都市外部货物运输包括与都市有关的进出市界的各种货物运输、市域范围内的货物运输、过境货物运输，他们都属于大交通运输范畴，其特征不在都市交通中专门叙述。

第二章 >>

都市综合运输系统构成研究

内容提要:既有按运输方式"条"式划分进行研究和规划,掩盖了不同距离别、不同圈层的出行要求差异,不适合于都市交通运输系统的科学构建。都市交通运输系统应按中心城、市域(包括市区与新城或卫星城间的交通)、区域城际、对外跨域区进行交通运输子系统划分,根据不同的需求特点和功能要求进行相应的构建,并加强相互间的有效衔接、协调配合。

第一节　对都市综合运输系统构成研究的必要性

都市交通运输系统非常复杂,要满足各种各样的出行和交通运输需求,对其进行系统性研究,首先要对其构成进行科学的划分,才有可能比较准确、清晰地把整个系统情况和存在的问题分析到位,才有可能从整体角度对各组成部分进行科学的功能定位,确定发展重点,解决系统衔接,以及提高系统整体效率等问题。

一、目前都市交通运输缺少完整性的系统

交通运输关乎国民经济发展和人们的生活,一个地区的交通运输是否发达,能不能满足社会经济发展需要,能否对获取资源和提升地区发展能力提供足够支撑,是从地区自身发展的角度来评判和衡量的,它既包括核心区交通网络和运输系统、经济圈交通网络和运输系统,也包括国家干线交通网络和系统在本地区的布局。而在国家干线交通运输网络研究和规划布局中,往往是从外部角度将都市作为网络的一个结点看待,尽管也考虑了都市的交通运输需求,但其角度和侧重点不同,并不能完全体现都市的发展要求;在都市地区性交通中,主要注重核心区内的城市交通,受管理体制、经济发展水平等因素制约,也没有将整个区域范围内的交通运输作为整体进行规划布局。事实上,目前

的交通运输是分为几大块分别规划和发展的，呈松散关系，整体性、系统不强，各部分的发展水平和规划项目的实施主要取决于各自的筹资能力，大多数以解决当前交通问题为主。因此，要使交通运输对都市社会经济发展具有更强的支持能力，就必须从都市自身发展要求为主体的角度出发，对包括内外交通在内的整个大系统进行系统性的研究和统一规划，构建整体功能强、高效率、一体化的都市交通运输系统，并与国家交通运输网络规划和运输系统相融合。

二、既有构成划分方式不适合于都市交通运输系统的整体构建

在交通运输部大部制改革前，城市交通与城市外部交通分别有不同的部门主管，不同的分类方式，不同的技术标准，不同的运行规则和交通指挥管理，基本上不能相互涵盖。对于整个都市交通运输系统很少进行统一的研究，更没有针对都市交通运输系统进行专门的结构划分。

城市外部交通结构划分方式。无论是行政区范围内的市域交通还是国家干线大交通，都是按照运输方式进行“条”式结构划分，即在结构和系统上分为铁路、公路、水运、航空、管道五种运输方式进行子系统研究和规划。这种划分方式适合于全国和区域性的大系统构建、总量结构的研究和规划，反映各种运输方式总体的技术经济特征和各自网络系统构建及合理分工的要求，但是，在都市交通运输中，不同出行距离和活动范围的交通运输具有明显的不同特性和要求，且对不同运输方式的组合功能要求明显，如果仅按铁路、公路这种条式划分，进行系统建设，不仅容易忽视不同距离出行的要求差别，短途出行特性和要求容易被长途出行所掩盖，而且还会造成方式分割、系统功能整合困难。

城市交通结构划分方式。在研究和规划城市交通中，有两种分类方式，一种是按基础设施类型进行划分，分为道路交通和城市轨道交通，其中城市轨道交通又分为地铁、轻轨、市郊铁路；另一种是按服务的性质进行划分，分为公共交通和私人交通，其中公共交通包括地面公交、出租汽车和城市轨道交通。这些分类与城市外部交通的分类不是对应关系，道路交通与公路交通运输、城市轨道交通与铁路运输，在功能作用、服务性质、建设标准、运营及管理上都有很大的区别。因此，城市外部交通的铁路、公路、水运、航空的“条”式结构划分方式无法延伸到城市内部，不适合于城市交通，在研究和规划外部交通运输时，往往把整个市区当作一个点看待，而没有真正涉及城市内部交通。

从上面的分析可知，都市交通运输系统的结构划分不能直接采用目前的划分方式。城市交通系统与城市外部交通运输系统存在巨大差别，它们不仅需要分别进行研究，而且内部构成不能用同一方式划分；另一方面，外部交通运输系统的“条”式结构划分方式，对于具体运输方式来说，涵盖的范围太广、过于笼统，不能有效反映不同距离别的出行特征和对网络功能要求的差别性，对于综合运输来说，缺少可进行技术经济特征比较和功能组合的平台基础，也就是说中间还缺少与城市交通这一层别相对应的反映距离别的层次。

第二节　都市综合运输系统构成

一、子系统划分

都市交通运输系统构成的不同划分，将直接影响到未来的发展思路、各组成部分设施和功能的配置、系统能否有效适应各类不同的需求以及整体效率等问题。根据第一章的对都市客货运输需求特征的分析，城市内部、市域、区域城际、长距离的出行和运输有着不同的特性，对交通运输在时间准点性和可靠性、速度、方便性、舒适性等方面的要求，有着不同的侧重和可忍受程度，而且客货运输需求源的生成机理也有很大的差别，有效的交通运输系统应在功能和服务上适应这些不同活动范围的交通运输特性。同时，交通是地区间联系、交流、交换的载体，这些联系、交流、交换不仅仅发生于都市内部，而且大量发生于都市外部，因此，都市交通网络规划布局不能仅限于都市行政区内部，必须从更大的范围，结合周边地区和城市以及区域经济的发展需要，进行较全面的分析研究和沟通，与其他地区达成共识与合作，才有可能实现网络的有效衔接和整体性，才有被实施的可能和价值。同时，也要与国家的相关交通运输规划和基础设施布局相融合，充分依托和利用国家干线交通网形成连接全国的对外网络。

从市中心的角度分析，以上各种不同的出行和客货运输活动具有明显的“圈层”区域特征。都市综合运输系统按这一特征进行子系统的构建可以较好地反映都市交通运输的各种主要需求特征并提供相应的服务，即按“圈层”区域特征进行都市综合运输系统的“块”划分，分别为中心城交通运输子系统、市域交通运输子系统、区域城际交通运输子系统、跨区域干线交通运输子系统四大部分。对外交通运输中，之所以要将区域城际和跨区域干线区分开，主要是两者的需求特性和对交通运输的要求有着很大差别。区域城际交通不仅要对区域经济一体化的发展提供有力支持，而且需求和运行特征越来越向城市交通靠拢，日常交通的出行比例会不断增长，总体上属于地区性交通运输范畴；而跨区域干线交通运输属于长途运输、全国性交通运输范畴，是以国家干线交通网和全国性交通运输系统为支撑，既服务于都市社会经济，更服务于全国的政治、经济和社会发展。当然，它们两者不是完全分开、独立的，跨区域干线交通运输系统中包含着区域城际交通的服务功能，只是专门性、功能强度不太突出、明显，尤其是没有建成区域城际交通网时，两者基础设施是完全共用的；如果需求量足够大，区域城际交通可以单独建立城际之间的区域交通网。此外，运输枢纽是公共运输出发、到达的客货集散平台、运输环节衔接的关键场所，直接关系到公共运输服务的提供、各子系统的衔接、各种运输方式之间衔接、系统资源整合和一体化建设以及整体效率等，是系统不可或缺的重要组成部分，而且涉及的问题很复杂，需要进行专门性的研究和统一布局规划。随着市场化改革的不断深入，目前枢纽站场的建设和运营方式基本为公用型、社会化服务，已成为运输生产的公用型基础设施和支持平台。因此，本书将运输枢纽统一划出，作为运输支持子系统，单独进行研究，即都市综合运输系统共由五部分构成：四个交通运输子系统，一个运输枢纽子系统，如图 2-1 所示。

(1)中心城交通运输子系统：服务于市区交通运输出行的交通基础设施网络和客货运输系统。

(2)市域交通运输子系统：服务于以中心城为核心的都市各行政单元、居民点、生产点等以及交通运输出行的市域交通基础设施网络和客货运输系统。

(3)区域城际交通运输子系统：主要服务于与周边主要城市相连接和交通运输出行的区域性交通基础设施网络和客货运输系统。

(4)对外跨区域干线交通运输子系统(含国际运输)：主要服务于与经济区域以外的主要城市、地区相连接和交通运输出行的对外干线交通基础设施网络和中长途客货运输系统。

(5)交通运输枢纽子系统：为承运人、旅客、货主完成运输提供站场服务的主要客货运输站场基础设施和服务系统。

以北京市交通运输系统为例，综合运输系统如图 2-2 所示。

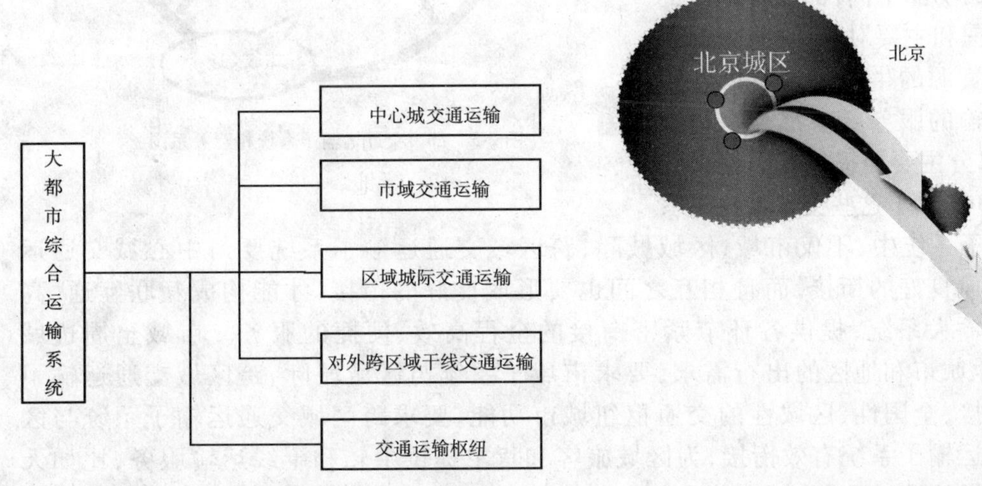

图 2-1　大都市综合运输系统结构图

图 2-2　大都市综合运输系统示意图

中心城交通运输子系统，指服务于城市功能运转、居民日常出行、通勤出行以及城市货物运输的交通运输系统，包括市区和边缘集团的整个中心城范围。

市域交通运输子系统，指服务于北京市行政辖区范围内(不包括中心城以及新城内部交通)客货运输出行活动的交通运输系统，包括中心城至各新城及周边主要乡镇，新城之间，新城城乡、农村之间，中心城和新城至市域主要旅游景区和会议、休闲娱乐场所等。

区域城际交通运输子系统，如北京至天津、北京至石家庄等周边城市。

对外跨区域干线交通运输子系统，如北京至上海、北京至广州、北京至“三西”煤炭基地以及西北地区。

二、各子系统的相互关系

交通运输是一个庞大复杂的系统，各子系统的边界相互之间互有交叉，难以完全清晰、严格地划分。例如，区域城际交通运输在运量不大、没有建立专门的服务系统的情况下，是由跨区域系统提供服务。以北京至石家庄为例，在没有开行北京至石家庄列车的情况下，其旅客出行服务是由北京至郑州、广州等跨区域列车承担；又如，在中心城交通与市域交通中，将城市轨道线延伸至新城或市域某个客流集中点，其既是城市轨道交通系统，也可以归为市域交通运输系统。此外，市域、区域城际、跨区域交通运输系统都需要深入到市区，与城市交通运输系统衔接，其深入部分也为城市出行提供服务。但是，每一个系统所处的地理位置和承担的功能不同，都有其自身的主要服务范围和主要对象，这些主要服务对象的客货源的生成机理和特性以及对交通运输的服务要求都存在很大差别，重叠部分主要是提供兼容性部分服务。图 2-3 表示了这些交叉重叠关系。

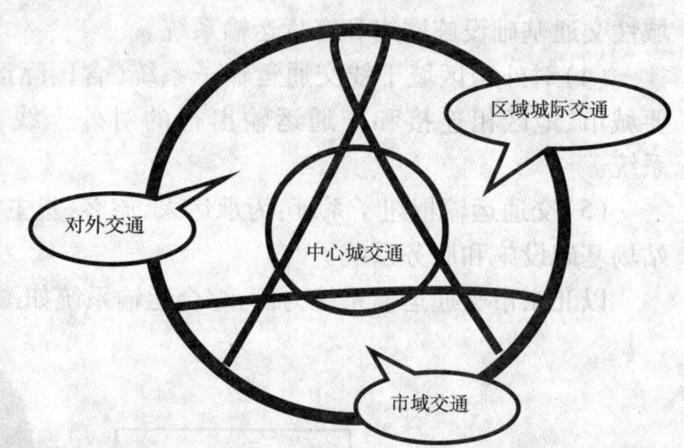

图 2-3　都市交通运输子系统相互关系图

在这些子系统中，不仅市域、区域城际、跨区域交通运输子系统要与中心城交通运输子系统形成良好的衔接，而且相互之间也要形成良好的衔接，才能构成互联互通、高效的综合运输大系统，提供各环节紧密衔接的全程高效、便捷的服务。市域至周边城市、全国其他城市和地区的出行需求，要求市域子系统与区域城际、跨区域交通运输子系统有效衔接；全国性、区域性的交通枢纽城市功能，要求跨区域交通运输子系统与区域城际交通运输子系统有效衔接，为区域旅客和货主提供中转和干线运输服务，比如天津旅客经区域城际系统至首都机场乘坐飞机至目的地城市，或至北京西站乘坐火车至目的地城市，西安旅客乘飞机到首都机场，然后经城际系统至唐山等。在发展过程中，每一个子系统的发展和改善，都会对其他子系统以及整个大系统的效率和需求产生影响，如跨区域交通子系统状况得到改善变得更加发达后，就会为区域城际子系统、中心城交通子系统带来更多的需求，对相应的衔接环节的效率和能力配套产生推动，进而促进整个大系统运行效率。

三、组成子系统要素的各种运输方式技术经济特征

(一)子系统需要选择相应的运输方式进行组合

划分子系统,主要是为了根据不同的需求特征来分别建立更有效、更节约、更能满足运输需求的子系统;可以在具体范围内针对功能、运输能力、运行速度等方面的要求,根据各种运输方式的技术经济特征和资源等约束条件,进行比较和组合,发挥不同运输方式在不同范围情况下的比较优势,选择主导优势方式和优化配置。

尽管各种运输方式都具有一定的替代性,但需求的多样性和分布的广泛性,决定了子系统需要由多种运输方式共同组合,才能更有效地满足运输需求,同时,子系统的组合模式在很大程度上也决定了子系统的效率和资源消耗。从供需关系上看,需求方式的选择受供给情况的影响很大,而且容易与人们的生活方式形成"耦合"作用。而交通运输结构模式的形成,取决于所贯彻的发展理念以及与这种理念相配合的发展政策、使用成本政策等。因此,对于交通运输的发展,一方面要积极体现社会文明的进步,适应人们生活质量提高、多样化、个性化对交通运输的需求;另一方面要坚持可持续发展的原则,与国民经济其他部门统筹协调发展,努力节约和合理使用资源,根据资源条件、交通运输发展需求规律、各种运输方式的技术经济特征等,对子系统的综合运输供给模式进行前瞻性规划论证和决策,通过有效的供给组合引导人们对交通运输的选择和消费。

(二)各种运输方式的主要技术经济特征

(1)公路运输。

公路运输是最基本的连通方式,是与人们生活最密切的基础性的面上运输方式。具有机动、灵活、通达广、门到门、方便性强的特点,同时适合于公共运输和私人交通。线路技术等级和车辆技术水平,对通行能力、载运量、车辆行驶速度、经济运距的影响很大。高速公路可担负干线交通运输作用。

公路运输的单车载运量相对较小,主要以汽油、柴油为燃料,运输成本相对较高,事故率相对其他运输方式高,私人交通单位运输量占用土地多。

货物运输方面,在短途、配送、小批量、时间性要求强的货物运输上具有优势,中程运输具有竞争力。

旅客运输方面,在中短途出行、非铁路干线覆盖地区的中长距离出行以及个性化自由出行方面具有优势。

(2)铁路运输。

铁路运输是一种大容量运输方式。具有载运重量大、准点性强、受气候影响小、安全性

高，运输成本相对较低，能源消耗和土地占用相对较少，动车组和客运专线运行速度快、舒适性较好的特点。干线运输作用明显。

货物运输方面，在中长途运输、大宗货物运输、铁海联运、铁路专用线固定装卸货点运输等方面具有优势。

旅客运输在中长途、中短程大流量以及通勤等旅客运输方面具有优势。

(3)水路运输。

水路运输是航道和港口受自然条件决定的运输方式，分内河水运、沿海水运、远洋运输三种。载运量大小与航道等级和船舶类型有关，具有运输成本低、排放污染少、土地占用相对较少，运行速度相对较慢，受气候条件影响较大等特点。

货物运输方面，在大宗散货、低价值货物、中长途集装箱以及时间性要求不强的货物等运输方面具有优势。

旅客运输方面，主要作为旅游、休闲、观光以及陆岛、轮渡旅客运输。

(4)民航运输。

民航运输是一种点对点运输方式。具有速度快、舒适性好，占用土地相对较少，能耗和运输成本高，受气候影响大的特点。一般离市中心较远，需其他运输方式接运。

货物运输方面，在高价值、时间性要求很强的货物运输方面具有优势。

旅客运输方面，在长途、地面交通不便地区的旅游等较高交通消费层次的旅客运输方面具有较强的竞争力，同时也是国际旅客运输的主要方式。

(5)管道运输。

管道运输是一种线形连续运输方式。主要铺设于地下，具有占地少、污染小、运送成本低的特点，主要适合于液体、气体物资运输。在大流量或较大流量的液体、气体运送方面具有优势。

(6)城市轨道交通。

城市轨道交通是一种走廊和网状大容量旅客运输方式。具有运送能力大、准点性强、占用地少、城市交通速度相对较快、不受气候影响；建造成本高、固定运营费用大的特点。适合于人流汇集的主要功能区域和客流密度大的客运走廊。

(7)城市道路运输。

城市道路运输是城市最基本的面上网络运输方式。它以作为市政基础设施的城市道路为载体，具有机动灵活、覆盖面广，总运输能力、运行速度受路网结构、交通负荷、公共交通与私人交通所占比例等因素影响大的特点。总体而言，私人交通增长迅速、交通拥挤问题突出、时间保障性差、污染排放多、私人交通成本高、受气候影响大，道路能力供给增长始终赶不上私人交通增长，可供发展的土地空间资源越来越有限。地面公交与私人交通相比，具有单位运送量占用土地和道路通行能力少、污染排放少、运送成本低等优势，可根据线路流量采用不同载运量的车型(如大容量通道车，大型、中型公交车等)，大容量快速公交(BRT)还可以起到替代部分轨道交通或过渡的作用。

第三节 各子系统功能和基础设施网络配置要求

城市除了规模大小的差别以外，还有内陆型、沿海沿江型、资源型、工业型、外贸进出口型等多种类型。一方面，各类城市具有的交通自然条件和在交通网络中的功能地位不同，如有的处于多条交通要道的重要节点上，有的有内河、沿海等水运自然资源和发达的水运航线网络；另一方面，不同类型的城市对各子系统的交通要求强度不同，如能源和原材料等主要依靠外部供给的工业型城市对对外通道的依赖程度要高于其他类型，以外向型经济为主的城市，出海通道、港口条件对其非常重要。事实上，不同类型的城市对交通运输各子系统的具体要求以及子系统的构成模式有着很大差别，不可能进行统一模式配置。但是，可以根据交通运输出行的一般特征，对各子系统交通网络的功能要求和要素（运输方式）组成进行一般性的概述，使人们能够更完整地理解都市综合运输系统的构成，了解对子系统发展的基本要求。

一、中心城交通运输子系统网络配置要求

（一）功能要求

支撑城市运转和促进运转效率提高，满足人员日常出行和城市货物运输及物流配送需要，引导城市功能和空间合理布局，整体应对能力强。

（二）配置要求

建成区高网络密度、高可达性、高机动性，主干网络与地区网络的合理比例结构，立体化的地面交通与轨道交通，发达的公共交通运输系统。

（三）网络组成

城市道路网和城市轨道（地铁和轻轨）网，道路网络由快速路、主干道、次干道、支路组成，公交优先需要有公交专用道系统作为支持。

二、市域交通运输子系统网络配置要求

（一）功能要求

交通基础设施网络必须满足市域城镇的人口、经济分布对交通机动性和通达性的要求，交通基础设施布局和提供的交通运输服务，必须能够有效支持和促进市域经济社会发展以

及城镇化建设、新农村建设等，满足中心城至新城(外圈层组团)以及市域范围内的各种交通出行和货物运输需求。

(二)配置要求

结构层次合理、网络化密度较高，与经济地理和人口分布相适应的网状布局。中心城至主要新城(外圈层组团)应形成与交通运输需求强度相适的由多条线路组成的机动性强、大运输能力的通道，运输组织方式符合交通运输需求引导的发展原则；城乡交通运输网络不仅要满足普遍服务和公平性的要求，同时也要满足对机动性和交通运输服务质量提高的要求。

(三)网络组成

主要通道和干线由高速公路、快速路、一级公路、市郊铁路以及城市轨道延伸线(地铁郊区线、轻轨等)组成，相当一部分干线主要是依托国家高速公路和一般国道，与城市对外交通线路共用；市域一般性交通基础网络主要由地区性公路(市道、县道、乡道、村道)、水运河道组成。

三、区域城际交通运输子系统网络配置要求

(一)功能要求

有效支持和满足与周边城市的交通连接和关系的紧密化，促进区域经济一体化和优势互补、资源共享，满足随区域经济一体化发展而不断快速增长的各种区域交通运输需求。

(二)配置要求

应与周边主要城市之间形成由高速公路、城际铁路等多种运输方式共同组成的大能力快速运输通道，基础设施配置要求质量等级高、交通运输能力大，适合高密度、快捷、舒适的交通运输要求，并贯彻节约资源和交通运输需求引导的原则。

(三)网络组成

交通运输需求量很大的主要区域城际通道，应建设区域城际铁路、区域城际高速公路组成的快速旅客运输通道；交通运输需求量强度不高的区域城际通道，应利用对外跨区域交通干线(国家高速公路、高速铁路、客运专线、快速铁路)，组建区域城际快速运输方式。其他交通基础网络主要由普通铁路干线、国家高速公路、国道、水路干线组成。

四、对外跨区域交通运输子系统网络配置要求

(一)功能要求

主要是依托国家和省级干线交通运输网,在满足国家和省级交通运输网基本布局和整体功能要求的基础上,必须在机动性和交通运输能力上有效支撑和满足都市与全国各大区域主要城市和主要交通运输枢纽的连接、快速旅客运输需求,在通路以及能力保障和运输成本上,要有利于增强以经济合理的成本获取能源、原材料等经济发展所需的资源要素,有利于产品市场扩大和市场竞争力增强,有利于促进外贸进出口的发展。

(二)配置要求

在各大客货流方向,形成由多种运输方式共同配置的大能力综合运输通道,通道内的基础设施质量等级高、承载能力大,大结点直通性强,满足大流量、安全、快速、舒适、经济等要求;至主要沿海港口和陆路口岸要由铁路、水路、高速公路形成快速便捷的货运通道;港口城市,港口要具备相应的规模和竞争能力,较完善的集疏运系统。

(三)网络组成

一般通道主要由普通铁路、国家高速公路、一般国道、水运干线、航空等组成;综合运输大通道除了网络技术标准比一般通道高以外,应增加高速铁路、客运专线的配置,并加强航空运输的作用,石油、天然气输送通道,应积极配置管道干线。

五、运输枢纽子系统网络配置要求

(一)功能要求

各类枢纽在满足相应的客货运输组织、货物装卸和仓储及配送、信息发布和传输等基本功能要求的同时,客运枢纽要有效支撑对外公共旅客运输与城市交通、城市中心地区与外围地区之间的公共旅客运输一体化衔接和旅客换乘;货运枢纽不仅要有效支撑和担负干线运输与集散运输、城市货物配送之间的转换,还要促进货物运输组织化程度的提高和运输组织方式的优化以及一体化运输的发展。

(二)配置要求

数量、规模以及空间布局要满足全市旅客、货物进出需要和合理的运输组织生产需要,符合一体化运输和建设综合运输枢纽的发展原则,与城市地面交通、轨道交通有效衔接,具

有较高的技术装备水平和发达的信息服务系统。

（三）枢纽组成

包括铁路客运枢纽站场、货运枢纽站场，公路客运枢纽站场、货运枢纽站场，机场，港口，综合客运枢纽，城市公共交通枢纽站场。

都市综合运输各子系统网络配置构成图，见图 2-4。

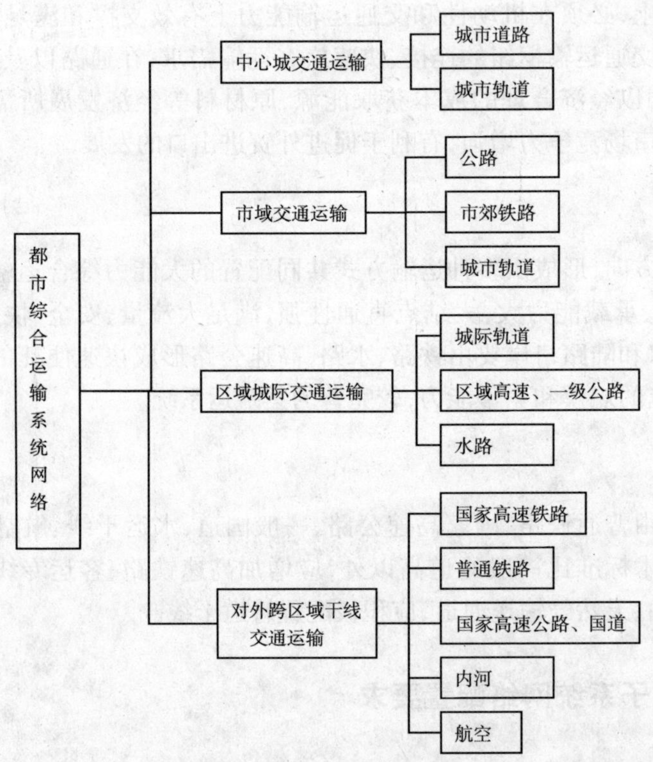

图 2-4　都市综合运输各子系统网络配置构成图

第三章 >>

我国都市综合运输系统存在的问题和挑战

内容提要:我国都市交通运输普遍存在着发展理念不明确、政策落实不到位,交通运输系统发展整体性差,公共交通、尤其是轨道交通发展滞后,与枢纽站场衔接不够。随着城镇化发展进程的加快,都市将面临着人口、交通需求继续快速增长与土地空间等资源严重短缺矛盾加剧的挑战,交通的巨额投资需求以及适应交通运输一体化发展的管理体制改革也是发展中的重要问题。

第一节 我国都市交通运输普遍存在的主要问题

改革开放以来,我国交通基础设网络和交通运输业获得了巨大发展,网络布局不断改善、整体实力显著增强,都市交通运输也不例外。但是,随着经济社会的快速发展、都市人口的不断增加、建成区规模的大幅扩大、机动化和小汽车进入家庭的速度加快,都市内外活动的客货流和交通量急剧增长,达到了较高规模水平,而且呈继续快速增长的趋势,交通供给与需求矛盾在高需求规模水平下越来越突出,既有的发展理念和发展模式受到严重的挑战。另一方面,我国大多数城市正处于大规模建设和城市形态发生巨大变化的时期,存在着土地使用、交通运输等各种规划约束力不强,各种运输方式不能有效整合,城市内外交通管理体制分割等问题。我国的都市不仅面临着世界大城市交通拥堵的共性问题,还面临着系统整体性、系统效率、交通运输如何更有效地适应和引导城市空间结构合理布局、区域一体化等问题。

一、发展理念与综合运输系统整体性框架规划方面

(一)缺乏明确的发展理念

交通发展问题是一个长期性的战略问题,不同的发展理念对交通的发展方向、规模和结

构、资源需求以及成本会产生决定性的影响，并会将交通引向两种不同的状况，即较长期有效性的满足需求或始终满足不了需求。

总体上，我国都市交通基础设施已发展到了相当规模，支撑城市运转的功能和能力大大增强，能够基本适应现阶段的都市社会经济发展需要，具备了以长期发展目标为指导来构建符合各自都市特点、结构优化的综合运输系统的条件，通过方向性明确的建设和发展逐步解决当前的交通问题，并使构建的综合运输系统能够较好地体现都市的发展思想，适应社会经济发展、人们提高生活质量的要求。然而，在这些方面，很多都市存在不足，缺少比较明确的长远发展理念。

(1)在发展上，是以满足各种“交通”需求还是“运输”需求为发展目标的思想不够明确。

“交通”与“运输”都具有广义和狭义的含义，经常被相互替用或通用，但严格来说，两者有一定的区别，侧重的对象和内容不同。“交通”的主要含义是通行、往来，关注的重点主要是载运工具的方式和运行过程以及运行的整体状态；“运输”的主要含义是运送、搬运，关注的重点是载运工具载运对象(即人和货物)的位移及实现位移所提供的各项服务，其具有产出产品的性质，是载运工具运行的目的和结果。以“交通”为出发点的发展思想和规划，主要是以交通基础设施的发展来适应交通流的需求；以“运输”为出发点的发展思想和规划，是通过相应的供给模式和政策引导使用者对运输方式和载运工具的选择，从而形成不同数量的“交通流”和不同交通流结构，进而影响对交通基础设施的数量、规模和能力的需求。

交通运输是人们出行、货物交换活动依托的载体，不同运输方式在满足出行和货物位移中都具有一定的可替代性，但对资源消耗和满足的需求层次不同。事实上，交通运输是一种交通消费行为，在有多种方式可供选择以及越来越多的人们具有较高交通消费支付能力的情况下，选择不同的交通运输方式实际上是对资源占用和消耗量大小的选择，是人们对物质生活质量的追求与对社会资源消耗的态度、责任的平衡结果，也是一种生活理念的体现；交通运输的主导方式、供给结构、不同运输方式的方便程度是影响选择决定的重要因素。

由于我国交通运输管理和投资资金筹集是分不同运输方式和部门的，资金无法跨部门使用，而且交通运输总体规模仍然不足，因此，包括都市在内的各级地方政府基本上都是以能够尽快争取到项目和投资资金为首要目标，无论何种运输方式，先发展再说，虽然对于结构优化也非常重视，但是，对于国家规划建设的项目影响力较小，主要取决于国家部委的统筹规划和项目建设安排，能够有所作为的主要是由地方政府规划和投资的项目。另外，结构优化是一项战略性措施，需要有明确的发展理念和大规模的资金支持，在当前资金实力不强的情况下，将遇到解决当前交通压力与实施长远战略的措施选择和力度平衡问题。

虽然几乎所有都市都加大了公共交通和轨道交通的发展力度，但是，无论是在城市内部还是城市外部交通项目上，很大程度上仍然是以追随交通需求为主，交通流的拥挤度被作为最重要的衡量指标，还没有真正转到在加大引导力度的同时实施市场调节的方向上来，以满足“位移”需要为主要衡量指标进行基础设施布局建设和有引导意图的供给提供。在一些规划中仍然可以看到‘满足各种不同层次的交通运输需求以及适应个性化交通发展需要’的表述。在交通消费上,没有明确的倡导理念。

(2)在资源分配和使用上,“资源节约型、环境友好型”的发展思想体现不足。

都市人口密集,土地资源、空间资源都十分宝贵和有限,交通运输网络规模的发展受到极大的制约,不可能通过大量的钢筋混凝土扩张来满足不断增长的交通需求,尤其是市区道路已基本成型,可扩展的空间更为有限,因此,资源节约型的发展模式是未来发展的根本方向。然而,大多数都市在交通资源分配和使用上并未真正体现这一理念。

在市区道路资源分配和使用中,道路资源并未向体现大众利益的公共交通倾斜。由于对道路资源使用缺乏限制,以及尚未建成覆盖比较广泛、有效保障公共交通优先的公交专用道系统,私人机动化的发展十分迅速,占用的道路资源的比重越来越大,导致了包括公共交通在内的交通总体拥挤和效率降低。例如,截至2005年,北京市公交专用道仅110多公里,由于奥运会的召开,公交专用道建设才有了较快增长,目前也仅250公里左右,其他城市公交专用道里程更少。在道路资源不断倾向于机动化交通以及停车等占用越来越多的静态资源的同时,自行车和步行系统的空间不断被挤压,安全性以及步行环境等受到越来越不利的影响,公共福利不断受损。

在对外交通运输通道发展中,由于没有明确的主导型运输方式和总规模限制,各种运输方式按各自的需求趋势进行项目规划,按各自的投资实力进行发展,缺少优先、合理的先后发展秩序,土地、线位等资源并未向优先、节约型的方式倾斜。

在市域交通运输方面,项目论证和资金投向在很大程度上仍然是以经济性和效率为主要依据,而对以社会效益、社会公平为重点的项目投资普遍不足,基本上还处于兼顾式发展;在发展理念上,社会公平还未得到足够重视。

(3)在交通网络布局中,求多、求全、求大,尚未建立资源全社会合理利用的发展理念。

交通运输是国民经济和社会众多行业的一个部门,占用的资源有一定限度,要与其他部门和人们的生活环境相协调。而当前各都市对可供交通运输使用的土地空间资源、合理的交通网络规模没有明确的概念,基本上没有结合城市的功能定位,只是一味地强调自身的交通运输枢纽地位和进行横向攀比,求多、求全、求大。

在通道布局上,主要是追求交通本身可见的正效益,而较少从全社会资源、环境的可承担能力等方面进行全面平衡和考量交通的负效益,片面追求通道的大规模、大通行能力,以吸引更多物流汇集的发展意图和倾向比较普遍。事实上,交通条件的过分发展,不仅需要付出更多的通道资源代价,而且还要增加其他相配套的网络和设施所占资源的代价与建造成本,同时大量增加的过境交通产生的压力和环境污染等负效益有可能远远超过其可能带来的正效益,而且,还会制约本区域其他地区的通道布局和交通条件的改善。例如,北京市西北方向通道能力如果不进行规模限制,一味追求交通量发展的话,将会有越来越多的运煤等过境车辆从该通道至北京以东地区,给本已非常紧张的北京六环路、五环路增加更大压力以及造成更多的交通污染,而这些过境车辆除了交收费公路的通行费以外，对北京市的交通发展并不能产生其他的正效益，而且还会影响河北省相关通道的布局建设。

在港口建设上，许多地方政府部门并没有从全社会资源的合理利用角度来思考港口定位、合理发展规模以及社会经济效益等问题，而更像是交通经营者，相互攀比，追求规模，追求市场占有份额等，只注重港口收益，而不计港口所需增加配套的集疏运通路等的投资和资源占用以及大量的疏港交通所带来的负面影响。例如，深圳市面积小、人口密集，港口的发展，对其经济发展、外贸进出口以及城市地位的提升具有重要的保障和促进作用，但是将港口物流作为经济支柱产业，与珠江三角洲其他港口争货源，进行超规模的发展，将会使本身极其有限的土地空间资源和通道交通运输超强度负荷，从宜居城市定位和全社会经济效益角度而言，并不见得是有利。

（二）缺少具有约束力的综合运输整体性战略规划

(1)缺少真正意义上的综合运输体系框架“顶层设计”。

建设比较完善的综合运输体系是我国交通运输的发展目标。但是，综合运输体系没有固定的模式，各个国家的地理条件、资源条件、经济条件、人口数量和人口密度等都差别很大，究竟什么样的综合运输体系是符合我国特点的、适应我国社会经济发展要求的综合运输体系，这一问题需要从长远发展的角度进行研究，并给出比较明确的、社会各界比较认同的回答。然而，目前这一问题的答案仍然比较含糊、不明确，主要是一些口号性的定性描述。要使各种运输方式的发展真正纳入到综合运输体系的发展轨道，不仅需要有明确的发展理念和贯彻这种理念的具体措施，还必须要通过战略目标、战略规划等对综合运输体系的框架和结构进行“顶层设计”，并以此指导和约束各种运输方式发展规划的编制和实施，才有可能朝着统一的目标发展，实现结构优化和系统一体化。

目前，我国各层级的交通运输发展规划仍然是以各种运输方式的自规划为主，综合运输规划基本上是各种运输方式基础设施规划内容的汇总合并，是一种自下而上的关系，缺少自上而下的指导和约束作用。一方面，在目前的体制和规划体系上，综合规划项目只能比各运输方式规划的多，而不能少，否则很难被各运输方式的主管部门所接受和通过；另一方面，对综合运输体系的认识和研究深度还不够，比较统一的广泛共识尚未真正形成，在理念、战略等不很明确的情况下，也比较难编制出社会各界比较认可的真正意义上的综合运输体系规划。

(2)现有综合运输规划对总体规模、方式结构的约束力明显不足。

都市交通运输是一个庞大复杂的系统工程，尽管各都市加大了结构调整力度，例如，在城市交通中加强了轨道交通的发展和公共交通的投入，但是，在综合运输体系发展战略、框架规划等“顶层设计”不很明确，以及管理体制改革尚未到位的情况下，由于对各部门所制定的规划以及各部门间的建设投资资金难以进行协调平衡，各部门出于业绩、利益、在体系中的地位等方面的考虑，更加以自系统完善的规划和投资进行发展。

在这种状况下，综合运输发展规划实际上对合理规模、结构优化在具体执行中没有明确的约束力，协调措施也难以具体落实。尤其是在当前增加建设基础设施被作为解决交通运输问题的主要手段，以及社会资金和资源更倾向流向于解决当前问题见效快、地方政府有更大影响力的运输方式和建设项目的情况下，综合协调的难度非常大。例如，北京至天津通道中，规划布局了3条高速公路（京津塘高速公路现为双向4车道、远期规划为8车道，京津第二通道为8车道，还规划建设了第三通道）、2条一级公路（国道103为一级公路，国道104/105规划改扩建至一级公路）、2条高速铁路（京沪高速铁路、京津城际铁路）、1条4线的普通铁路（京山铁路现有3线、规划为4线），在如此狭小的地带布局了这么多的线路，应该说是比较罕见的。在没有系统性战略规划的约束下，这种现象普遍存在于各都市主要的对外通道规划中。

同时，在现有的规划中，基本上是重基础设施建设、轻运输系统构建和服务。对于一体化综合运输系统的构建更是没有系统性研究和规划，各种运输方式整体性的市场体系构架、运行规则、法律法规保障没有进行有效指导和推进，关键环节衔接薄弱，一体化运输服务未能有效开展和推广。

(3)规划的连续性、稳定性不强。

由于我国都市经济和交通运输都处于快速发展时期，交通运输的适应能力相对比较薄弱，各种运输方式都在以加快建设的方式发展，以适应经济社会发展和城镇化发展的需要。因此，随着工业化、城镇化的快速发展，各种影响因素的变化比较大，交通规划的调整也比较频繁。

同时，由于对综合运输理论的研究、认识不足，发展责任的落实不到位，没有长期发展的明确理念作指导；另一方面，受体制影响，在对外交通运输中，基本上是以各种运输方式各自的专项规划为发展依据，在部门政绩观的影响下，容易产生对规划项目的建设规模、技术标准、建设时序等进行调整变动的要求，由此，造成规划不断调整修改，不断重新编制的结果。除少数经国务院批准的国家干线交通网规划以外，包括都市在内的地方性交通运输规划的权威性、约束力不够，连续性、稳定性不强。

二、城市交通运输方面存在的主要问题

（一）对私人机动化发展预见性不足，缺少整体性应对措施

小汽车快速进入家庭导致了城市交通原有格局的彻底改变，无论是专家还是政府对私人机动化的快速到来、私人机动化的快速增长对城市交通的影响程度，缺少足够的预见性，未能及早地在设施建设和政策上做相应的准备和应对，未能在私人机动化大规模到来前，建立有效的公共交通出行保障体系。绝大多数都市的公共交通普遍发展滞后、体系薄弱、结构单一、服务质量差，虽然私人机动化发展与人们的经济收入和支付能力的提高、车辆价格下

降密切相关，但是公共交通在出行时间和准点性的保障能力不足以及环境的过分拥挤，使得人们不得不或更愿意采取私人交通的方式来解决出行问题，并由此逐渐形成了一部分人主要依赖小汽车出行和活动的生活方式。同时，对于快速增长的城市交通，采取的措施主要是以增加基础设施能力供给为主要手段，缺乏其他相应的制衡措施，增加的道路通行能力远赶不上交通流量的增长。近十几年来，每个都市都逐年加大了城市道路投资，通过拓宽道路、增加路网里程数量以及提高管理手段等各种措施来大力提高道路通行能力，但增加的通行能力很快被快速增长的私人交通所耗尽，道路交通拥挤状况不仅难以得到有效、全面的缓解，而且呈局部加剧的发展趋势。

缓解城市交通拥挤问题，一方面需要通过增加供给的方式，即完善交通基础设施系统，增加交通能力供给，大力发展公共交通，提高出行保障性；另一方面，需要有相应的调控性政策相配合，增加私人交通在市区的使用成本和相应的路权使用限制等，并降低公共交通的使用成本，扩大公共交通的覆盖面和提高方便性等。尽管在这些方面，不少城市也已开始采取一些政策措施，但是，主要是针对单一的具体问题采取的有限措施，仍然缺乏比较全面的系统性政策。

（二）城市轨道交通发展滞后，刚开始进入快速发展阶段

我国都市轨道交通发展滞后，主要有经济发展水平不高、观念认识不足、政策措施制约等方面的原因（比如20世纪90年代中后期，收紧对许多城市轨道交通规划的审批），在很大程度上影响了轨道交通的发展。截至2001年，只有北京、上海、广州等极少数城市拥有地铁，且线路里程少，北京只有1号线、2号线两条地铁线，总里程54km；上海只有3条线，营运里程65km；广州只有18.48km。

21世纪以来，私人机动化的快速发展带来了越来越严峻的城市交通拥堵问题，使得各级政府部门对轨道交通在城市交通中的地位作用有了比较统一的认识，不少城市的轨道交通规划获得了国家主管部门的审批，城市政府高度重视，加大投资建设力度，城市轨道交通进入了快速发展期。截至2008年北京奥运会开幕前，北京建成开通了机场轨道线、10号线一期、奥运支线，轨道运营线路达到8条，里程达到了200km（如图3-1）；上海轨道线也达到了8条，营运里程236km；广州的地铁里程达到了116km；深圳地铁一期工程于2004年建成通车。但是，由于总体起步晚、造价高、建设周期长，平均每年所能增加的运营里程有限，只能是以重点区域、重点线路的方式进行建设扩张，到目前为止，即使发展最快、里程最多的北京市和上海市也还未建成干线网络形态，其他城市基本上是单条线路或两三条线路的状态，覆盖范围有限，距规划的网络目标还有很大的距离，建设任务相当艰巨。

由于轨道交通规模化发展起步晚，未能在私人机动化大规模发展之前构建并形成有效覆盖的轨道网络，与地面公交共同形成具有较强实力基础和整体功能的公共交通出行保障体系，是市区私人机动化过快发展、交通拥挤状况不断恶化的重要原因之一。

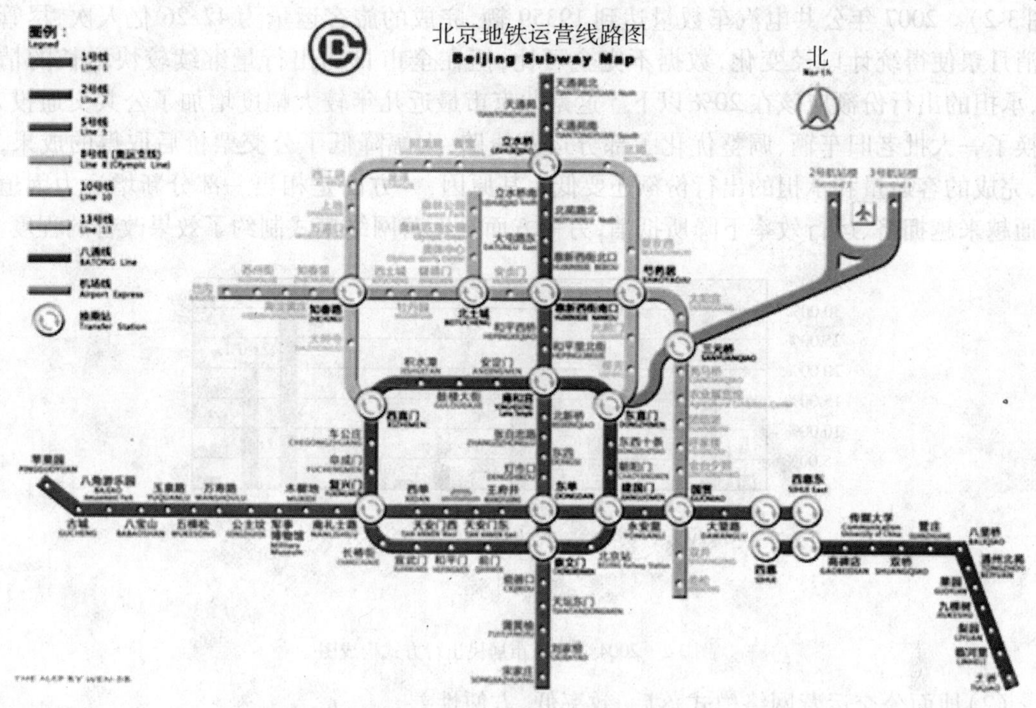

图 3-1　北京市地铁运营线路图

(三)地面公交缺乏吸引力,运营网络模式不合理,路权优先体现不足

(1)地面公交客运量增长缓慢,承担的出行份额下降。

地面公交是我国都市目前公共交通的主导方式,但是由于以前认识不足,投资不足,有的城市为了减少财政负担还进行了一些市场化的投资和运营的尝试,使得地面公交总体发展水平落后,服务水平和乘坐环境差,由于没有路权优先保障,速度、准点性方面与私人交通相比没有优势,并因私人机动化交通的快速增多、道路拥挤状况不断加剧,进一步影响了公交运行状况和服务水平。"速度太慢、准点率低、方便性不够、拥挤"使得相当部分的出行者不得不放弃选择公交车,而更多地选择私人机动化方式来保障出行,公共交通承担的出行比例下降,由此造成道路交通的进一步恶化,形成公交服务质量低——转向私人机动化——造成道路交通进一步拥堵——公交时间保障性进一步降低和客流进一步转向私人机动化——交通拥堵进一步加剧的恶性发展循环。

以北京市为例,2000 年,地面公交(含小公共汽车)全年共运送旅客 36. 32 亿人次,地铁 4. 23 亿人次,根据 2000 年的居民出行调查数据显示,公共交通方式承担的出行份额(不含步行)为 26. 5%(地面公交 23. 7%、地铁 2. 8%),比 1986 年的 28. 2% 下降了 1. 7 个百分点。2004 年,公共电汽车数量达到 18503 辆,比 2000 年增长 78. 2%,完成的旅客运量为 44. 9 亿人次,仅比 2000 年增长 23. 6%,承担的出行份额(不含步行)为 21. 9%,下降了 1. 8 个百分点

(图3-2)。2007年公共电汽车数量达到19359辆,完成的旅客运量为42.26亿人次,尽管因取消月票使得统计口径变化,数据不完全可比,但在全市日均出行量继续较快增长的情况下,承担的出行份额应该在20%以下。这是北京市最近几年较大幅度增加了公共交通投入、更换了一大批老旧车辆、调整优化了部分运营线路、大幅降低了公交票价后取得的成果,否则,完成的客运量和承担的出行份额还要低。其原因,一方面是相当一部分新增运力因道路交通越来越拥挤、运行效率下降所抵消,另一方面是运营网络模式制约了效果改善的程度。

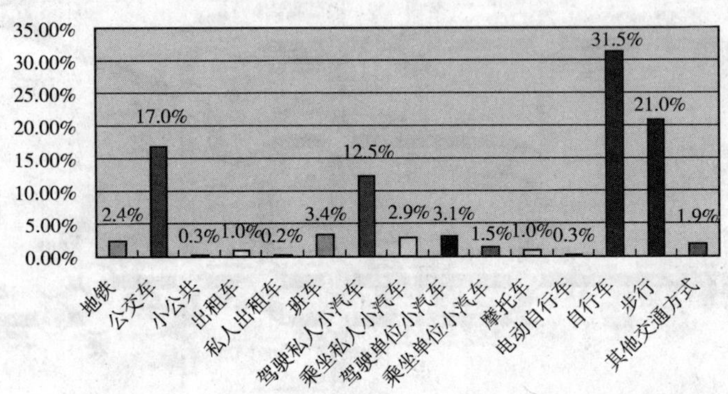

图3-2　2004年北京市居民出行方式构成图

(2)地面公交运营网络模式落后,效率低、方便性差。

近些年,各都市政府加大了对地面公交发展的投入,采取了一些措施,比如更新车辆、降低票价等,取得了一定的成效,但是发展仍然不足。事实上,地面公交问题不仅仅是硬件的发展问题,在达到一定的规模后,网络模式、运营管理、路权保障等对系统的影响巨大,如果没有从系统整体的角度将"结"解开,仅是局部的投入和改善,系统性的效果并不会很明显,所能取得的功效也要大打折扣。

我国都市目前的公交运营网络模式的基本形态与城市早期、中期的形态差不多,是随着城市规模扩大和人口增加,不断增加线路、延伸线路、叠加线路、规模不断扩大的结果,并没有因城市的规模和条件的改变、交通的发展和进步,而进行更有适应性、更有效率的模式改革和重构,没有根据大城市客流强度高、主要街道干线匀质分布的特点,按照现代化生产方式的专业化、集约化的思想来组织网络化运输生产。目前的运营网络模式仍然没有改变以往的小生产、少换乘、由同一辆公交车满足乘客直达目的地的思路,本质和形态上并没有随着客流特征和量级水平的变化以及城市范围的扩大而改变,仍然是低层次的结构模式,而且许多线路的设置是从公交运营公司的经营效益和市场竞争的角度出发的,而非从客流的合理组织角度出发。这种分别满足的方式造成所需线路多、路段重复线路多、每一线路的客流集中度降低、发车间隔延长,与乘客出行方式所需要的高发车频率、快速、网络化的要求不相适应。

目前的公交线路布局主要是以枢纽为核心,将许多线路集中于市区某一公交枢纽站场发车、换乘,这种模式主要是初期便于管理形成的,与目前大城市市区客流流向比较匀质分布的特点相违背，不仅使公交线路往少数“点”上过度集中，造成车流、人流拥挤和混乱，而且是将本来分散的客流汇集到不是其目的地的地方，然后换乘转往目的地，并不符合客流的直接流向。目前公交客流大量汇集的不少地方并不是商业、商务中心地区和客流的目的地，而完全是运营网络构建模式和组织方式的结果。

总之，目前的公交模式比较落后，不适合大城市客流的特点和出行要求，制约了公交发展水平的提高，抑制了效益的进一步产出。

以北京市为例，在 2006 年部分公交线路进行调整优化之前，这种模式形成了以下问题和派生结果：

①单条公交线路过长，运送速度低。许多长线路并非这一线路方向的长距离客流多的结果。根据有关资料显示，线路长度在 13km 以下、13 ~ 30km、30km 以上的线路条数之比为 1:2:1，甚至有部分线路长度超过 100km。长线计划运送速度都比较低，一般计划最高运送速度在 20km/h 以下，实际运行速度更低。

②间隔大，等车时间长。长线路运营必然导致发车间隔时间大、频率低，受途中交通影响，中间站点的到达准点率低、时间间隔离散性大。

③线路重复系数高，运营竞争混乱。公交线路主要集中在快速路和主干道上，重复系数分别达 12. 04 和 10. 32，而次干道、支路的公交覆盖率低，支路的覆盖率仅为 0. 26。由此也造成在干线上的车站通过的线路过多，车辆经常成堆到达，造成交通混乱和拥挤，如图 3-3 所示。不少站距、功能相同、线路方向基本相近的多条线路集中在同一走廊，相互竞争，相互制约和影响，安全性和服务标准下降。

图 3-3　拥挤的公交车站

④换乘距离长，换乘不方便。由于未按网络化大生产的方式进行站点设置布局，不同方向的站点设置没有充分体现方便于换乘的思想。主要换乘点的平均换乘距离 225m，其中 30% 超过 500m，尤其是部分立交桥不同方向站点之间的换乘极为不便，乘客平均每次换乘的步行时间至少在 4 分钟以上，30% 以上的换乘需要步行 10 分钟以上，此外还需要加上等车时间。

⑤车厢拥挤，乘车环境差。尽管增加了车辆投放和更新了大部分车辆，但是由于受交通拥堵和运营组织模式的影响，乘车环境改善的效果并不明显；而且这种模式由于线路长还造成运力结构性不足和浪费严重，使得一部分区段运力不足、满载率过高、车厢拥挤不堪，而另一些区段运力利用率不高，给运营车辆投放和运行组织带来困难。

⑥线路组成复杂，极不方便使用。现有公交线路格局是在原有初期形态上不断叠加、拓展而形成，线路走向布局基本没有规律，与道路的方向性结构不一致、线路错综复杂，不仅使用上极为不便，而且增加了乘坐紧张感，这也是公交吸引力不足的一个重要原因。

(3)公交路权优先措施不足。

路权分配是影响公交交通功能发挥和服务水平提高的重要因素，缺少公交专用道和路口优先通过权是公交车运行慢、准点率低、时间保障性差、与路面上其他交通相比处于劣势的重要原因。目前，我国都市虽然或多或少地划设了一些公交专用道，但都没有达到足够的规模、形成网络，基本上也没有路口优先通过权。

(四)交通发展还不能有效适应和引导城市空间布局结构调整的要求

城市的形成和发展与城市交通之间有着非常密切的关系，现代化城市必须要有相应布局结构合理的现代化交通作为基础支撑，城市交通自始至终贯彻于城市的形成与发展过程之中。不仅城市经济、文化、商业、人们生活等一切活动都必须依靠现代化的交通进行承载和连接，而且现代化的交通系统对城市及空间形态具有重要的引导作用。在城市交通与城市土地利用相互关系上，道路交通是组成城市物质实体的架构，各种不同性质的用地是依存在这些架构上的肌体，同时，土地开发利用的强度又决定了交通需求的大小以及交通运输发展的组合结构。城市交通的发达程度和布局形态决定了交通功能对城市运转、居民出行、土地开发利用的适应性和满足程度，日常出行的交通时间、距离和便利性对城市规模和空间布局、居住和工作分布范围构成影响，直接、间接地影响和引导着城市的发展与空间布局。

我国都市基本上都是历史悠久、规模逐步延伸扩展而形成，尤其是改革开放以来，在交通机动化的发展支撑下，空间规模和人口规模迅速扩展。但是，由于“摊大饼式”的发展没有改变强力的向心作用，核心区(中心区)的城市功能、商业集中程度并没有被有效分散、疏解，由里向外的递减形态非常明显。在当前，都市交通发展普遍遇到以下问题。

(1)城市中心区功能布局和土地开发强度与交通承载能力的矛盾突出。由于城市功能的集中和土地的级差作用，旧城或中心区一般是以高密度、高容量式地进行改造，由此，形成土地超强度开发、功能进一步集聚、就业岗位增多和集中，使得交通拥挤状况本已严重、进一步拓展空间有限的城市中心区的交通需求和负荷强度进一步增加，在交通运输结构优化没有相应大幅改进之前，拥堵状况呈不断加剧、恶化趋势。

(2)单一的居住外迁，非但未能减少、反而增加了交通需求。疏解中心地区人口、减轻中心地区人口压力是许多都市规划的重要目标之一，交通基础设施布局和建设也在积极朝这一方面努力，提供发展支撑。但是，我国大部分都市都是以中心城区为核心的单核结构发展模式，目前的发展仍然是注重市中心地区，对市区外围地区以及卫星城的功能定位并不十分明确，住职失衡现象比较明显，而且至周边组团和卫星城的交通以及环境建设也需要有一个逐步的发展过程，加之服务功能落后，在疏解了一部分市区人口的情况下，并未能缓解交通拥堵。一方面，未能与产业布局相结合的边缘集团、组团等，住职明显失衡，"分散集团式"的城市功能布局未能得到充分体现，市区外围小区或组团主要为居住功能，基本上成为"卧城"，与中心城之间形成强大的"潮汐交通流"，进出市区的通道走廊早晚高峰时段交通拥堵严重，不仅没能减少交通，反而增加出行距离，单次出行的车公里、人公里增多，需要更多的交通资源支撑；另一方面，由于市区至外围地区的轨道、大容量公交发展滞后，未能提供有效的公共交通服务，能够被吸引的主要是较高收入的有车阶层，私人交通在通勤交通以及其他交通中所占比例很大，由此进一步对通道走廊和市区道路交通增加压力。

(3)交通基础设施建设以及公共交通在先行发展、引导城市空间布局结构优化方面体现不足。由于交通建设资金规模需求巨大、市区交通网尚未有效建成、交通拥挤区域较多、公共交通建成运营后的财务等问题，交通先行建设和发展的财力支持不强、政策支持不配套，市区至外围地区的通道走廊、边缘集团的内部交通，并未真正做到根据土地利用规划先行建设和适度超前发展，从先期就发挥引导作用，大多数是先行进行土地开发和提供基本通行条件，有一定的交通运输需求规模后，才再进行大型交通基础设施建设，通过改善交通条件支持土地的进一步规模开发利用，交通运输主要是以适应的方式发展居多。

(4)外围地区的土地利用规划和开发模式与交通发展规划配合不是非常紧密。围绕大型公共交通的土地集中布置和站点附近的高密度开发模式(即TOD模式)还未真正形成，基本上还是大片同质同密开发模式，集约化和梯次体现不充分，一定程度上也影响了公共交通对客流的吸引和有效集散转换等。

三、对外交通运输方面存在的主要问题

(一)对外通道不足，综合运输通道能力、结构层次不能满足需要

我国各大都市的对外交通主要是依托国家干线交通网与全国相连，因管理体制、建设责任分工以及行政区域管辖范围等原因，尽管各都市的积极性和投入实力对于规划项目建设进程、甚至布局规划有着积极的作用，但更大程度上取决于国家和省级政府的安排和国家干线交通网的整体发展水平。由于原有基础差，规划的国家干线交通网正处于加快建设、逐步连接成网的发展过程中，大部分都市的对外通道都没有完全形成，对外通道中高速公路、机场、港口情况相对较好，铁路发展普遍滞后，尤其是对都市发展极为重要作用的高速铁路、快速铁路尚处于开始建设过程中。

东部地区都市对外通道基础相对较好，除了一部分都市与西部地区之间对外通道不足以及新兴城市对外通道有待进一步构建形成和增加以外，主要是在结构层次上缺少快速大

容量的铁路网。以北京市为例,有京山、京秦、京广、京承、丰沙、京原、京包、京通和大秦等10条铁路干线以及京津城际铁路,有京承、京沈、京津塘、京开、京石、京包等对外高速公路以及京津第二通道高速公路,有比较发达的民航运输系统和干线管道运输系统,已形成东北、正东、东南、正南、西南、西北等各方向至全国各地的对外运输通道,关键是各通道的基础设施配置规模和技术等级需要进一步提高。

又如,珠三角中心城市广州市,至北京、江西、深圳和香港、湛江和海口方向都形成了铁路、高速公路、民航组成的综合运输通道,目前的关键主要是进一步提高结构层次,以适应客运快速化和增加运输能力的发展需要;但是,受我国西部地区交通整体状况发展滞后的对应影响,其与相邻的我国西南地区以及广西等地之间的通道很薄弱,尚未形成有效的便捷通道。

中西部地区都市除此之外,还普遍存在对外通道布局不完善、通道数量少、能力严重不足等问题。以成都市为例,成都市是全国综合交通网络的重要结点和西南地区的主要交通运输枢纽城市,虽然由宝成、成昆、成渝、达成4条国家干线铁路以及多条高速公路和民航构成了至西北、华北和东部地区、华南沿海的对外通道,但对外交通整体落后。

(1)对外通道数量不足,布局构架不完整,缺少与经济发展密切相关的长江三角洲、珠江三角洲地区之间的直通便捷通道,缺少与我国西北部地区及内陆口岸便捷相通、发挥地缘优势的对外通道。

(2)既有通道技术等级低,能力严重不足。现有线路除了宝成线是复线外,其他都是单线,线路能力低,运行速度慢,现有进出川铁路平行图通行能力利用率都在90%以上,处于饱和状态,严重地制约着进出川的客货运输,旅客运输始终处于高度紧张的状态,货物运输满足率低。

(3)缺少快捷的对外运输通道。成都市深处内陆,距北京、上海、广州等中心城市和我国三大经济区都在2000km以上,除了航空以外,迫切需要有缩小地缘劣势的快速运输通道,然而,目前公路运输成本高,铁路技术等级低。在旅客运输方面,运输能力、服务质量严重满足不了需要,进出川的旅客列车普遍超员,尤其是运输紧张季节和节假日,一票难求的紧张局面极为突出;在快捷方面差距更大,尽管通过多次大提速,进出川的旅客列车旅行速度有了一定地提高,但是受进出川铁路大部分为单线铁路以及线路技术等级低、条件差等因素影响,速度和服务质量的提高相对有限,与中东部地区主要城市间通道的旅客列车旅行速度相比存在明显差距。成都至北京的特快列车旅行速度为78.5km/h,分别比上海至北京(121.9km/h)、广州至北京(104.3km/h)低35.6%和24.7%;成都至西安、成都至武汉分别仅为62.4km/h、80.9km/h。

(二)铁路发展滞后,主导型运输方式发展不明确

铁路运输具有大容量、节能、节地等优势,是最适合于我国人口数量庞大、密度高的现状的城间旅客运输方式。然而,在目前的发展中,铁路运输并未形成或被作为城间旅客运输的主导方式来发展,中长途对外旅客运输有被向高能耗的航空运输引导的倾向。其主要原因

有以下几个方面：

(1)铁路发展不足，铁路旅客运输服务严重满足不了市场需要。受铁路运输能力供给的限制，购票难、保障性差、便利性差，是选择铁路运输出行遇到的最大问题，乘车环境也是影响选择的重要因素，除了动车组以及直达列车外，一般列车的车上环境和服务水平都普遍较差，致使有经济承受能力的人员出行时都倾向于选择购票更方便、更有保障性的航空运输，尤其是公务、商务、会议等出行；而经济承受能力差的人员出行时不得不付出更多的时间来购票或选择长途汽车运输方式。由此，增加了对航空运输的需求以及开行超长距离城间汽车旅客运输的要求，在航空运输需求不断增长的趋势下，只能进一步加大航空投资，增加航空供给来满足需求，从而又被动变成了引导航空运输的发展。

(2)铁路快速运输优势尚未充分发挥。随着高速铁路技术的发展，使铁路的技术特性和发展前景发生了革命性变化，在旅客运达速度上将提高与航空的竞争力，而且新网络建成后，将使原有铁路货运能力大幅提高，运输紧张状况将可能有效缓解，综合运输体系的结构模式将发生变化。高速铁路和客运专线在我国的铁路中长期发展规划中也被作为发展重点，然而，目前我国的高速铁路和客运专线尚处于发展初期，若干条干线正在建设之中，还未能形成网络规模，虽然在广深铁路、京津城际已看到了这种优势，但规模效应还有待一段时期才能显现。目前的问题是，未来的城间中长途干线旅客运输是以航空运输为主导的发展模式还是以高速铁路和客运专线为主导的发展模式，在国家交通运输发展战略和决策层中尚不明确，基本上仍是按照以往的方式发展，主动引导的思路和措施不强。

(3)受体制制约，都市政府更愿意投资见效更快的机场和高速公路的建设。目前铁路以国家政府投资建设为主的体制以及大一统的垄断经营的方式，使得都市政府的影响度小，缺少建设主动权，基本上都是被动参与，都市政府为了改善交通条件，只好将积极性和资金投向更有主动权和影响力以及更容易见效的高速公路和机场建设。即，一方面无论是国家还是地方都希望加快铁路发展，更有效地解决城间交通运输问题，但另一方面因体制原因，铁路建设资金来源有限，地方政府主动性投资不多，主要以国家投资为主。由此造成各种运输方式各自争发展，主导型发展不明确、不突出。

(三)尚未形成与区域一体化发展相适应的交通运输系统

区域一体化发展和区域内城市的更紧密合作既是发展趋势，也是发展方向，相应发达的交通运输是其实现的重要基础条件。目前区域内城市间的交通运输条件在不断加强和改善，为城际间旅客运输服务的城际旅客列车在逐步开通，但整体发展状况仍然不能满足区域一体化的发展要求。

(1)虽然各都市基本上都与周边城市建成了高速公路连接，在部分主要通道城市间开通了动车组城际旅客列车，有效改善了城市之间的交通条件，方便了城市间的往来，大幅缩短了在途时间，但是，都市区域交通网络和区域运输系统还未形成整体，只是存在于少数主要通道，而且功能强度还不足以有效打破行政区划限制和促进生产要素的自由流动、资源共享等。

(2)交通运输发展规划和建设的出发点，各个城市都是以自我为中心向外规划和建设，从区域整体发展上考虑的相对较少。区域城际铁路仅在极少数城市中建成使用，大部分区域城市间交通运输主要依靠干线交通运输系统分担，尚未形成相对独立的、专门服务于区域城际的交通运输系统，区域系统网络化程度更低。

(3)现有区域交通运输系统主要注重城市"点"对"点"的服务，对沿线城镇服务覆盖明显不足。现有高速公路的功能设计和规范主要是为长距离服务，为区域城镇化服务的理念和功能比较薄弱；区域城际铁路过于追求城市两点间的运行时间，而减少了对沿线的服务功能。总体上，对主要城市间城镇带的形成和产业带的发展支持不够。

(四)与城市交通运输衔接协调不足

对外交通运输与城市交通运输分属于两个不同的子系统，由不同的部门负责规划建设，尽管目前在规划协调和衔接配合上有了较好的改善，但是，由于城市轨道交通网建设的滞后以及对外交通在枢纽站场布点上的强势地位，目前普遍存在城市交通的衔接不畅、配套能力不足，衔接地区和衔接通道出入口拥挤等突出问题，城市内出行时间所占比重很大，甚至多于外部交通的出行时间。例如，北京西客站的布局建设，尽管目前已规划和正在建设地铁9号线与之衔接，但当时建设时并未规划城市轨道交通的衔接，而且因布局和管理原因，地面交通衔接不畅。又如，全国最大的北京南站，地面交通衔接的空间狭窄，虽然规划了地铁4号线和地铁14号线衔接，但14号线按规划的建设进度要到2013年才能建成使用，而且按铁路预测的客运量，城市交通的总衔接配套能力不足，将来很可能成为一个非常拥堵的地区。此外，大部分城市的航空运输、长途汽车旅客运输都未与城市交通网形成有效衔接，除了北京、上海与机场有轨道交通连接以外，其他城市都只能依靠地面交通，而且主要是依靠出租车和私家车、公务车，公共交通普遍所占比重不高；长途汽车站与城市交通的衔接基本上是依靠地面公交以及出租汽车，而且地面公交因线路、发车密度等原因，普遍存在能力不足、服务质量差、等待时间长等问题。总体上来说，我国各城市对外交通运输系统与城市交通运输系统的一体化衔接水平还很低。

第二节　我国都市交通运输发展面临的挑战

(一)城镇化发展对都市交通运输的新要求

城镇化是社会发展的必然趋势，也是工业化、现代化的重要标志。我国正处于工业化、城市化进程加快的发展阶段，大量的人口将进入城市。2007年底，我国城镇人口5.94亿人，城镇化率44.9%，比1982年的21.1%提高23.8个百分点，25年间年均增长0.95个百分点，其中,1998 年以来中国城镇化率年均增长达到 1.4 个百分点。预计未来 10 ~ 15 年,我国城镇化仍将保持年均 0.8 ~ 1 个百分点的增长速度,最终城镇化率将达到 60% ~ 70%。在这过程中,城乡人口转移的规模是世界空前的,平均每年转移的人口将达 1500 万 ~ 2000 万人,大规模人口的迁移和流动速度的加快将对城市的发展提出巨大的挑战。

改革开放以来,我国城镇化发展政策经历了从"抑制大城市,积极发展小城市"到"大中小城市和小城镇协调发展"的转变。1980 年《全国城市规划工作会议纪要》中提出"控制大城市规模,合理发展中等城市,积极发展小城市",这成为改革开放初期很长一段时间内我国城镇化发展的基本方针。1984 年 1 月,国务院颁布《城市规划条例》确认了这一方针。"离土不离乡"、"进厂不进城"的农村劳动力就业转移极大地促进了乡镇企业和中小城镇的发展。进入 20 世纪 90 年代,随着新一轮工业化进程的全面展开,城市经济体制,特别是财政和土地等相关制度的改革,使得大中城市集聚了更多公共资源,城市化进入了快速发展时期,脱离农业的大量劳动力开始涌向大中城市特别是沿海城市,"民工潮"成为中国一种独特的现象,大中城市在城镇化和经济发展过程中起到了巨大的作用。2000 年,中央政府在"十五"计划中对城镇化方针做了新的表述:有重点地发展小城镇,积极发展中小城市,完善区域性中心城市功能,发挥大城市的辐射带动作用,引导城镇密集区有序发展。在新的发展方针中,对大城市,从"控制"改为"完善"和"发挥";对中小城市,从"合理发展"改为"积极发展"。在这种背景下,大中城市成为城镇化发展非常重要的载体。2002 年,市辖区人口超过 400 万的城市仅 10 座,到 2005 年已经增加到 13 座。据有关部门调查,进城农民工的 60% 流向地级以上的大中城市。2006 年,《"十一五"规划纲要》中提出"把城市群作为推进城镇化的主体形态",明确了城市群作为未来我国城镇化发展主体形态的空间布局战略。党的十七大报告提出,"走中国特色城镇化道路,按照统筹城乡、布局合理、节约土地、功能完善、以大带小的原则,促进大中小城市和小城镇协调发展。以增强综合承载能力为重点,以特大城市为依托,形成辐射作用大的城市群,培育新的经济增长极。"

大中城市拥有较好基础设施条件和较大规模就业容量,在户籍制度改革和在政策和制度上进一步促进生产要素自由流动的大发展环境下,要在我国城镇化加快发展的过程中担负更大的重任,吸纳相当一部分农业转移人口,城市规模将进一步扩大。例如新兴的发展城市深圳市,在以往的 10 年间人口数量翻了一番多,1997 年末常住人口为 379.64 万人,2003 年末为 557.41 万人,2005 年全市人口达到 826.94 万人,2007 年常住人口为 861.55 万人,总活动人口据称超过了 1200 万人。以人口规模控制严格的北京市为例,2007 年全市常住总人口为 1633 万人,城市发展总体规划确定的 2020 年人口控制规模为 1800 万人。但是,根据目前的发展趋势,相当一部分专家认为,2015 年前北京市人口规模将突破 2000 万人。

城市人口规模的不断增加,将直接影响到城市人口分布、密度、城市空间布局形态、产业规模和分布等,将直接增加对交通基础设施和运输能力的刚性需求,在有限的可供给空间范围内,城市交通将面临需求强度不断增强的压力和如何适应的挑战。

(二)交通运输需求不断增长与土地空间资源有限性矛盾日益加剧

1.交通运输需求不断快速增长

(1)都市对外交通运输需求。

随着我国工业化的发展和城镇化进程的加快,经济和生产总量规模不断扩大,人口流动加快,客货运输量持续快速增长。2001～2007年,全国国内货运量年均增长7.65%,仅增加的量就接近2000年总量的0.67倍、1990年基量的1倍;全国客运量年均增长6%,增量部分分别为2000年总量的0.51倍、1990年基量的0.97倍。货运量中很大一部分流向大中城市,与大中城市的对外运输通道密切相关。在今后相当长的一段时期内,我国经济持续平稳快速增长的大趋势不会改变,中心城市和城市群的发展壮大以及它们在经济发展中的辐射带动作用将进一步延续,客货运输需求量将会继续保持与经济发展相对应的较高增长速度。

(2)都市内部出行需求。

随着人们生活水平的提高,城镇化率的增长,人均出行次数将在相当一段时期内继续增加。以北京市出行调查为例,1986年北京市区人均居民出行次数为1.61次/人·日(步行占19.7%),2000年北京市区居民日均出行次数为2.77次/人·日(步行占33.3%),2004年市区部分地区调查居民出行次数为2.42次/人·日(步行占21%),扣除步行后的交通工具出行次数1986年、2000年、2004年分别为1.29次/人·日、1.85次/人·日、1.91次/人·日,呈逐年增长趋势。同时,人口数量规模的增长,也带来了出行总量的不断增大,1986年至2003年,北京市居民日出行量从1123万人次增长到了2100万人次(不含步行出行量),年均增长4%,据北京市有关数据显示,2005年底更是达到了2830万人次/日。

随着城市中心地区人口和功能的向外疏解,新增人口和产业更多地在市区外围分布,城市规模和人员活动范围不断扩大,平均出行行程增长。根据北京市调查数据显示,1986年平均每次出行行程6km,2003年为8km,2007年已超过9km。

根据预测,北京市2020年全市日均出行总将达到5200万～5500万人次,为2003年的2.5倍,平均每次出行行程还将进一步延长。

2.机动车保有量的快速增长和私人交通的强烈需求

我国正处于小汽车进入家庭的快速发展时期,随着居民收入、生活水平的不断提高以及小汽车价格的降低,私人小汽车数量将会继续以较快的速度增长,尤其是在小汽车使用成本较低,公共交通不能有效满出行的情况下,会进一步刺激居民购买小汽车作为出行的交通工具。例如,北京市2005年全市机动车保有量为258万辆,预测2010年保有量将达350万～380万辆,2020年将达500万～550万辆。成都市2005年全市汽车总保有量为54.58万辆,其中中心城区汽车35.1万辆,预测2020年全市汽车总保有量将达150万辆以上,其中中心城区汽车将接近100万辆左右。即使在市区使用有相关措施制约和引导,在保有量大幅增长情况下,使用总量也将比目前有较大幅增加。私人小汽车给人们带来方便的同时,将对城市内外的交通基础设施的数量、通行能力、静态停车设施产生更大压力。

3. 土地空间资源供给的有限性

资源与环境是我国工业化、城镇化加速推进和大城市发展面临的最大的共性问题和挑战，许多大城市面临着在现有技术水平下的承载极限问题。交通运输是城市物质实体架构的重要组成部分，是城市发展的重要基础，需要占用大量的土地和空间资源，随着交通运输需求的增长，一方面因人口和产业分布更广，要求增加交通基础设施规模和面上覆盖，另一方面因人口和经济密度增大、交通出行强度提高，要求有更大通行和负荷能力的交通网络予以支撑，尤其是在大城市"向心"吸引力的作用下，城市中心地区的交通出行强度会不断提高，而对于大城市来说，由于中心地区的空间布局和路网格局已基本成型，道路数量进一步增长的空间非常有限，将面临着越来越严峻的需求与供给矛盾。例如，北京市近几年通过城市道路新建和改造增加的能力迅速被快速增长的交通流所占用，城市道路交通呈越来越拥挤的发展态势，2004 年北京市城八区的城市道路里程为 4064km(其中含胡同 750.5km)，2020 年规划的中心城道路总里程为 4760km，仅能增加 18% 左右，而预计的 2010 年道路网高峰小时交通负荷就将比 2003 年增长 34%。北京市各个对外通道的公路交通以及市域内的主要线路交通拥挤度也在不断上升，交通量呈快速增长的发展趋势。

交通运输是国民经济和社会发展的重要组成部门之一，其所能占用的土地和空间资源必须与其他部门的发展相协调。在目前较大规模的交通基础设施网络还不能有效适应当前交通运输需求的情况下，面对未来成倍增长的交通运输需求，以及现代化大都市对发达、畅通、高效的交通运输系统的要求，土地供给、线位空间布局问题将是未来面临的最大挑战。例如，北京市 2004 年市域交通用地(不包括农村道路用地)已占到建设用地的 8.4%，《北京城市总体规划》(2004～2020 年)规划的 2020 年市域交通设施及特殊用地指标仅能比 2003 年增加 93km^2，中心城的交通市政场站及其他用地仍为 2003 年 20km^2 的现状水平，总量基本没有增加。

因此，在土地、空间资源的制约下，未来都市交通运输的发展将面临非常严峻的挑战，传统的以规模扩张为主导的粗放式发展将不能适应未来交通发展的需要，必须选择有效的交通组合模式，走需求引导和各种运输方式供给结构优化、网络层次提高以及集约化的发展道路。

(三)综合运输体系结构模式选择的决策与制度保障

交通设施的社会基础性以及交通运输对国民经济和人民生活的基础服务性作用，决定了交通运输充分发展的必要性，同时交通运输又是社会众多行业和部门的一个组成部分，其占用的资源不能超过合理限度，必须符合国民经济和社会整体统筹协调发展的要求，与国民经济其他部门、自然资源、环境和人们的生活谐调发展。公共交通与私人交通以及不同的运输方式对资源的占用和满足个性化的程度有着很大的不同，实现交通运输节约、和谐发展，就必须要有科学合理的综合运输体系发展模式和相应的政策作为根本保障。然而，综合运输体系本身极其复杂，各种运输方式都有一定的替代性，对综合运输体系结构合理性的评价，既涉及评价体系和评价尺度，也涉及评价的角度和立场，而且长远的发展目标是以满足当前需要为基础，加上主动引导而逐步实现，近期和远期的衡量标准也会有很大差别。

在我国综合运输体系理论还不完善以及各种运输方式基本上都是各自发展的推动模式和管理体制下，如何总揽全局，正确处理好交通运输发展与资源、环境相协调，有效满足总体需求与个性化需求，满足当前需求与长远发展引导，各种运输方式基本网的完善与综合运输体系结构优化等方面的关系，对综合运输体系结构模式做出合理的选择并勾画出未来的基本框架，这既取决于专业人员是否能够为决策部门提供具有科学性、前瞻性、系统性的研究报告和规划建议，也取决于决策层的战略认知以及相关的支持政策。特别是由于交通运输系统的复杂性以及缺乏统一的评判标准，不仅面临着衡量尺度问题，而且还涉及价值观、伦理观等。

例如，在对外旅客运输中，是以发展航空运输为主，还是以发展高速铁路和客运专线运输为主，来进行引导发展？或是任由两者自由竞争、趋势型发展？交通网络布局建设是按照目前的发展模式加快各种运输方式各自网络的完善，还是加紧研究和制定总体目标和框架，加强引导和协调，在发展过程中加快和完成结构优化？在城市交通中，如何通过相应的交通发展政策和资源分配政策，确立公共交通在城市交通的主导地位，提高出行的保障性；如何通过不同区域差异化停车设施供给和收费标准以及交通管理措施等，抑制私人小汽车在市区的使用，使出行方式更多地向公共交通转移；在大力构建地铁网络的同时，如何合理定位轻轨、大容量快速公交的作用，以及如何进行经济合理的组合等。这些问题都需要有比较明确的方向，需要政府进行系统的科学决策，才能使构建的体系按照政府的目标方向加快发展和完善。

（四）交通先行与交通运输投资巨额需求的挑战

交通基础设施对人口分布、产业分布、城镇体系的发展具有先行引导作用，对经济发展具有促进作用。长期以来，我国城市交通以及城间交通运输始终比较紧张，基本上都是以适应需求的方式发展，很少能做到交通先行发展。目前，我国大城市基本上都处于大力发展轨道交通、建设城市立体交通以及构建对外大通道的关键发展时期，需要持续的巨额资金投入。如何在解决当前交通拥挤问题的同时，做到交通先行，发挥引导作用，加快市中心地区人口和城市功能的疏解，是目前面临的一个巨大挑战。疏解大城市中心城区的人口和部分功能，本身也是解决市中心地区交通拥堵等问题的出路之一，但是，在当前交通网络布局在地域空间上还未与城市空间布局规划相匹配、投资建设主要是以解决市区建成区交通问题为重点的情况下，要做到交通先行、交通引导城市空间布局和功能疏解，将面临着交通运输发展的整个策略、实施步骤、规划项目的建设时间安排等方面能否较充分地体现这一方向，在建设资金上能否保障，建设经营方式能否适应这样的发展要求等一系列重大的决策问题。此外，对此类交通先行的建设项目的经济评价在方法与评判标准上应与其他常规项目有所不同，即要解决先有量再来改善交通，还是先有较好的交通条件来引导发展和适应未来需求的问题。

(五)都市交通运输管理体制的进一步深化改革

交通运输的发展与管理，涉及的部门众多，体制障碍和缺乏有效的协调机制是目前的最大问题，在很大程度上影响着综合运输体系发展战略的落实、各种运输方式的有效衔接、一体化运输系统的建立。虽然目前各主要大城市都成立了交通委员会，统一管理辖区内的交通运输，但是，有的城市并未将轨道交通以及城市道路的规划、建设纳入其中，尚未形成规划、建设、运营、旅客运输的统一管理；对于铁路以及民航的建设规划影响力小、协调能力弱。在国家交通管运输理体制改革和机制尚未完全理顺的情况下，各都市要进行交通管理体制改革，进一步明确和落实交通综合管理部门权责以及与相关部门之间的关系，建立有效的机制，克服体制障碍，实现各种运输方式以及对外交通与城市交通的统筹协调发展、一体化建设、资源整合和信息共享等。

第四章

国际主要大城市交通运输发展经验

内容提要:对西方国家和亚洲地区的一些主要大城市的交通运输结构、布局、发展特点以及经验进行总结归纳,为我国都市交通运输发展建设提供借鉴。

第一节　西方主要大城市交通运输发展经验

一、巴黎

(一)城市概况

我们通常所说的巴黎,是指以巴黎市为中心的巴黎大区,是全法国22个大区行政单位之一。巴黎大区地处法国北部中心,由1个市(巴黎市)和7个省(相当于北京的区或县)组成(见图4-1),总面积12011km²,2002年人口为1108万人,人口密度为922人/km²,但分布极其不均匀,人口密度由市中心区向外围地区递减。

图4-1　巴黎大区行政区划图

巴黎市是巴黎大区的中心,是法国96个省级行政单位之一,由20个区组成,再加上东、西两座森林,总面积为

$105km^2$,人口为 214.6 万人。巴黎市区每天的人员流动量大,交通负荷呈超饱和状态。巴黎市行政区划示意图,见图 4-2。

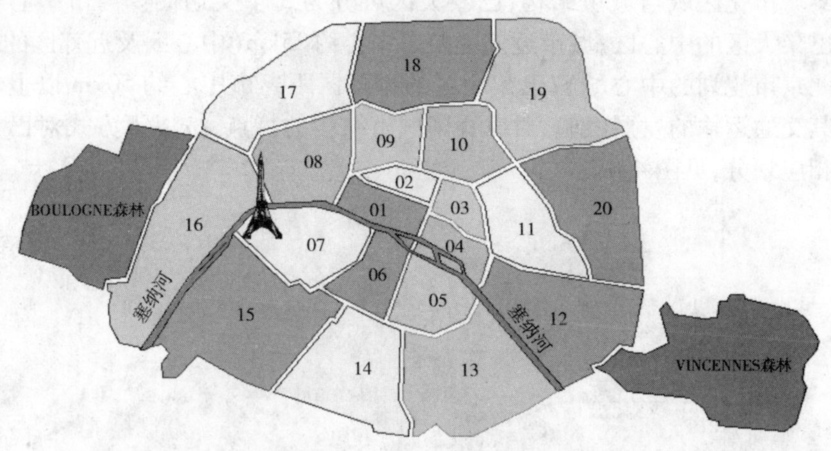

图 4-2 巴黎市行政区划示意图(20 个区和 2 座森林)

巴黎市外围第一圈是近郊区,由 3 个省(上赛纳、赛纳 - 圣德尼和瓦尔德马恩)组成,主要集中了很多居民区以及现代化的工业企业,是巴黎大区城市化水平比较高的地区;外围第二圈是远郊区,由 4 个省(瓦尔德瓦兹、伊芙林、埃松纳和赛纳 - 马恩)组成,目前已经建立了 5 个新城和一些卫星城镇,如图 4-3 所示。

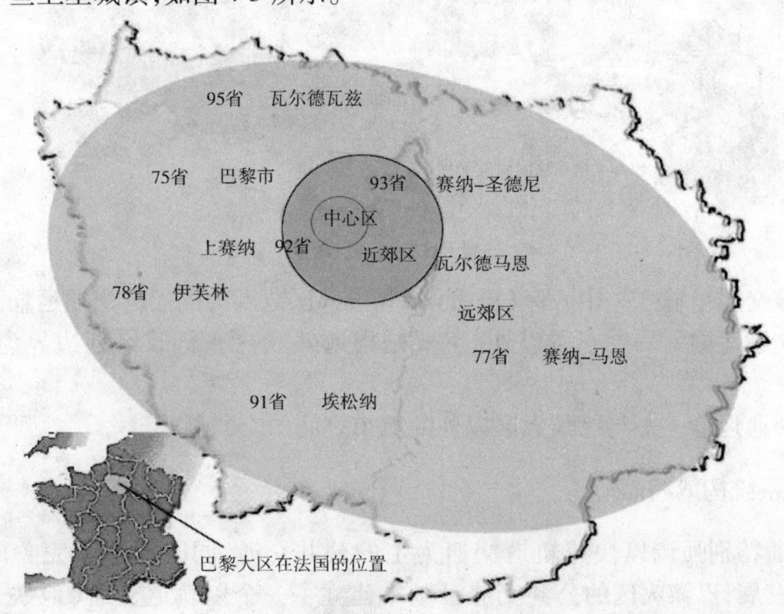

图 4-3 巴黎大区行政区划图

（二）交通圈层划分

根据巴黎城市化区域与城市结构，巴黎大区可分为3个交通圈。离市中心半径约5km的巴黎市是巴黎大区的中心区；城市近郊区距市中心约25km（中心区及近郊区的范围和结构比较接近于北京市规划的中心城）；巴黎大区的远郊区距离市中心约50km以上。为了便于研究和借鉴其交通运输的发展经验，对应我国城市结构的特点，按以下方式对巴黎大区的交通运输进行相应划分，见图4-4。

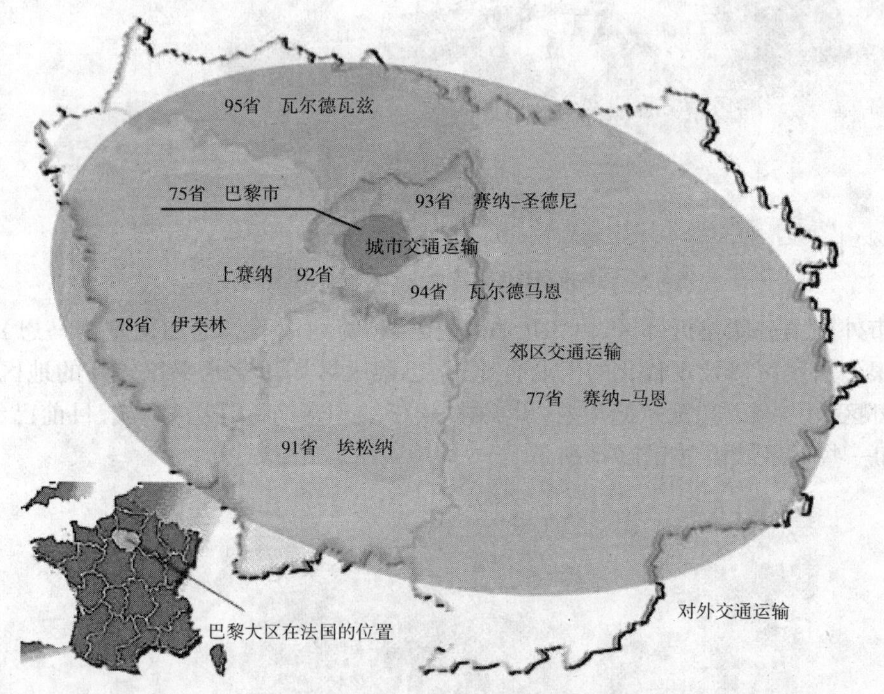

图4-4　巴黎大区交通圈层划分示意图

（1）中心城交通运输——中心区（巴黎市）和近郊区范围为圈层的交通运输。

（2）郊区交通运输——中心城以外（主要是指远郊区）的、行政区划边界为圈层的交通运输。

（3）对外交通运输——与巴黎大区以外的城市之间的交通运输。

（三）交通系统构成特点

巴黎的交通特别强调以快速轨道交通为主的公共交通，同时建设了完善的高速公路。经过几十年的发展，巴黎大区的公共交通已基本建立了一个以轨道交通（地铁、大区快速铁路RER和市郊铁路）为主、公共汽车为辅、协调发展的综合客运交通网。对外交通已形成完善的干线铁路网和高速公路网。

1. 中心城交通运输

巴黎大区中心城的交通运输主要以公共交通出行为主，出行方式主要包括地铁和公共汽车。地铁作为“市区级”轨道交通系统，主要为巴黎市区内部的交通出行服务，只是在近30年来才逐渐向郊区延伸，为近郊—巴黎方向的径向出行服务。

巴黎共有14条地铁线路（见图4-5），各条线路长度在10～20km左右；市区每平方公里至少有3个地铁站，步行10～15min即可找到一个；除14号线外，各条线路的车站数量都很多，站间距比较短，在500～600m之间；站台长度一般为75m，列车5节车厢编组，每节车厢长15m。地铁网络的高密度使得常规地面公交的作用十分有限，市区公交仅仅作为巴黎市内的辅助公共交通工具。

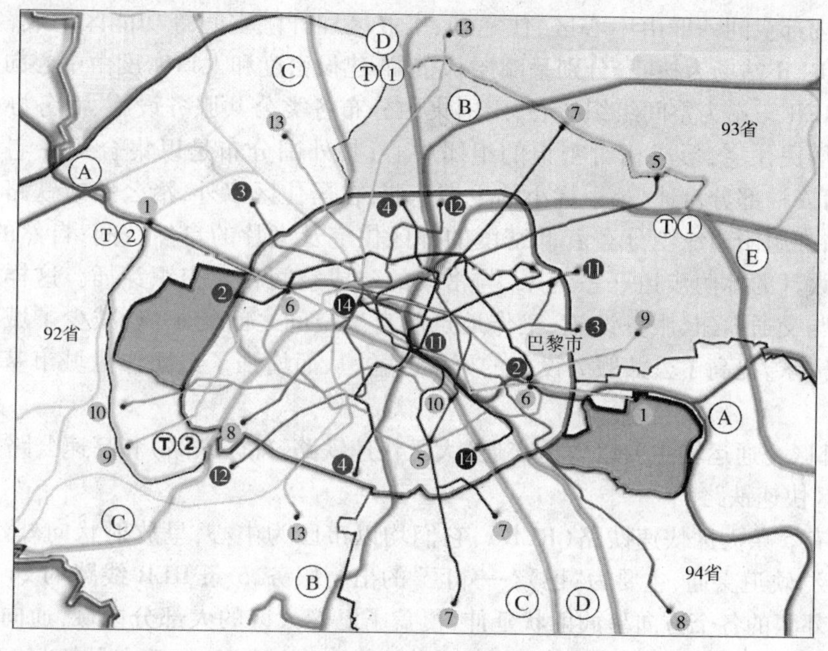

图4-5　巴黎市区轨道交通网络示意图

2. 郊区交通运输

自从1976年巴黎制定大区总体规划以来，在郊区建设点状分散式新城，在新城内部注重分布适当的就业岗位，促进了城市中心区就业向郊区疏散。这种就业岗位和服务行业的疏散大大减轻了已经超负荷的市内交通网的负担，同时也大大增加了城区与郊区之间、郊区与郊区之间的出行流量。针对这样的交通特点，巴黎在新城和中心城之间建设了大运量轨道交通和高速公路网络，满足了在用地模式下的交通需求，带动了整个郊区的发展。

新城的交通系统规划考虑了外部与内部两方面的交通需求，并且针对公共交通和私人交通的特点进行了合理分工：

(1)外部交通联系。

新城与巴黎市保持便捷的交通联系，每座新城与巴黎之间都至少有一条直通的放射形大区快速铁路(RER)和高速公路相连。新城与巴黎市区大量的出行交换主要就是通过RER和小汽车来完成的。当然，由于公共交通作为优先发展对象，在实际情况中，新城的居民也更多地使用大区快速铁路(RER)往来于新城—巴黎之间。除了这些“径向”出行之外，新城与其他外围组团之间的“横向”出行则以私人交通为主、公共汽车为辅，这是因为巴黎大区的大容量轨道线路通常呈放射状分布，环形线路很少。目前，轨道交通的建设和公共汽车的服务正在致力于改善这一情况。

(2)内部空间布局。

新城的内部空间一般由中心区、住宅区、工业区和开敞空间等功能区组成，它们以新城内部的几个RER站场为核心，分别呈圈层状布局，建设密度和人口密度由中心向外缘逐步降低。即：以RER车站为空间组织核心，周围集中分布各类公共服务设施、商务办公机构以及一定数量的居民住宅，形成相对密集的组团中心；其外围分布是以集合式住宅为主的居住区，中间还可安插部分占地少、干扰小的生产企业；在居住区以外，沿公路或铁路分布大部分的生产企业；在组团边缘则分布着低密度的郊区住宅及大片的自然空间；自然的林地、水系被经过精心设计的林荫步道联系起来，与密集的建成空间相互交织穿插。这样的布局方式缩短了住宅与交通枢纽、服务设施、工作地点和自然空间之间的距离，减少了城市组团内部的汽车交通需求，提高了公共服务设施的聚集效益，从而增强了组团作为城市基本单元的凝聚力。

因此，郊区交通运输主要以轨道交通(大区快速铁路、郊区铁路)和高速公路为主。

(1)大区快速铁路。

巴黎共有5条大区快速铁路(RER)，它们均以市区为中心，呈放射状向外延伸到市郊。作为“市域级”轨道交通，主要为“巴黎—郊区”的出行服务，5条RER线路的24个分支由巴黎市中心向郊区的各个方向呈放射状延伸，覆盖了巴黎大区的大部分区域，通向巴黎郊区的230多个卫星城市和市镇，可达远离市中心20~50km的地区，如戴高乐机场(B3)、凡尔赛(C5)、迪斯尼乐园(A4)等。C、D线已有分支延伸到远郊边缘，有的甚至已经超出巴黎大区的范围到外省(D1和D4)。

大区快速铁路修建的原则是尽量利用原有的国家铁路网，采用与国家铁路相同的线路标准以及车辆、设备。大区快速铁路网总长568km，设站235个，其中很多车站就是国家铁路的火车站。列车车厢与普通火车车厢等宽，轨距亦相同。高峰时段列车间隔时间只有2min，运营速度40~50km/h，站距较长，平均为2400m，载客量大，单向高峰小时可运客5万人，每天输送客流量约300万人次。为了满足大量上下乘客的集散，车站规模比一般地铁车站大得多，车站长225m，站台宽阔，出入口也多，全部使用自动扶梯，乘客可在地下换乘普通地铁。

大区快速铁路从地下穿越巴黎市中心，伸向外围新城，将市区和郊区城镇连接成一体，同时也将郊区之间联系起来,使郊区的乘客不用换乘地铁就能快速地直达城市核心区,而穿越城市的乘客则省去了多次换乘的麻烦。大区快速铁路高速、有效的运输促进了郊区经济的发展,吸引了大量城市居民到郊区居住、工作。

(2)郊区铁路。

郊区铁路就是利用国家铁路的资源来为巴黎大区的客运交通服务。截至2002年底,巴黎大区共有5个方向、26条分支的郊区铁路线,连接市区与周围郊区,构成了一个密集的铁路网,总长833km,设有208个车站。

该系统由法国国营铁路公司(SNCF – idf)运营,自1970年以后市郊铁路已全部实现电气化。该系统内的郊区列车,主要是为郊区—巴黎市之间的客运服务,郊区—巴黎市占整个运量的80%,而郊区—郊区只占20%。居住在郊区而在巴黎市内工作的人,40%以上愿乘坐市郊列车。

巴黎大区快速铁路和郊区铁路如图4-6所示。

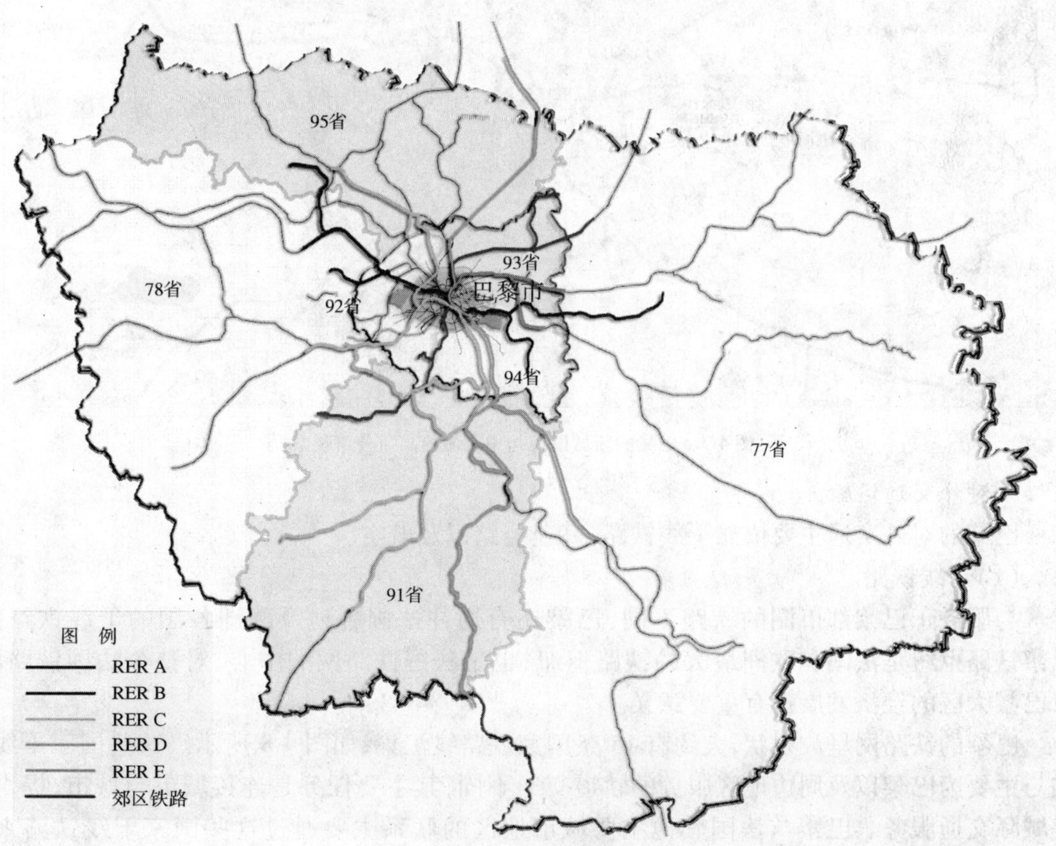

图4-6 巴黎大区快速铁路和郊区铁路

(3)高速公路。

经过多年的建设,巴黎的高速公路已经构成了一个比较完整的"放射+环状"网络,如图4-7所示。这个网络在功能及形态上,主要分为围绕巴黎的环形高速公路和以巴黎市区为中心的放射状高速公路。靠近巴黎的环形高速公路主要是为巴黎及其附近地区服务,放射状高速公路除了满足巴黎与周边郊区的联系,更重要的是为区域交通联系服务。

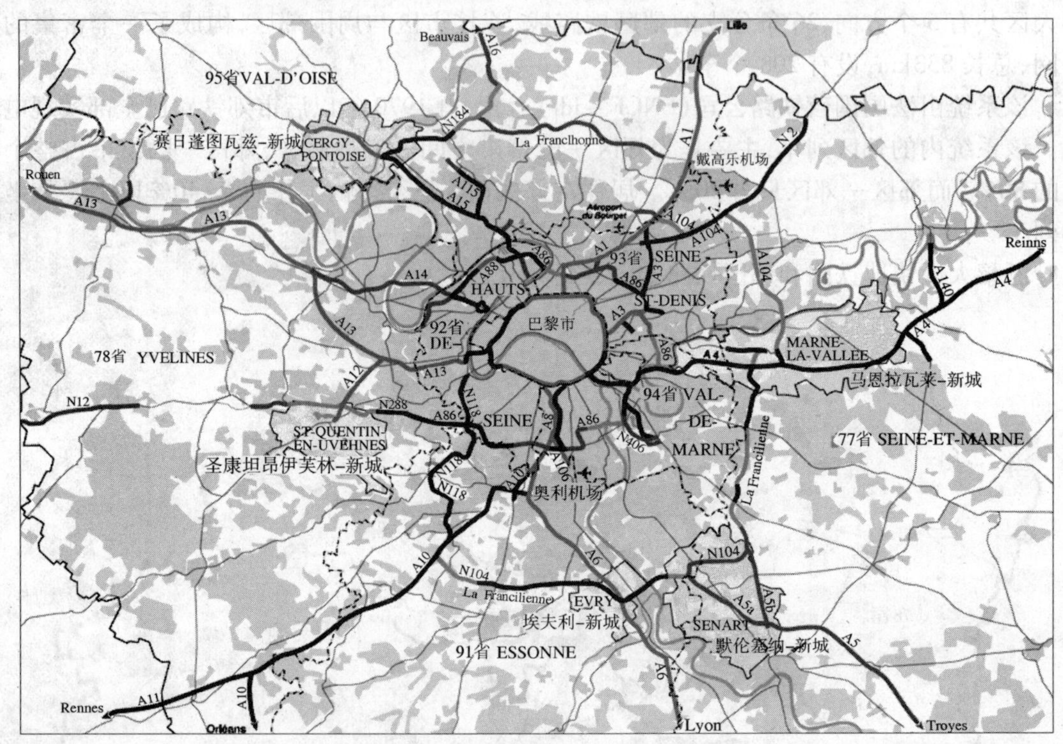

图4-7 巴黎的新城以及与中心城的高速公路联系

3. 对外交通运输

巴黎的对外交通主要依靠干线铁路、高速公路以及航空。

(1)干线铁路。

与服务于巴黎都市圈的铁路不同,巴黎还有通往法国各地及欧洲各国的干线铁路网。巴黎铁路枢纽是法国和欧洲最大的铁路枢纽,也是法国铁路网的中心,对整个法国铁路网、对巴黎大区的经济发展都有重要意义。

巴黎的铁路网呈放射状,大约有15条国家铁路线汇集,如图4-8所示。这些国家干线铁路与主要为巴黎以及周边地区服务的轨道交通不同,其主要任务是连接城市与城市,提供的是城际交通服务。巴黎与法国其他主要城市地区的联系主要通过这些国家干线铁路来完成。同时,这些干线铁路还延伸出法国,通往法国周边的其他欧洲国家,连接巴黎与其他主要欧洲城市。

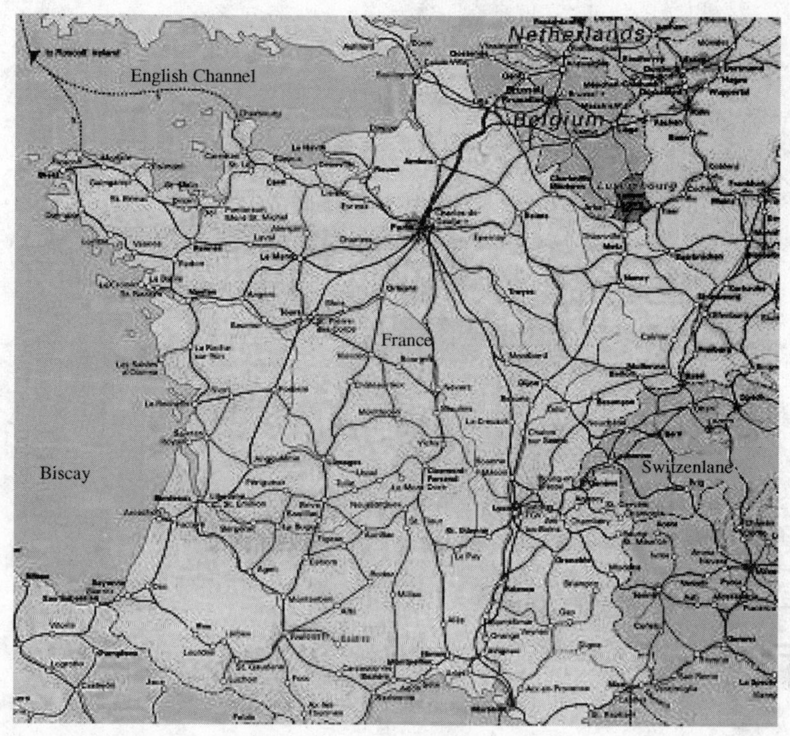

图 4-8 巴黎干线铁路网示意图

干线铁路与郊区铁路的功能不同，干线铁路为法国的全国交通服务，连接各大主要城市；郊区铁路负责的是巴黎大区的交通连接，更多为巴黎的卫星城、郊区服务。但是，两者却共用巴黎的六大火车站。干线铁路从这六大火车站开往法国各地区；郊区铁路列车也是从这里驶向巴黎大区的各个方向。6 个车站开出列车的主要方向如下：

①圣拉扎站：开往法国西北诺曼底地区，如卡恩和鲁昂；

②北站：开往法国北部（亚眠、里尔、加莱），另外还通往比利时、荷兰、英国、德国及北欧各国；

③东站：开往法国东部，如梅兹、南希和斯特拉斯堡，另外还通往瑞士、德国、奥地利及东欧各国；

④里昂站：开往法国东南、地中海一带（第戎、贝尚松、里昂、尼斯、蒙比利埃、马赛），另外还通往瑞士、意大利和希腊；

⑤奥斯特里茨车站：开往法国西南（奥尔良、图尔、波尔多、图卢兹）及西班牙、葡萄牙；

⑥蒙帕纳斯站：开往法国西部布列塔尼亚地区，如布雷斯特、南特和雷恩。

（2）高速公路。

放射状高速公路在巴黎大区的卫星城镇以外的部分，则主要是联系巴黎和其他城市，负担起城际交通联系的功能。在这个区域，高速公路逐渐得到整合，距离巴黎越远，高速公路也越稀疏。在一个方向上，一般只有一条高速公路，如图 4-9 所示。

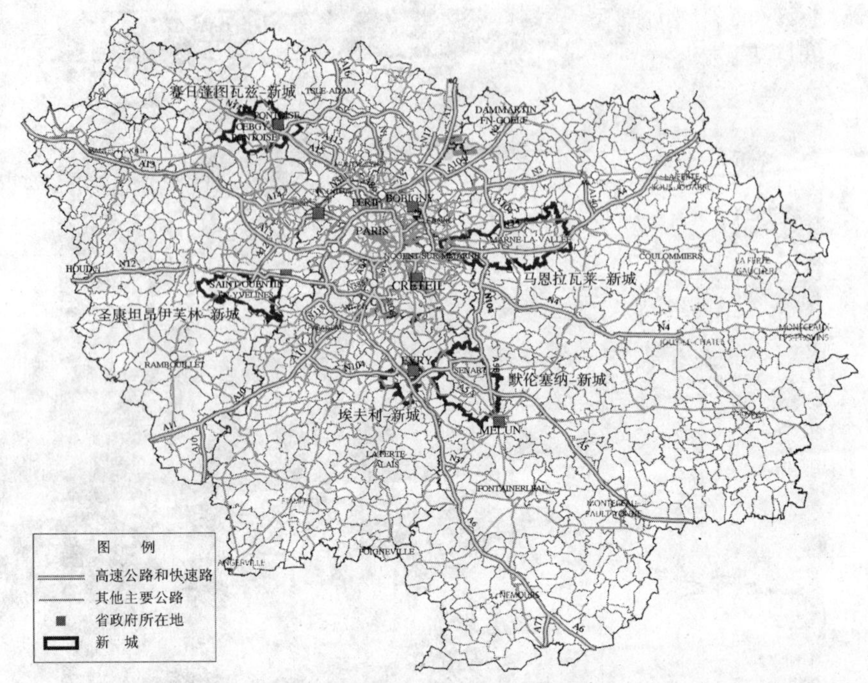

图 4-9 巴黎主要干线公路网示意图

4. 换乘枢纽

巴黎地铁虽然已有 100 多年的历史,在布局上却体现了超前意识,考虑到了与航空、铁路及公共汽车的联运。巴黎的市内轨道交通与干线铁路网之间,存在着很好的衔接,这主要是通过换乘枢纽来完成的。

巴黎所有的干线铁路均不穿越巴黎市区,铁路进入市区后,大部分转为地下,很小部分在地面上。巴黎市内有 6 个主要站,分布在距市中心半径 2. 5km 的区域内。巴黎的 6 大火车站都是尽头式的,不仅是干线铁路和郊区铁路的出发地,也是重要的多模式换乘枢纽。各个车站之间没有铁路连通,但均与多条地铁、RER 和公共汽车线路连接,旅客不出火车站就可以换乘地铁,形成为庞大的综合换乘体系。

位于巴黎北郊的戴高乐机场也有 RER 和高速列车综合车站,刚下飞机的旅客既可换乘 RER 进巴黎市区,也可直接乘高速列车去法国其他城市,而不必进巴黎市内转车。

(四)经验总结

——“多中心”规划引导城市发展;

——交通发展特别强调以快速轨道交通为主体的公共交通,同时建设完善的高速公路网络;

——巴黎大区客流交通以铁路客运为主导。

1. 巴黎公共交通构成

巴黎大区的公共交通方式主要包括:地铁、大区快速铁路(RER)、郊区铁路、公共汽车以

及有轨电车等,各种方式互相补充。主要特点如下:

(1)公共交通网络(尤其是轨道交通)非常发达,各种方式等级分明、相互独立又互为补充;

(2)不同公共交通服务之间形成了良好的衔接,建成多处汇集多种交通方式的大型换乘枢纽;

(3)在市区,轨道交通网络的高密度使常规地面公交的作用十分有限;在郊区,地面公交线路作为轨道交通的补充和延伸,发挥着不可替代的作用。

巴黎的轨道交通在层次上主要分为地铁、大区快速铁路(RER)、郊区铁路和国家干线铁路。地铁、大区快速铁路(RER)和郊区铁路主要为巴黎市区及周边郊区服务。地铁负责巴黎市内交通出行;大区快速铁路(RER)连接巴黎郊区,并穿越市区;郊区铁路连接巴黎郊区和市区。国家干线铁路连接城市与城市,负责法国的城际交通。

2."多中心"引导城市发展和居民出行

在过去的几十年间,巴黎大区实施了一系列重要规划,积极倡导郊区城镇和"新城"的建设,以"多中心"规划主导城市发展、以"多模式"交通引导居民出行,来满足巴黎大区人口增长和经济发展的需要。1965年《巴黎大区国土开发与城市规划指导纲要》建议:在现状建成区和新城市化地区内大力发展多功能的城市中心,形成多中心的区域空间格局,利用公路、铁路、大区快速铁路(RER)等交通基础设施引导潜在的城市建设,并且作为优先发展轴上城市化地区的主要交通手段。

在巴黎大区的几次总体规划中,都强调无论人们身处何地,都应该能够到达城市所有地区(尤其是上班地点)功能。同时,"多中心"布局使节点之间的流量最大化,而其他流量都尽可能地集中在最小的范围(即"节点")之内。"多中心"规划鼓励居民集中居住在节点附近,尽量不分散居住。巴黎郊区的土地利用及交通发展经验可以总结为以下几点:

(1)利用新城建设引导城市外围区的集聚发展;

(2)新城内部达到一定程度的工作和居住平衡,以轨道车站为中心并形成圈层结构,建设密度和人口密度由中心向外缘逐步降低,减少了新城内部的汽车交通需求;

(3)新城与巴黎市保持着便捷的交通联系,每座新城与巴黎之间都至少有一条直通的放射形大区快速铁路(RER)和高速公路相连;

(4)中心城内部修建的现代化的四通八达的放射式和环形交通运输网,鼓励人们在城区采用公共交通方式出行;

(5)城市外围区和远郊区高速公路和轨道交通相配合,为人们提供更多的交通选择。

3.巴黎大区铁路客运发展的经验

巴黎大区铁路客运网吸引了绝大部分郊区客流,在城市公共交通体系中发挥着重要作用,主要有以下几点经验:

(1)规划的前瞻性。巴黎市郊轨道交通发展规划是在《巴黎大区总体规划》以及《土地使用规划》的基础上,结合其他交通方式共同制定的,它们是一个有机整体。在巴黎从单中心向多中心转变的过程中,巴黎交通规划部门预见到由此带来的巨大客流潜力,及时规划和建设了大区快速铁路线,从而在转轨期成功地疏散了大量客流。交通联系的便捷也反过来促进了各中心经济的迅速发展，从而步入良性循环的轨道。

(2)政府重视市郊轨道交通的发展。市郊轨道交通建设属于城市公共交通范畴，政府不仅鼓励企业投资，而且立法给予财政补贴。

(3)充分利用和改造既有铁路设施。法国国营铁路公司在建设地区快速轨道交通网时物尽其用，重新启用沿塞纳河已废弃的地面铁路线路等，以尽量减少额外投资。

(4)建立独立的市郊轨道交通运营体系。大区快速铁路(RER)是专门用于城市交通的铁路线路，与其他铁路的客货运输没有干扰，而且技术设备好，列车速度快、效率高，可以实现平行运行。其高峰小时最小列车间隔只有2min，乘客基本不需要花费候车时间，因此对乘客吸引力很大。

(5)与地铁、有轨电车及其他地面交通方式相结合，有便利的换乘枢纽。大区快速铁路(RER)在市中心范围内采用地下运行，与地铁线路衔接，相当于地下铁道，而在郊区则采用地面线路，成为市郊铁路系统的一部分，使巴黎的轨道交通成为统一的网络体系。

(6)管理体制健全、科学。在巴黎，国家铁路的一部分线路归入了巴黎公交公司，一部分由双方共同管理，还有一部分与巴黎周围铁路干线相连的铁路仍由法国国营铁路公司管辖。法国国营铁路公司与巴黎公交公司有一套完善的协议，各条线路的车票、票价都是统一的，极大地方便了乘客，也使市郊轨道交通的运营管理融入城市公共交通管理系统，实现了统一管理。

二、纽约

(一)城市概况

美国城市的发展具有较强的规划性。纽约是美国最大的金融、商业和文化中心，作为世界的特大城市之一，同其他城市一样，纽约也经历了由小到大不断发展、不断城市化的过程。在快速形成特大城市的过程中，城市问题凸显，如居住问题、交通问题等。因此，纽约市调整了城市发展的规划，作出了向郊区方向发展的转移。经过三个阶段的顺利发展，纽约市地域范围已经越出其行政区划，与周边城市共同形成了纽约大都市。

纽约大都市按行政区域划分为纽约市以及周围的纽约州、新泽西州和康乃狄格州的26个县，总面积为33165km²，人口接近2000万。

纽约市由五个区组成：曼哈顿、布鲁克林、布朗克斯、昆斯和斯塔滕岛，如图4-10所示。除斯塔滕岛外，其他四个区构成了纽约中心城地区。这四个区集中了纽约大都市区的主要

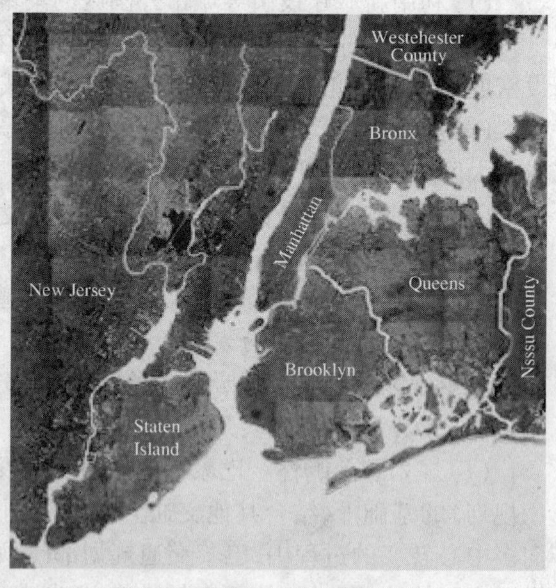

图4-10 纽约市行政区划示意图

就业岗位，人口密度最高。

纽约大都市按距离半径可划分为 CBD、中心区、外围区、近郊区、远郊区五大区域（见表 4-1、图 4-11），中心区和外围区构成纽约大都市的中心城，近郊区包括除中心城以外的所有行政区及新泽西州的部分地区，面积约 5000km^2，人口 620 万，是纽约大都市主要通勤客流的产生地。

纽约大都市区划范围 表 4-1

区域	范　围	面积(km^2)
CBD	曼哈顿岛第 60 街南部地区	23
中心区	曼哈顿岛	73
外围区	布鲁克林、布朗克斯三区及新泽西州的哈德逊县，距市中心半径约 25km	683
中心城	中心区与外围区共同构成	757
近郊区	距离市中心约 80km 地区	5036
远郊区	纽约、新泽西和康乃狄格三州的其他地区	27372
纽约大都市	纽约市及周边三州 26 个县	33165

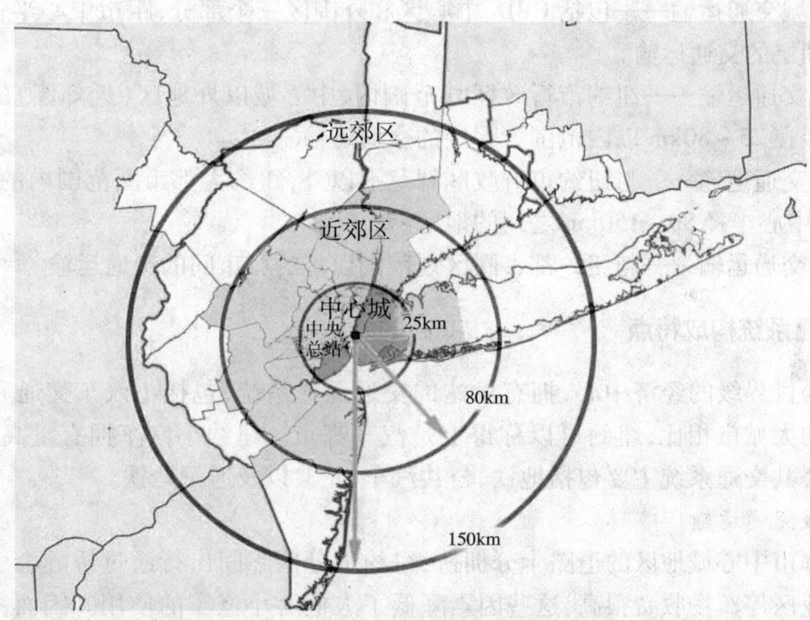

图 4-11　纽约大都市区划范围

（二）交通圈层划分

根据纽约城市化区域和城市结构，纽约大都市交通运输可分为 4 个交通圈层，如图 4-12 所示。

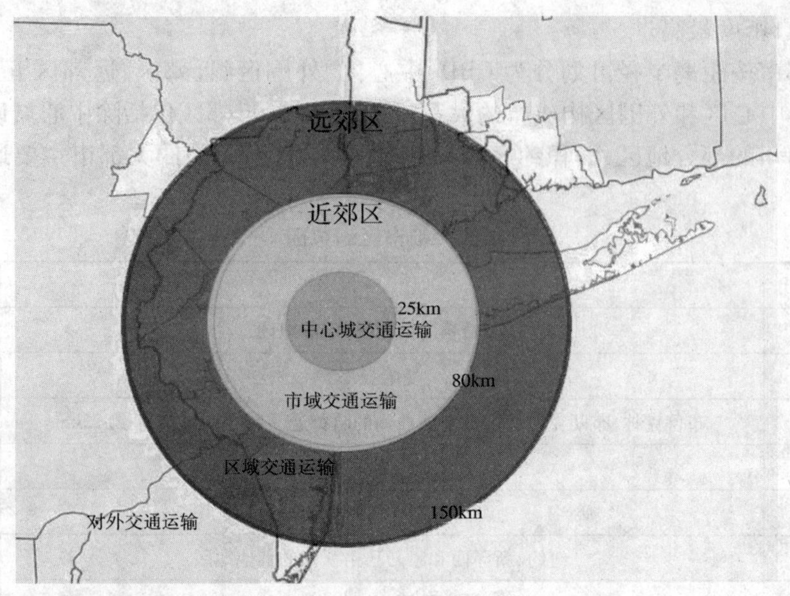

图4-12　纽约大都市交通圈层划分示意图

(1)中心城交通运输——包括CBD、中心区和外围区三个部分,距市中心半径约为25km以内范围为圈层的交通运输。

(2)市域交通运输——纽约市行政区划范围内,中心城以外地区(近郊区)的交通运输,距市中心半径在25~80km以内范围为圈层的交通运输。

(3)区域交通运输——与纽约市行政区划范围以外,纽约大都市圈范围内的城市间的交通运输,距市中心半径80~150km之间的地区。

(4)对外交通运输——与纽约都市圈区划范围以外的城市间的交通运输。

(三)交通系统构成特点

纽约作为世界级的经济中心,拥有发达的交通运输系统,包括小汽车交通和公共交通。与其他国家的大城市相比,纽约可以称得上是汽车都市。纽约小汽车拥有量高达800多万辆。纽约的公共交通系统主要包括地铁、公共汽车、轮渡以及通勤地铁。

1. 中心城交通运输

纽约大都市中心城地区的道路十分拥挤,纽约部分区际间出行通过桥隧会引起拥堵,比较密集的商业区停车场收费很高,这些因素降低了人们对小汽车的使用。因而,与拥挤的道路交通相反,中心城的公共交通十分通畅。

纽约中心城公共交通使用的比例很高,几乎一半以上的通勤客流选择使用公共交通方式出行。中心城的公共交通包括公共汽车、地铁以及轮渡。

(1)地铁。

地铁主要是为纽约中心城公共交通出行服务的。其地铁网络的覆盖范围为中心城的4

个区，即曼哈顿、昆斯、布鲁克林以及布朗克斯。地铁网呈以中心区曼哈顿岛为中心的放射状结构，大部分线路采用穿越中区的径向线形式，减少了乘客换乘的次数，如图 4-13 所示。

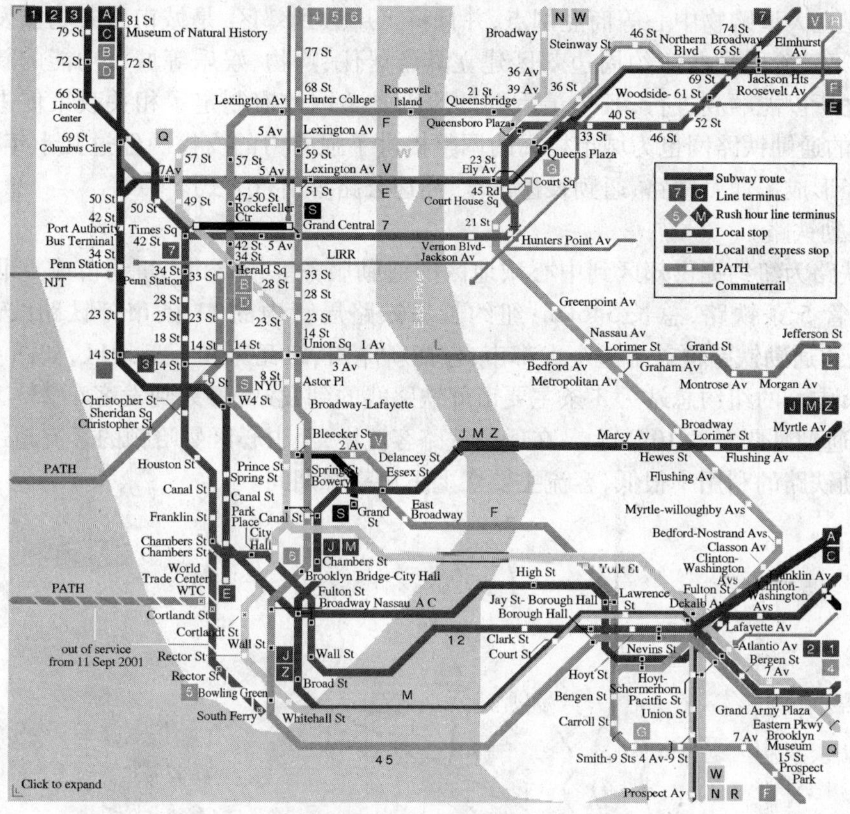

图 4-13　纽约地铁交通网络图

(2)公共汽车。

公共汽车是中心城地区仅次于地铁的出行方式选择，如表 4-2 所示。中心城是使用公共汽车最多的地方，有将近一半的公交线路在中心城。

纽约市各区 16 岁以上居民通勤出行方式的交通构成　　表 4-2

	布朗克斯	布鲁克林	曼哈顿	昆斯	斯塔腾岛
出行总量(人次)	429777	907010	754148	918063	174090
公共交通(%)	56.6	58	58.4	47.8	30.5
公共汽车	16.8	11.8	14.5	10.3	16.3
地铁	36.9	44	38.1	34.6	3.3
通勤铁路	2	1.6	1.2	2.3	1.9
出租车	0.9	0.6	4.6	0.6	0.4
轮渡	—	—	—	—	9

2. 市域交通运输

纽约郊区化经历了三个阶段,第一阶段是将居民的住宅迁移到郊区;第二阶段是在纽约郊区城镇建立大型购物中心等商业网点,并且将工厂搬到郊区,是城市中心功能发生巨大变化的阶段;第三阶段是在纽约周边郊区建立具备居住、购物、娱乐等城市功能的新城镇。这三个阶段之所以能顺利进行,其中最重要的原因是美国政府制定了相关政策促进和支持其发展,发达的通勤铁路网也为城市格局的调整提供了强有力的支撑。经过几十年的发展,纽约郊区已经形成了通勤铁路、通勤长途汽车、高速公路等出行方式。

(1)通勤铁路。

通勤铁路为纽约提供郊区到中心城地区的通勤服务。1983 年,纽约市成立北线市郊铁路公司,接管 5 条铁路,总长 546km;纽约长岛铁路局管内的 11 条市郊铁路线,总长约为 600km。纽约通勤铁路覆盖了整个大都市,包括新泽西、纽瓦克和长岛地区,如图 4-14 所示。位于纽约市中心的纽约总站为 3 条主要市郊铁路线的到发站,每天到发客车 233 对,旅客 20 万人次;持通勤月票者逾 10 万人。在通勤铁路客流中,至中心区曼哈顿的客流超过总客流的一半。通勤铁路的利用率很低,客流主要在上下班高峰期间。

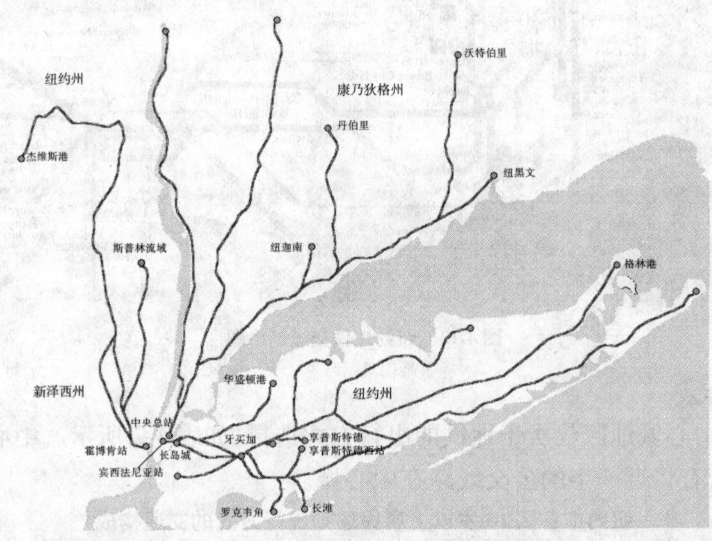

图 4-14 纽约通勤铁路线网示意图

(2)通勤长途汽车。

通勤长途汽车也称快速公共汽车,是 CBD 至郊区最主要的公交方式。纽约大都市的快速路 1/3 分布于近郊区,一半以上分布在远郊区,如表 4-3 所示。

纽约快速路分布表 表 4-3

区域	CBD	外围区	近郊区	远郊区	合计
长度(km)	8	337	998	1653	2996

(3)高速公路。

纽约的高速公路网十分发达,在纽约大都市的中心城及近郊区的一部分,高速公路作为一项公共事业获得了长足的发展并不断扩展到远近郊区。

纽约大都市的高速公路交通系统分为近郊与城际两部分,在纽约中心城以及郊区服务于纽约地区的"市域级"高速公路是联系纽约以及郊区的重要交通方式。公路干道则作为高速公路的补充,是近郊与中心城的辅助交通方式。

"市域级"高速公路的发展,使纽约大都市圈的道路系统以高速公路为骨架,这些高速公路围绕着纽约连接到纽约的城市及郊区。"市域级"高速公路的发展,还带动了周边卫星城镇的发展。在纽约,贯穿长岛的495号线、北州等三条高速公路如今已经成为纽约市区与长岛卫星城镇相连接的交通枢纽,在这三条高速公路两旁新建起数十个集居住、购物、娱乐于一体的小城镇。

3. 区域和对外交通运输

美国是生活在"车轮"上的国家(见图4-15),高速公路是美国最为重要的交通网络,因此大城市的对外交通出行也主要以高速公路为主。除高速公路外,航空也是长距离对外交通出行的方式之一。

纽约大都市的高速公路除了近郊部分之外,另外一个重要的部分就是国家高速公路干线,也叫州际高速公路。纽约与其他城市之间的城际交通主要通过美国的洲际高速公路来完成的。对外的高速公路系统有6条主通道,分别通往康涅狄格州、纽约州北部、新泽西州和宾夕法尼亚州。这些高速公路都是国家洲际高速公路网的一部分。

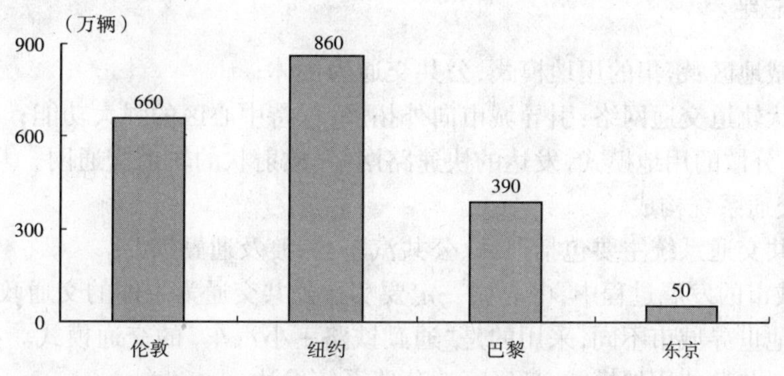

图4-15 世界主要城市小汽车拥有量比较

洲际高速公路是美国政府出资建设的国家级高速公路网络,是美国国家公路网的主骨架。目前美国的洲际公路总里程达到了7.46万km,全国高速公路达到8.87万km,形成了以城市交通服务为主,连接各州首府及所有人口数量在5万以上的城市,并与加拿大、墨西哥等周边国家相连的高速公路网。该系统的建设大大提高了交通运输的便利性、迅速性、舒适性和安全性,生产制造活动、商业活动、社会活动等都离不开洲际公路所提供的服务。

4. 换乘枢纽

(1)公共交通之间。

纽约市中心的曼哈顿地区汇集了所有的地铁线路,并且是通勤铁路的终点,主要的铁路终点站有2个,宾夕法尼亚车站为长岛地区及新泽西地区服务,中央总站为北部地区服务。同时,还有一个公共汽车的终点站,提供通勤公交线路和城际公交线服务。3个枢纽均有一条以上的地铁线路连接。由于3大枢纽都位于空间拥挤的地区,公共交通十分方便和发达,因此,几乎无人采用私人小汽车方式进出该地区。

(2)公共交通与私人交通之间。

一般情况下,为了减少城市中心区的拥挤,提高中心区公共交通出行量,纽约在地铁的终点站建立了轨道交通与私人交通之间的停车及换乘系统设施。

列车到达纽约市以后,能否便捷地换乘其他交通工具到达上班地点,也是郊区乘客是否愿意使用通勤铁路的关键。纽约的部分火车站在解决乘客换乘的问题方面非常具有前瞻性,换乘极为方便,极大地影响了人们对交通工具的选择。住在郊区的乘客往往是自己驾车到火车站的停车场,然后乘通勤铁路上班;下班后,乘火车回到原来的车站,再开车回家。为此,郊区的火车站都建有大型的停车场,收费合理,且可购买优惠的停车月票;停车场里设有遮雨棚、凉亭、厕所、行车时刻等。这样的设施解决了乘客换乘问题,既方便了选择大众交通工具的乘客快速进出运输系统,也使得运输系统的运营和管理工作更加便利。

(四)经验总结

——中心城地区:密集的用地模式,公共交通为主体;

——放射状轨道交通网络:引导城市向外拓展,保持中心区的强大功能;

——郊区:分散的用地模式,发达的快速路网络,放射状的轨道交通网。

(1)公共交通系统构成。

纽约的公共交通系统主要包括地铁、公共汽车、轮渡及通勤铁路。

(2)在大城市的发展过程中,中心城一定要实行公共交通为主体的交通政策。

纽约与其他世界城市不同,采用的是“通勤铁路+小汽车”的交通模式。在用地方面,纽约在郊区采取了分散的用地模式,郊区高速公路系统发达。

即使纽约大都市是世界上拥有小汽车最多的城市,纽约中心城仍然实行以公共交通为主体的交通政策。在纽约的中心地区,人口密度高,用地模式以商业、办公为主,倘若任由小汽车随意发展,将导致大面积的交通拥堵。只有实行以公共交通为主体的交通模式,通过交通基础设施建设和交通政策鼓励和引导人们使用公共交通,才能保证城市交通的顺利运行。

(3)轨道交通保持了市中心的繁荣发展。

美国的许多城市在经历了城市化发展过程后,都出现过“逆城市化”现象,人口和产业向郊区转移和发展,引起了中心城区的衰退。

纽约放射状的轨道交通线路网络在疏解中心区人口的同时,依然保持了中心区的强大功能。轨道交通为纽约中心区带来了大量的人流,人们利用轨道交通通勤来到市中心,促进了城市中心的不断发展。由于城市中心用地居住功能较少,大部分用地是商业和办公功能,又不致使城市中心区过于拥挤。轨道交通连接起城市中心区的工作地和外围地区的居住地,维持了中心区的繁荣,又带动了郊区的发展。

(4)郊区分散的用地模式,发达的快速路网络,放射状的轨道交通网络引导着城市的发展。

纽约的道路运行系统总长9.1万km,其中大约3000km是快速路,占道路网总长的3%,却承担了40%的区域交通。与世界其他大都市相比,纽约的快速路规模是最大的。这种发达的快速路网络带来的必然是分散的用地模式,小汽车保有量很高。

放射状的轨道交通网络拓展了城市的发展空间,疏散了中心区高密度的人口分布。纽约地铁的建设引导了市中心曼哈顿地区的人口向外围的布朗克斯、布鲁克林和昆斯3个地区转移。地铁的建设和不断发展,使中心区的人口不断减少,外围3个区的人口则成倍增长。

三、伦敦

(一)城市概况

伦敦是英国的首都,是英国经济和文化的中心,是英国主要的交通枢纽,世界最大的城市和金融中心之一。通常所说的伦敦是指伦敦大都市,即以伦敦(又称大伦敦)为中心向周边辐射的英国东南地区,这一地区总面积27224km^2,人口1700万人。

(伦敦都市圈又称伦敦—伯明翰—利物浦—曼彻斯特城市群,形成于1970年代;该都市圈以伦敦—利物浦为轴线,包括大伦敦地区、伯明翰、谢菲尔德、利物浦、曼彻斯特等大城市和众多的小城镇;这一地区是产业革命后英国主要的生产基地和经济核心区,总面积约4.5万km^2,人口3650万。)

大伦敦位于英国东南部,跨泰晤士河,市中心距离河口88km,总面积1578km^2,人口725万,工作岗位420万个,由中心区和外围区组成。中心区又称内伦敦,由12个区构成,面积321km^2,人口250万左右;外围区又称外伦敦,由20个区构成,面积1256km^2,人口接近450万。内、外伦敦共同构成了伦敦大都市的中心城,即大伦敦,大伦敦地区构成如图4-16所示。

大伦敦周边的第一圈为近郊区,是英国东南地区的一部分,面积8807km^2,主要集中了大约10%的在中心城上班的居民,这里是城市化水平比较高的地区;第二圈是远郊区,面积16839km^2,是由英国东南地区的其他区域组成。

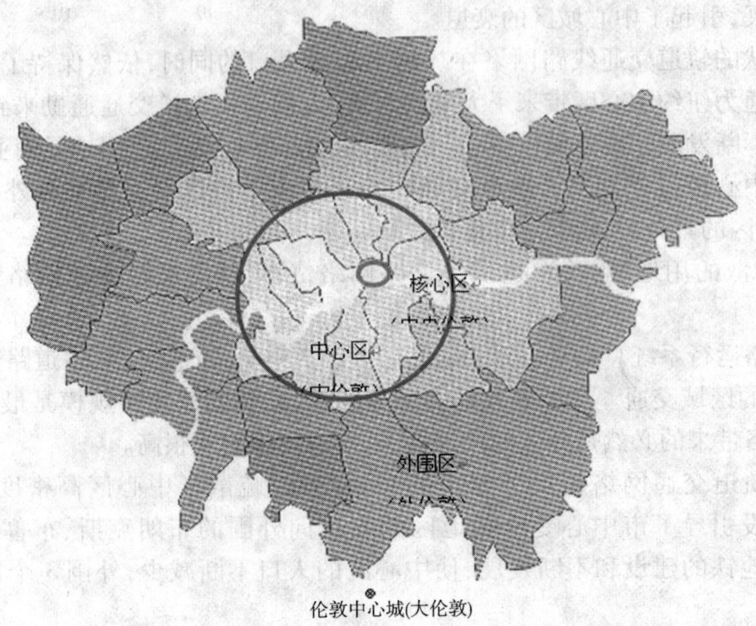

图 4-16　大伦敦地区构成示意图

(二)交通圈层划分

根据伦敦的城市化进程和城市结构,伦敦大都市可以分为四个交通圈层。

(1)中心城交通运输——大伦敦范围(包括内伦敦、外伦敦区域)的交通运输。

(2)市域近郊区交通运输——中心城外围近郊区新城为主要圈层交通运输。

(3)市域远郊区交通运输——伦敦都市圈区划边界为圈层的交通运输。

(4)对外交通运输——伦敦都市圈区划范围之外的城市间的交通运输。

(三)交通系统构成特点

伦敦的城市规划是随着新城的规划和建设而不断变化的。由于伦敦城市区域的不断扩大,人们的交通需求也不断增长,作为世界上首个修建地铁的城市,伦敦通过修建道路和地铁的方式不断扩大交通容量,到 1907 年,伦敦就具备了完善的内乘地铁系统,地铁系统与公交客运系统连接成为整体,有效地改善了伦敦的交通,同时,促进了城区以带状形式向外延伸。在伦敦都市圈内,中心区主要以公共交通为主,外围区和郊区则以小汽车为主。

1. 中心城交通运输

伦敦的地铁系统十分发达,成为居民进入中心区通勤出行的主导方式。公共交通与私人小汽车出行的比重分别为 75% 和 14% 左右。各类交通出行方式所占出行比例如表 4-4 所示。

不同时期伦敦公共交通与私人小汽车出行比例　　　　表4-4

年份	公共交通				私人小汽车	
	客运总量（万乘次）	比重(%)	轨道交通客运量(万乘次)	轨道比重(%)	客运量（万乘次）	比重(%)
1989	93.6	81.9	86.3	75.5	16.1	14.1
1994	80.1	81.0	73.8	74.6	14.5	14.8
1999	92.4	83.8	85.6	77.2	13.5	12.2

伦敦的地铁是全世界最畅通的地下铁路网，这些铁路线主要为伦敦中心城地区服务，同世界其他大都市相比，伦敦地铁的价格昂贵，但它仍然是十分便利的交通工具。目前伦敦共有12条地铁线，再加上一条船坞区可接驳的火车路线，共同构成了整个伦敦地区便捷的交通网，如图4-17所示。

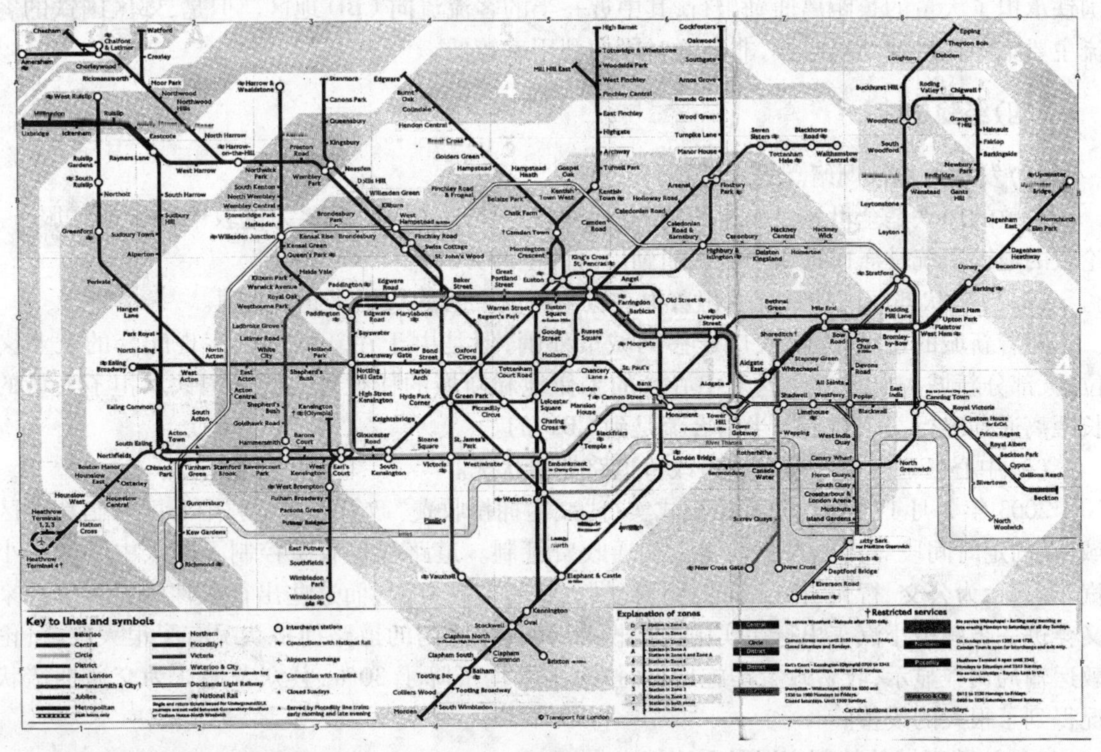

图4-17　伦敦地铁线网示意图

2. 市域近郊区交通运输

随着新城的建设，大量人口迁到城市外围，但是新城没能实现配套的就业岗位，大部分新城人口每天要往返于中心区的工作地和新城的住宿地之间。

伦敦外围区的出行方式基本以私人小汽车和地铁为主，从伦敦小汽车的拥有率上可以看出,中心区小汽车拥有率较低,外围区和郊区的拥有率则较高,如表4-5所示。

伦敦小汽车拥有率分布(1990年)(单位:辆) 表4-5

区 域	每 户 均	人 均
CBD(中央伦敦)	0.54	0.27
中心城其他地区	0.83	0.34
近郊区	1.22	0.48
远郊区	1.08	0.44

3.市域远郊区交通运输

中心城至郊区的出行主要是依靠郊区国铁和小汽车出行。

伦敦的郊区国铁呈放射状向各个郊区延伸,承担着中心城与新城之间的长距离通勤交通。通勤铁路全长3650km,2000年共完成客运量6.84亿乘次,乘客平均出行距离为27km。国铁承担了大量的长距离通勤出行,其中近一半的客流流向CBD地区。但是,郊区国铁的客流主要集中在早晚高峰时段,非高峰时段的利用率较低。

(四)经验总结

(1)发达的地铁网络。

伦敦的地铁是全世界最畅通的地下铁路网,这些地铁线路主要为伦敦中心城地区服务。伦敦的地铁系统是居民进入中心区通勤出行的主导方式。

(2)放射状郊区国铁系统承担着中心城与新城之间的长距离通勤交通。

随着新城的建设,大量人口迁移到城市外围,但是由于在新城没能实现配套的就业岗位,大部分新城人口每天往返于中心区的工作地和新城的住宿地之间。国铁承担了大量的长距离通勤出行,其中,近一半的客流是到CBD的。

(3)中心区通过实施收费政策改善道路拥堵状况。

2003年2月17日,伦敦开始正式实行"交通拥挤收费"政策。在伦敦中心区划出特定区域,在固定时间段对其出入车辆实行交通收费管制。道路拥挤收费控制了进入中心区的小汽车出行,为公交、行人、自行车的通行提供更多的道路资源,而这些出行条件的完善反过来又会进一步减少小汽车出行。实施拥挤收费后,收费区内的道路拥挤状况有了很大改善,伦敦运输局调查显示,收费政策实施后,拥挤水平平均下降了30%,公众普遍认为交通拥堵状况得到了很大的改善。

(4)注重新城的外部交通联系连接。

伦敦十分注重新城和中心城之间的交通联系,每个新城至少有一个连接高速公路的入口。居住在新城的居民可以选择驾车通过高速公路到达市中心,也可选择利用通勤铁路到达市中心。

(5)改变功能相对单一的早期新城,注重就业岗位的增加以及工作与居住的平衡。

早期的新城建设重点是吸引中心城人口转移,导致了新城用地以居住用地为主,新城缺乏就业岗位。绝大多数居住在新城的居民，白天到中心城工作，晚上回到新城休息，新城实质上成了“卧城”。在这样的情况下，中心城的就业人口非但没有减少，反而呈逐步上升的趋势，交通压力也不断增大。

伦敦在后期的新城建设中已经注意到了这一点，第三代新城注重在新城内部布置了配套的设施，提供了适当的就业岗位，一方面缓解了伦敦市区的压力，另一方面也保持了新城的活力。

四、小结

(一)土地利用与交通发展

(1)用地密度:西方国家大城市中心区土地利用密度高，外围区和郊区土地利用密度低。

(2)郊区开发:用大运量公共交通方式带动郊区的开发。郊区土地进行混合式开发，以轨道车站为中心开发新城。

(二)新城建设引导城市多中心发展

一般通过建设新城(卫星城)使城市呈组团式的多中心结构:

(1)在外围区建设新城，疏散中心区人口，带动城市不断发展。

(2)新城建设与交通基础设施建设相配合，市区与新城中心采用大容量的快速轨道交通连接。

(3)新城在建设中注重强调两个平衡:居住和就业的平衡，住房和公共设施的平衡。其目的是给没有能力或不愿出城通勤的居民一个选择的机会，并降低新城和中心城之间的交通流量。

(4)新城内部交通发达，形成完善、便捷的交通系统，为人们出行提供多种交通方式。

(三)交通运输模式

(1)中心区大力发展以轨道交通为主的公共交通系统，轨道交通在城市客运系统中占绝对主导地位。

(2)外围区和郊区以及中心区形成放射状轨道网，承担中心城和外围地区长距离客运交通连接，市区和郊区各主要中心之间有方便的交通联系。

(3)重视高速公路建设，高速公路在城市货运交通中扮演着重要的角色。

(四)轨道交通引导城市发展

(1)轨道交通线往往成为城市的轴线，引导城市呈带状发展。

(2)轨道交通的建设保持了市中心的繁荣发展。为中心区带来大量的人流，又不致使其过于拥挤。

(3)轨道交通站点促进城市次级中心的形成。

(4)重视轨道交通和其他交通工具的换乘，建立一体化的交通系统。

(5)轨道交通站点周边设置高密度的服务、就业、居住中心,目的是吸引游客,避免引发潮汐现象,防止非高峰时段的低效运营。

(6)公交集中区的土地开发形成梯度,围绕站点布置高密度开发的用地,周边地区鼓励高密度开发。

(五)郊区和都市圈交通发展模式

(1)重视都市圈城际交通建设,区域城际交通与市内交通系统相衔接,形成完善的交通网络。

(2)客运交通:快速轨道交通或高速铁路形成完善的网络,在客运交通方面占主要地位。

(3)货运交通:高速公路在货运交通方面占主要地位。

第二节　亚洲主要大城市交通运输发展经验

一、东京

(一)城市概况

东京是日本的首都,也是日本政治、经济和文化的中心。东京全称为"东京都",面积 $2186km^2$,2005 年人口达 1200 多万,人口密度相当于日本全国平均水平的 16 倍。东京都由 23 个区,26 个卫星城、7 个町以及 8 个村组成,其中 23 个区构成了中心城,如表 4-6 所示。

东京都构成及面积　　表 4-6

区域	范　围	面积(km^2)
中心城	23 个区构成的区部	621
东京都	23 个区,26 个卫星城、7 个町、8 个村	2186
东京都市圈	东京都,琦玉县、千叶县、神奈川县行政区域	13554
首都都市圈	东京都,琦玉县、千叶县、神奈川县、茨城县、枥木县、群马县、山梨县行政区域	36879

东京都外围第一圈由琦玉县、千叶县和神奈川县三县构成,面积达 $11368km^2$;外围第二圈由四个县构成,分别是茨城县、群马县、山梨县以及枥木县,面积达 $23325km^2$。

(二)交通圈层划分

根据东京的城市结构,东京的交通圈可以分为 4 层,见图 4-18 所示。距离市中心半径约 15km 范围内的 23 个区是东京的中心城;距离市中心 15 ~ 50km 范围内的分别是东京的卫星城圈层和远郊区圈层，即东京都和东京都市圈；距离市中心 50~100 公里范围内的是首都都市圈。

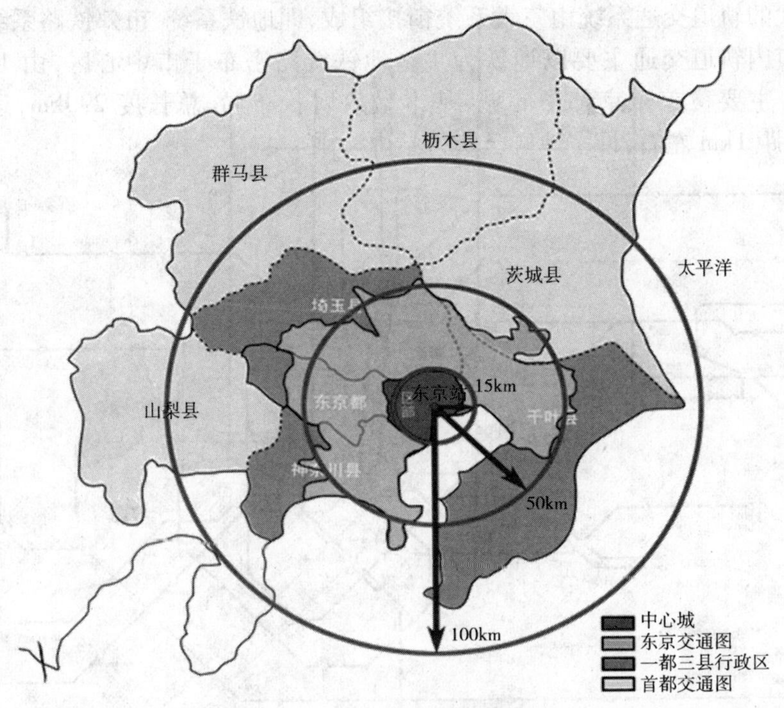

图 4-18　东京交通圈示意图

(1)中心城交通运输——东京都 23 个区范围的交通运输。

(2)郊区交通运输——包括以东京都为圈层的近郊区交通运输和以东京都市圈为圈层的远郊区交通运输。

(3)区域交通运输——以首都都市圈为圈层的交通运输。

(4)对外交通运输——东京与首都都市圈以外城市之间的交通运输。

(三)交通系统构成特点

东京是世界大都市之一，具有典型的单核中心的结构特征。对于 1000 多万人口的大城市而言，向心放射型的单核城市结构是无能为力的，必须寻求一种更为开放、更适合成长和变化的新的地区结构。1960 年，东京提出了"以城市轴为骨干"的城市结构改革方案——"东京规划-1960"，将东京的城市中心功能展开在城市轴上，建设副中心、新城市、新镇，构成具有发展潜力的开放结构。

1. 中心城交通运输

东京是典型的以轨道交通为主的大都市，东京中心城轨道交通出行比重为 58%。东京的铁路(包括地面和地下铁路)是这个城市最主要的公共交通方式，也几乎是世界上少数能够盈利的城市铁路系统之一。在公共交通系统中,轨道交通占据了绝对主导地位,地面公交车和出租车在客运交通中仅是辅助系统。

东京庞大的轨道交通系统由三大系统衔接组成,即地铁系统、市郊铁路系统和铁路干线。

东京的市内轨道交通主要以地铁为主。地铁线路密布于市中心区,由 12 条线路组成(见图 4-19),主要覆盖东京都中心城,基本呈放射状布局,总长度 290km,运营时速 30 ~ 40km,平均站距 1km 左右,许多地区已实行站内换乘。

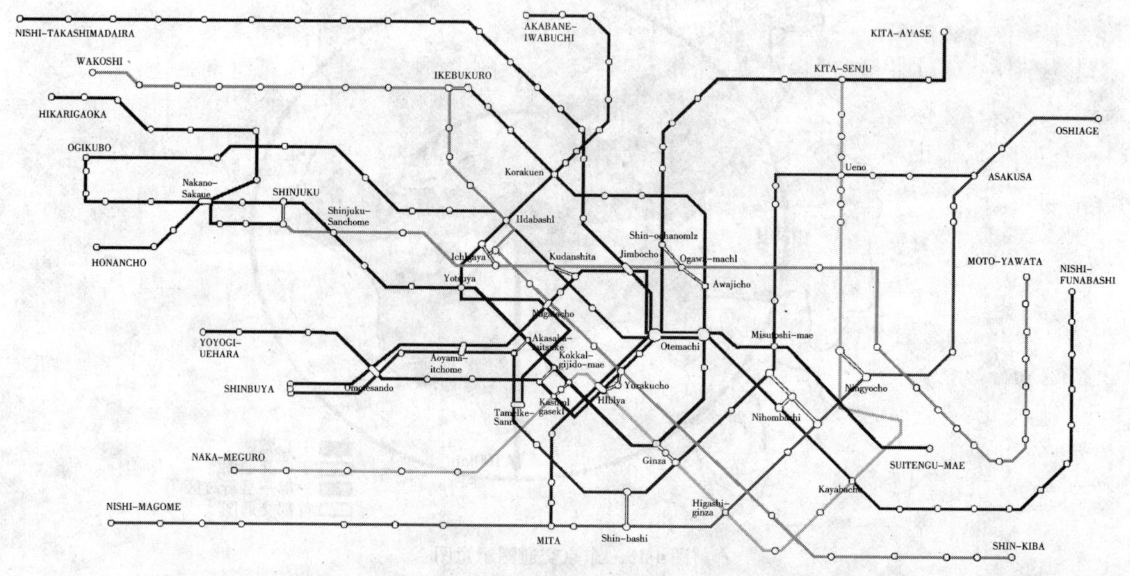

图 4-19 东京市内轨道交通网络示意图

东京市内的 12 条地铁线路由两家公司经营,营田地下铁公司拥有 8 条地铁线路,总里程为 177.2km;都营地下铁公司拥有 4 条地铁线路,总里程 109km。东京的地铁主要承担城市内部的客运交通,与市郊铁路相比,站距较短,速度较快。

2. 郊区交通运输

由于东京高密度的开发模式,东京郊区的交通运输仍然是以轨道交通为主。

(1)山手线。

与其他国际大城市不同,包围着东京中心高密度地区的著名城市环路不是大容量快速汽车道路,而是一条环形铁路——山手环线。山手线是东京的一条环形铁路,起着减轻城市中心地区交通压力的作用,同时也将大量的人流带到城市中心。东京的新老 CBD 几乎全部集中在山手环线和中央线的车站附近。以新宿副中心为例,商业娱乐中心及其周围的其他建筑集中在距铁路车站不足 1000 米的范围内,由于大量活动直接在车站附近完成,乘用火车是出入该区最方便、最常用的交通方式。

(2)市郊铁路。

由山手环线向外放射的郊区铁路沿线存在一系列典型的以公共交通运输为导向开发的

社区。大型社区中心围绕车站布置，有景观良好的步行系统从中心通往附近的居住区，居民步行或乘用公共汽车去铁路车站都很方便。根据1988年的调查统计，居民到铁路车站（社区中心）的出行总量中，67.8%为步行，24.7%乘用公共汽车，仅有6.1%使用私人小汽车。显然，这种用地布局在吸引居民出行使用铁路的同时，还有效降低了社区内部的机动车交通量。

东京都市圈的市郊铁路长度共有2500km，连接了东京市区以及周边所有的郊区及卫星城镇，承担了郊区到市区以及市区之间绝大部分的交通出行。东京非常重视市郊铁路的发展，在各条铁路沿线的站点，都建设了相当数量的停车场，停车—换乘系统得到了大规模的发展。由于发达的轨道交通网和配套设施，公共交通在都市圈的交通出行方式中占绝对比重。

东京的市郊铁路系统有部分由私人公司运营，私营铁路以国家铁路（JR）环线山手线为终点，向外围都市圈辐射。该系统长度近1000km，运营速度为40～45km/h，站距2km左右。由于市郊铁路分属不同的公司，存在竞争，从而提高了整体的服务质量。

（3）环城高速公路。

东京都市圈道路网远景规划包括三个环线：距离都市中心10km的首都高速中央环线；距离都市中心20km的东京外廓环线高速公路（1992年部分开通）；距离都市中心50km的首都圈中央联络高速公路（1996年部分开通），如图4-20所示。这些环线不仅减少了通过都市中心的交通流量，而且起着联系外围城市群体的重要作用。从道路修建次序来看，内部环线由于对于减少通过都市中心的交通量具有重要作用，因而建设时间较早。而外围环线主要起到联系外围城市体系的作用，因此是在需求达到一定程度时，才开始分段建设。

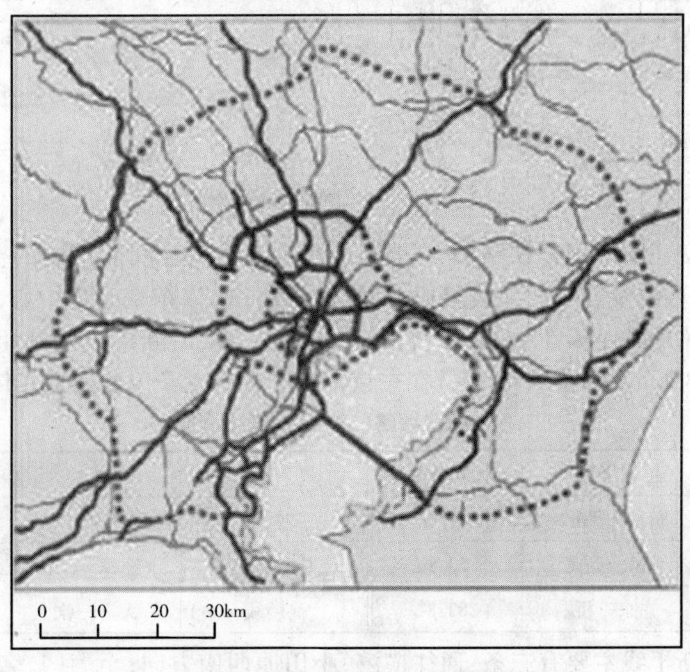

图4-20 东京环城高速公路网示意图

虽然东京有强大的轨道交通系统，但高速道路系统仍然发挥着重要的作用，在客运交通中占有一定比重，在货运交通中则占有主要地位。

3. 区域和对外交通运输

东京的区域和对外交通运输主要依靠铁路干线、城际高速公路完成。

(1)铁路干线。

东京的铁路干线主要是国家铁路(JR)和高速铁路(新干线)，如图4-21所示。这两者主要承担大中城市间中长途客运。东京作为日本的首都，与周围城市的客运连接基本都由铁路承担，在对外的连接上，东京有通往全国各地的国家铁路干线，以及三条新干线。这些承担中长距离客运连接的铁路干线，主要负责城市与城市间的连接。这些线路总长较长，站距较大，运行速度高，其中新干线时速可达200多公里。

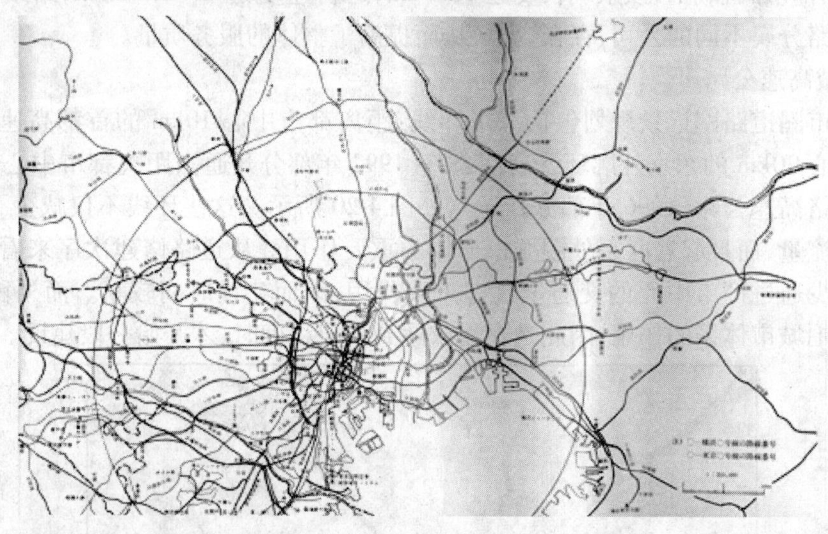

图4-21 东京高速铁路网络示意图

服务于首都交通圈的国家铁路(JR)承担了都市圈内市际间及市内的交通功能，总长度近900km，由两条环线及若干放射线组成。国家铁路(JR)以东京站为中心，向首都圈其他地区辐射。市际铁路的站距为5~6km，运营时速为50~60km；新干线的站距为30~50km，运营时速为120~130km。国营铁路(JR)在东京都市圈内有六条主要通道具体如表4-7所示。

东京国营铁路(JR)系统线路情况 表4-7

线　路	运营区间	长度(km)	线　路	运营区间	长度(km)
东海道本线	东京—平冢	81.6	常磐线	日暮里—牛久	50.6
中央本线	东京—高尾	53.1	总武本线	东京—八街	65.9
东北本线	东京—桥	82.8	高崎线	大宫—吹上	27.3

都市圈内的新干线主要有三条：通往横滨、小田原西南方向，至静冈、名古屋方向的东海道新干线；通往熊谷、深谷方向的北部地区，至前桥、长冈、新泻的上越新干线；通往久喜、古

河方向的东北地区,至宇都宫、福岛、仙台的东北新干线。

由于新干线与国家铁路共同承担长距离的城市间客运交通,日本的新干线和国家铁路之间进行了较好的整合,有方便的换乘系统将两者很好地衔接起来。由此,国家铁路和新干线一起共同为东京都市圈的城际客运服务。

(2)城际高速公路。

东京的高速公路网络形态是"环线+放射线"形结构。东京230多km的首都高速公路,每天承担着东京道路交通总量的26%,约112万辆车的交通量。

日本国土面积较小,人口密度高。东京的高速公路主要分为城际高速公路和环城高速公路。两者之间形成了典型的"环线+放射线"形结构。

城际高速公路主要以东京中心城为中心,对外呈放射状,连接东京与其他城市。这些放射线形的高速公路共有6条(见表4-8),主要的对外联络通道。其中,承担交通量最大的是东名高速公路,靠近东京断面日流量达到13万辆;东北高速公路在东京附近的断面日流量也达到9万辆。

东京主要对外高速公路 表4-8

名　　称	长度(km)	名　　称	长度(km)
东关高速公路	78	关越高速公路	240
东海高速公路	91	东北纵贯高速公路	176
中央高速公路	181	常磐高速公路	158

(四)经验总结

(1)轨道交通为主的客运系统。

东京是典型的以轨道交通为主导的大都市,在公共交通系统中,轨道交通占据着绝对主导地位,地面公交车和出租车在客运交通中仅是辅助系统。中心城轨道交通出行比重为58%。在东京,工作日进入CBD的机动化出行方式中,轨道交通达到了86%。铁路是东京最主要的公共交通方式。

(2)不同层次的铁路分别承担着不同的功能。

从功能上划分:东京都市圈的铁路和轨道交通主要分为三个层次:铁路干线、市郊铁路、地铁。

铁路干线承担的是区域间的连通,连接首都与国内的其他大中城市,主要由国家铁路(JR)和高速铁路(新干线)组成,两者主要承担大中城市间中长途客运。

东京都市圈的市郊铁路长度共有2500公里,连接了东京市区以及周边所有的郊区及卫星城镇,承担了郊区到市区以及市区之间绝大部分的交通出行。

地铁承担着东京市区的客运功能。东京市内有12条地铁线路,这些地铁由两家公司经营。东京绝大部分地铁线路直接与通往郊区的私人铁路连接。

(3)城市环路是一条环形铁路(山手环线)。

山手环线起着减轻城市中心地区交通压力的作用,同时也将大量的人流带到城市中心。东京的新老 CBD 几乎全部集中在山手环线和中央线的车站附近,由于大量活动直接在车站附近完成,乘用火车是出入该区最方便与最常用的交通方式。

(4)郊区铁路引导城市沿轴向发展。

中心城和郊区之间有完善的轨道交通网络,郊区的大部分通勤者利用轨道作为出行的交通工具。在连接市区与郊区及远郊区的放射线方向上,轨道交通占据主导地位。轨道交通的发展反过来又促进了城市郊区的迅速发展,引导城市沿轨道交通轴向发展。郊区铁路网是带动东京城市发展的重要动力。

(5)民营化竞争和交通综合规划,保障了轨道交通的高效运行。

东京的轨道交通是世界上最为成功的轨道交通系统之一,服务于东京交通圈的铁路系统由私人公司运营。与其他城市的轨道交通相比,东京的轨道交通服务水平和交通分担率都要高于其他城市,主要原因就在于东京轨道交通部分交由私人公司运营,在相互协作的同时,在管理经营上也不乏竞争,从而提高了整个地铁行业的服务质量。同时,东京的轨道交通系统与土地进行综合开发,与其他交通工具之间进行整合。

(6)东京的高速公路网络形态是“环线 + 放射线”状结构。

东京的高速公路主要分为城际高速公路和环城高速公路。两者之间形成了典型的“环线 + 放射线”状结构。

城际高速公路主要以东京中心城为中心,对外呈放射状,连接东京与其他城市。东京都市圈道路网远景规划包括三个环线,这些环线发挥的作用不仅限于减少通过都市中心的交通流量,而且起着联系外围城市群体的重要作用。

二、香港

(一)城市概况

香港是世界上道路交通最繁忙的地区之一,2004 年常住人口 677 万,流动人口逾百万,土地面积只有 $1098km^2$。

香港共有四大地理分区,分别是香港岛、九龙、新界和离岛,如图 4-22 所示。

(1)香港岛。

该岛一直是全港地区政治、商业和金融中心,也是全港交通与旅游资源的重要集中地。该岛的道路交通密度,在世界上也是相当高的,其道路网主干呈横日字形。北面以海傍干诺道、告士打道、东区走廊为主轴;东侧有大潭道,中央有香港仔隧道,西侧有薄扶林道,南边有香港仔海傍道、黄竹坑道、浅水湾等,北面还有平行于主轴的德辅道、轩尼诗道、高士威道、英皇道及皇后大道,配合横交短路构成栅栏形;还有两条隧道与九龙相通,在上环、中环等处开辟有至澳门、广州、江门、荃湾、屯门、坪洲、大屿山、长洲、南丫岛等地的航线。

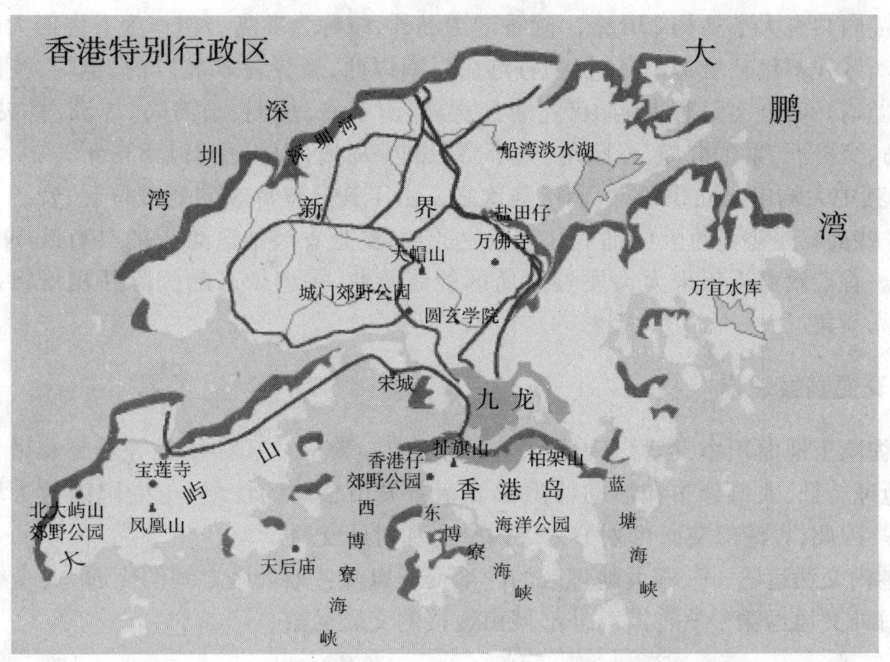

图 4-22　香港城市构成示意图

(2)九龙。

九龙是香港人口密度最大的地区,包括九龙半岛和新九龙两部分。九龙半岛又称南九龙,其范围北起界限街,南至半岛南端,包括尖沙咀、油麻地、旺角、何文田、土瓜湾、红磁等地;新九龙又称北九龙,指界限街以北,西北至荔枝角,北至狮子山南麓,东至将军澳以西地区。后将昂船洲亦划入九龙范围之内。由于九龙占据着维多利亚港北岸的有利位置,香港政府早就将货物装卸区、货仓等一系列海上客货运设施布局于九龙半岛上。东亚地区最重要的航空港之一——启德国际机场坐落于九龙湾边,沟通香港与内地的广九铁路一直伸展到半岛南端的红磡。多条高速公路、地铁及海底隧道也在此交汇,使九龙成为香港对外交通的枢纽地带。

(3)新界。

新界位于香港地区的北部,它北以深圳河与广东省深圳市为分界,东起大鹏湾,西至深圳湾,南至烟墩山,与九龙在狮子山、飞鹅山相接。新界因其地理、历史及交通条件等方面的原因,过去一直是香港的农业生产区。到了 20 世纪 50 年代中期,由于港九城区人口急剧增长、工业用地紧张、交通堵塞以及生产与生活空间的环境恶化,促使香港政府对新界进行开发。屯门、荃湾、沙田、将军澳等新市镇的建设,大埔、上水、粉岭和元朗旧圩镇的现代化改造,狮子山两条隧道的启用,屯门高速公路的通车,贯通新界的双线电气化铁路的建成,这些开发建设使新界面貌大为改观。现在,新界除了仍然是香港的重要农业生产区域外,更已成为香港的工业发展和新区建设的重点地区,也是香港海运业的新兴基地。

(4)离岛。

香港境内共有大小岛屿236个。除香港主岛外,统称为离岛。但作为香港四大地理分区之一的离岛区并不包括全部离岛,仅指香港岛以南以西,新界青衣岛以西,屯门、荃湾以南的香港境内岛屿。实际上只有大屿山岛、蒲台群岛、南丫岛、长洲、马湾岛、坪洲、喜灵洲、石鼓洲、周公岛、交椅洲、索罟群岛、赤腊角、大小磨刀洲等岛屿,面积有211.83km^2,占全港总面积的近1/5,其中大屿山岛面积最大,南丫岛次之。由于其具有特殊的地理位置、资源和环境特点,其中一些岛屿是香港重要的渔业和农业生产地,更是香港地区难得的具有浓厚自然色彩的旅游区。香港政府近年来大力发展离岛区的旅游业,香港未来的国际新机场将建在大屿山北部的赤腊角。

(二)交通圈层划分

由于香港土地面积小,尽管有香港岛、九龙等中心繁华地区和新界等外围非繁华地区的差别,但地理特征、人口分布和活动特点都显示着城市整体的性质,与中国内地大城市的中心城类似。因此,香港的交通可划分为港内交通和对外交通。

(1)港内交通运输——四大地理区的内部交通以及各地理区之间的交通。

(2)对外交通运输——香港与外部城市连接的交通运输。

(三)交通系统构成特点

香港的交通规划比较注重公共交通的发展,在保留古老、传统交通工具的同时,也重视发展现代化的交通设施。主要交通系统包括:地铁、地面公交、水上公交、铁路、公路以及航空。

1.港内交通运输

由于面积较小,因此香港大力发展了公共交通,主要包括地铁、有轨电车、双层巴士、短线小巴、渡轮以及出租车等。

(1)地铁。

香港的地铁(MTR),原称地下铁路(Mass Transit Railway),是香港的通勤铁路线,由香港铁路有限公司(前身是地铁有限公司,MTR Corporation Limited)营运,自1979年起为乘客提供市区列车服务。2007年12月2日,地铁与九铁的车务运作正式合并;当天,九铁营运告终;与此同时,地铁公司也易名为港铁公司。合并后的综合铁路系统全长168.1km,有9条市区线,共80个车站,具体情况见表4-9。

表4-9

东铁线	尖东↔罗湖/落马洲	东涌线	东涌站↔香港站(中环)
西铁线	南昌↔屯门	将军澳线	宝琳站↔北角站
观塘线	油麻地站↔调景岭站	马鞍山线	乌溪沙↔大围
荃湾线	荃湾站↔中环站	迪士尼线	欣澳站↔迪士尼站
港岛线	上环站↔柴湾站	机场快线	博览馆站↔香港站(中环)

(2)有轨电车。

双层有轨电车贯穿港岛北区最重要、最繁华的街道,共有 6 条线路。

(3)巴士。

香港巴士数量众多,大部分为双层,约有 592 条线路服务于各商业区、住宅区、工业区、新市镇。短线小巴士主要用于交通节点,完成末梢、支线的交通。

(4)渡轮。

渡轮包括港岛至九龙各线具有观光色彩的渡海轮,以及港岛、九龙、新界至离岛的各种渡轮。

维多利亚湾的短程渡轮有港岛中环爱丁堡广场至九龙尖沙嘴钟楼天星码头等 8 条航线,对时间充裕的居民来说,渡轮是休闲游览的好工具。

离岛中,居民人口较多的是长洲岛,其次是坪洲岛,南丫岛北、大屿山之梅窝、大澳、愉景湾等。离岛的中程渡轮总站主要集中在中环统一码头,加上香港仔到南丫岛、屯门到新机场、离岛等,共有 30 余条航线。

(5)出租车。

香港出租车分区管理,港岛与九龙的出租车可通行全港,而新界、大屿山的出租车只能服务本区。

(6)山顶缆车。

目前山顶缆车已成为游览山顶的重要工具。

2. 对外交通运输

(1)渡轮。

对外交通运输方面的渡轮,主要是与澳门、广东各地的中长航线。中环的港澳码头专营澳门线,兼营部分深圳蛇口线;尖沙嘴西的中港码头专营珠江沿岸各县、市以及广州,为沿线居民出行带来了极大的方便。

(2)游轮。

世界各地的游轮码头位于尖沙嘴西的海运大厦旁边;香港的环岛游、港湾游等在湾仔码头、天星码头出发。

(3)铁路。

九广东铁是从九龙南端红出发,穿过九龙、新界到达深圳罗湖并北上,终点是广州,九广西铁正在建设中,南起大角咀,与新机场快线相接,北至新界荃湾、元朗、屯门;地下铁道有 4 条线路,分别为港岛线、荃湾线、观塘线、东涌线,换乘十分方便。

3. 换乘枢纽

(1)铁路与地铁之间的接驳。

九广东铁与地铁之间的换乘点在九龙塘,在地下即有通道相连。所有铁路之间及与机场快线之间的换乘点都在车上详细标示,到站亮灯提示。

(2)铁路、地铁与巴士的接驳。

据统计，与九广东铁接驳的巴士线约有40条；与地铁及机场快线接驳的巴士线约有123条。

(3)地铁、巴士与轮渡的接驳。

主要在中环、湾仔、北角、红磡、荃湾码头一带。在中环的港澳码头、统一码头、天星码头、皇后码头4个码头周围约有巴士总站59个，并靠近地铁、人行天桥，换乘十分方便。

(四)经验总结

(1)拥有发达的道路网结构，限制小汽车的使用。

香港是世界上道路交通最繁忙的地区之一，公路网四通八达，以8条公路干线为主干道，贯穿港岛、九龙和新界。

政府推行使用公共交通工具，实行严格的交通管理手段，通过控制车辆牌照发放，征收车辆登记税等措施，使得香港的道路交通很少出现拥堵现象。

(2)以公共交通为主导的客运交通系统。

香港的城市公共交通系统由公路客运系统、铁路客运系统和轮渡系统三个部分组成。香港的公路客运系统包括公共巴士、公共小巴和出租车三种。香港的铁路客运系统包括地下铁路、郊区铁路、轻便铁路、传统电车、山顶缆车五个部分。

(3)以公共交通为导向的土地利用形态。

轨道交通车站周边的土地利用集约化，土地分区集中布置是土地集约利用的主要形式之一。城市轨道交通引发的土地集中布置，其典型形式是以车站为圆心、步行距离为半径的环形模式，而整个轨道交通沿线住宅用地开发就成了"串珠式"的发展"廊道"，为城市土地可持续利用创造了条件。据1992年的分区人口统计结果分析，全香港约45%的人口居住在离地铁站仅500米的范围内。若仅以九龙、新九龙以及香港岛的居民统计，上述比例高达65%。绝大多数位于非铁路沿线的住宅也围绕着公共汽车站形成高密度组团，商业用地也分布在以轨道交通为核心的大型公共交通枢纽处。这种布局有助于公共汽车线路拉长站距，提高旅行速度，同时也缩短了居民向车站步行的距离。由于客源充足，地铁和公交公司保持了良好的经济效益，维持了高质量的服务，形成了良性循环。同时，香港的就业用地布局也采用类似模式，就业岗位和商务中心高度集中在大型公共交通枢纽处。城市轨道交通一方面使得住宅、办公、商业用地的内部凝聚力大大增加，另一方面，也为各个中心之间的相互交流提供了便利的条件。

(4)地铁和房地产联合开发。

香港地铁是世界上少数盈利的地铁之一。重要原因之一在于政府鼓励地铁和房地产进行联合开发。政府将地铁沿线物业的开发权授予地铁公司，地铁公司成为香港目前最大的不动产管理机构之一。

香港地铁高效率的服务，使地铁沿线附近的物业具有很强的吸引力。而地铁沿线的物业也为地铁带来更多的乘客，从而提高了香港地铁的投资回报率。

(5)实行 TOD 开发模式。

香港作为亚洲人口密度最高的地区之一,为了防止城市的过度膨胀,将城市规模控制在一定范围内,必须采取一种紧凑的土地布局和开发模式。TOD 作为一种结合土地开发的交通战略,使城市从依靠小汽车、低密度蔓延的发展模式中转变成为以公共交通走廊为纽带、公交导向综合用地组团为结点的布局方式,在每一个结点内进行较高密度的土地开发。由于人们大多居住在公交站点附近,TOD 方式鼓励人们使用公共交通方式出行,缓解了城市的交通压力。

政府作为土地的所有者,通过土地规划和交通规划,监控和调整公共交通沿线的土地价值,提高了公共交通尤其是轨道交通沿线的土地使用强度,保证了紧凑的空间布局,防止了城市的过度膨胀。

三、新加坡

(一)城市概况

新加坡位于马来半岛南部,地处太平洋与印度洋航运要道马六甲海峡的出入口。新加坡人口稠密,人口密度每平方公里约 3228 人,是东南亚地区人口密度最大的国家。

新加坡市位于全国最大的岛———新加坡岛,面积约 98km^2,约占全岛面积的六分之一,人口 200 多万,约占全国人口的 83%。由于土地面积狭小,新加坡采取了科学地规划城市,大力发展公共交通,限制私人购买小汽车的举措。

新加坡在城市的规划和建设方面富有创新意识,采取了“组团”式的发展模式。该国传统的商业中心在南部,然而城市的布局却不是以“摊大饼”的方式,从南部向西部、北部发展,而是跳出南部,在西部、北部、东部各发展一个“卫星城”(也叫“组团”)。每个“卫星城”基础设施完善,功能齐全,可以充分满足“卫星城”居民工作、娱乐、休闲、购物等需要。只是到了节假日,才会到中心区或别的“卫星城”去。这样的发展模式有效地减少了交通流量。

新加坡的这种城市规划思想和巴黎的非常相似,通过在组团内部混合式的用地布局,尽可能地将人们的出行限制在组团内部,交通出行距离较短。在组团之间,设置一条或几条主要交通通道,以大容量快速交通带动卫星新城开发建设。

(二)交通系统构成特点

(1)地铁。

轨道交通是新加坡的重要公共交通工具之一。轨道交通以地铁为主,设有 49 个站,全长 91 公里。1999 年 11 月建成轻轨铁路,与地铁相连。新加坡的轨道交通网络如图 4-23 所示。

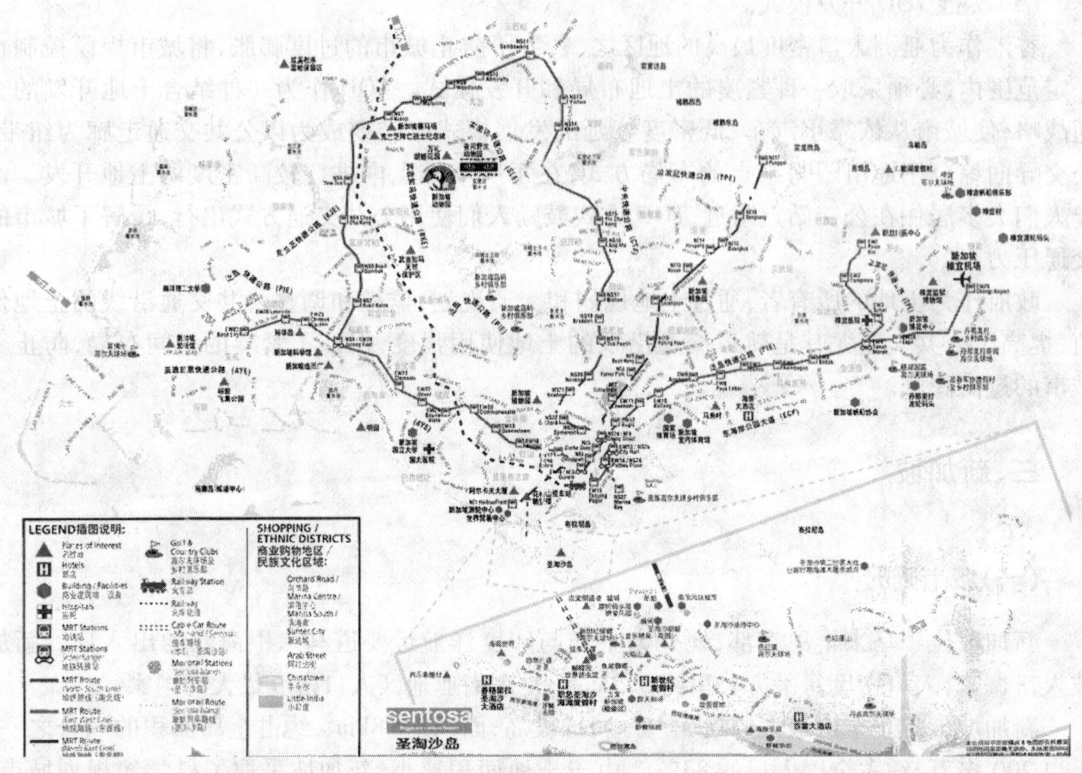

图 4-23　新加坡轨道交通网络

(2)公路。

新加坡的陆路交通运输体系由公共交通和私人交通组成,而支持两者的最重要的基础性设施之一就是公路网络。为了建设国家(城市)快速公路网络,新加坡耗用了12%的国土资源,与用于解决86%的国民居住的住宅建设所耗用的土地面积相当。目前,新加坡全国公路干线长度超过3000km,其中高速公路达140km。尽管如此,新加坡政府仍认为其公路网络所面临的挑战依然严峻,因为在过去的十年里,新加坡的道路交通需求增长了2.5倍,目前每天的国民出行已达700万人次,私人小轿车拥有量达15万辆;根据预测,到2010年,新加坡国民的出行量仍将不断增长,私人小轿车拥有量将达到50万辆,即平均约每7个新加坡人就拥有1辆的水平。

(三)经验总结

(1)推行以轨道交通为主的公共交通。

新加坡的公共交通十分便捷,形成了各种公共交通工具一体化的公共交通系统,将人们的工作、购物等各种活动用公交系统紧密地连接起来,使居民在不同交通工具转换间所需的步行距离控制在合理的范围之内,从而真正体现出公共交通的便捷性。很多地铁车站就设在集购物、休闲、娱乐为一体的大型购物中心的地下,已成为多路公交车和出租车的转换站。因此,许多有私家车的人平日里出行也选乘地铁。虽然购物中心人流量很大,可是由于分流及时,不会出现拥堵现象。

(2)通过法律手段限制小汽车的使用。

①增加车辆购置税和燃油税。首次购买轿车的人,均须对所购的轿车缴纳45%的进口关税,必须一次性交付600美元的登记费,还必须交付相当于该轿车市场价格150%的附加费。同时,轿车购买者在买车前必须拥有资格证。这种资格证数量有限,由专门的机构以拍卖的形式发放,价格每月都有差别,视竞买者数量多少上下浮动。

②实行车辆配额(VQS)和拥有证(COE)制度。由政府确定车辆增长率和数量,将增加的配额进行公开招标。为了保护中低收入者,保证市场的灵活性,车辆配额分为不同类型。实施车辆配额制度后,新加坡的汽车保有量增长率从98%降低到3%。

③实施区域通行证方案(ALS)。1975年6月,新加坡政府开始实施著名的区域通行证方案。商业区的最拥挤区域被划定为交通控制区,在其边界上设置27个车辆入口处。在交通高峰期,车辆进入控制区必须载客3人(包括司机)并且交纳相应的通行证与停车费用。区域通行证方案实施以后,控制区的交通量减少了45%(小轿车减少70%);平均速度从18km/h提高到35km/h;工作出行乘坐公共交通的比例从33%提高到69%。

④采用电子收费系统(ERP)。随着电子、通信和自控技术的不断发展,1998年4月起新加坡政府开始采用道路电子收费系统。其工作原理是每辆车在其档风玻璃右上角安装存有现金智能卡的车内装置,当车辆通过收费口时,监控系统会自动从智能卡中扣款或通过计算机网络从车主银行的专用账户上扣除费用。

(3)严格的交通管理。

在新加坡,违反交通规则的行人和驾驶员都将受到重罚。无论道路上车辆多少,驾驶员在汽车行驶过程中,都必须自觉按照规定的速度行驶;即使遇上违反交通规则横越马路的行人,驾驶员也要礼让行人。

根据有关规定,凡是在交通繁忙时段进出中央商业区的小轿车,必须坐满4人。凡违反此项规定的,必须在一定的期限内交付罚款,逾期一天,加罚一倍。

较高的文化素养、严密的法规和严格的管理,使新加坡人逐渐养成了自觉遵守交通规则的良好习惯。

(4)新城内部进行混合用地开发,减少交通压力。

新加坡的城市规划思想和巴黎相似。在城市周边建设新城,在新城内部进行混合式的用地开发,把新城当作中小型城市,设置一定数量的就业岗位,为人们提供良好的生活环境和现代化的生活服务设施,充分满足当地居民工作、娱乐、休闲、购物等的需要。通过精心设计的内部布局方式,缩短了组团内部住宅与交通枢纽、服务设施、工作地点和自然空间之间的距离,减少了城市组团内部的汽车交通需求,提高了公共服务设施的聚集效益,从而也增强了组团作为城市基本单元的凝聚力。在组团之间,设置一条或几条主要交通通道,以大容量快速交通带动卫星新城开发建设新城内部提供了比中心城市更人性化的交通方式:环境优美的步行系统、方便的自行车道系统和内部公共交通系统等。这样的发展模式有效地减少了交通流量。

四、小结

(一)用地模式

(1)采取高密度的用地模式。与西方城市相比,亚洲国家的大城市,如东京、香港、新加坡等地少人多,高人口密度导致高用地密度。

(2)组团式的城市结构,避免城市规模的无限制扩张。

(3)城市土地复合开发,居住地与就业地较为集中,减少了城市长途交通流量。

(二)交通运输模式

(1)严格控制小汽车数量的增长,通过各种手段,如征收小汽车购置税、实行车辆配额制度、征收燃油税等限制小汽车数量增长。

(2)大力推行以轨道交通为主的公共交通。

(3)重视交通管理,不单纯依靠道路建设满足交通需求,而是从需求和供给两方面创造良好的交通环境。

(三)重视轨道交通的发展

(1)轨道交通是城市公共交通的重要组成部分,承担着大部分的长距离公共交通出行。

(2)重视轨道交通与其他公共交通方式的整合,在各种交通方式之间实现配套衔接,保证乘客出行的连续性。这一连续性主要体现在交通枢纽的建设和票价政策的制定上。

(3)轨道交通站点附近进行以公交为导向的土地开发,住宅和商业用房尽量靠近轨道交通站点,轨道交通站点周边鼓励进行高密度的土地开发,便于居民使用公共交通方式出行。主要分为三种类型:

①形成一定规模的综合交通枢纽。以车站为中心,形成不同交通方式聚集的大规模交通换乘枢纽,以此组织各个方向的交通流,使人们能够方便地到达城市的各个中心区和主要居住地区。

②形成市、地区级中心。以轨道交通车站为中心,集商业、居住、办公空间为一体,形成有活力、出行便捷的市、地区级中心,若干个以轨道车站为中心的地区联为一体,形成了以轨道交通为主导客流的客运网络,以达到城市客流与轨道功能相互促进的良性互动。

③形成新的城市地区。通过轨道交通的引导,以车站为中心进行综合开发,可使轨道交

通站点作为城市新开发地区的商业中心、居住中心、城市副中心、地区中心等，在保持新市区的活力的同时，也使得已建成区对新区起到一定的辐射和带动作用。

(4)轨道交通与站点沿线的房地产进行联合开发。将地铁站点的地上房地产与地铁进行联合开发，为地铁建设提供前期资金，并在地铁建成后为地铁公司带来经济效益。

(5)轨道交通规划与用地规划相结合，为轨道交通带来了大量稳定的客流，是亚洲大城市的地铁得以盈利的决定性因素。

(四)郊区交通模式

(1)新城带动郊区发展。与西方国家相似，亚洲国家同样重视新城的建设，在郊区以组团式的城市模式防止城市规模过度扩张。

(2)重视轨道交通对郊区开发的推动作用。

第五章 >>

我国都市综合运输系统发展的主要战略思想

内容提要:我国各都市的交通基础设施建设基本上进入了强化干线、完善网络、优化结构、提升层次、一体化有效衔接,综合运输体系架构形成和逐步定型的关键发展阶段。既要构建发达的、现代化的交通运输系统,又要以资源和环境约束为发展条件。要以综合运输体系大框架优化为目标,构建综合运输系统,大力发展公共交通,有效引导和满足运输需求,同时,要统筹与国民经济和社会其他部门的协调发展关系,减轻交通刚性需求强度。

第一节 都市综合运输系统未来发展的主要目标要求

一、综合运输系统与综合运输体系的概念区别以及相互关系

由于基础研究薄弱,目前对综合运输体系和综合运输系统还没有一个公认的、广泛应用的确切定义,两者经常混用。在英文中,“系统”和“体系”两个词语都是用“system”一词表述,中文翻译对其有体系、系统、体制、制度、方式、秩序、机构、组织等多种解释。事实上,从汉语的词义角度而言,体系与系统是有区别的。本书认为,系统主要指由各要素组成的具有特定功能的有形实体及内部各组成部分的相互关系;而体系的涵义更广、具有更多抽象的内容,除了指由各要素结合组成的具有特定功能的实体整体以及内部各组成部分的相互关系以外,还包括与外部的关系。综合运输体系与综合运输系统的区别以及相互关系主要在于:

(1)综合运输体系是从国民经济和社会发展的角度对交通运输业发展的理想追求和评价,其内容包括交通运输业发展的理念、战略、总体架构、整体发展水平、与国民经济和社会

发展的适应关系、对资源的使用和节约、运行使用系统效率和服务水平、管理和政策等。

(2)综合运输系统是指按照综合运输体系发展理念和战略,由多种运输方式分工协作、共同构建形成的服务于整个国家或地区客货运输位移的功能体集合。它是综合运输体系发展在物质方面的实体体现和结果,反映的主要是综合运输体系内部各组成部分的结合及相互关系,是从具体使用、运输服务以及效率的角度对交通运输业发展的衡量和评价。综合运输系统包括基础设施、运营组织和运输服务、信息服务、市场管理和政策等组成部分。

因此,对于综合运输系统的研究不能仅仅局限于运营组织与运输服务层面,在当前综合运输体系研究还不很深入、发展架构不很明确的情况下,还必须对系统构建基础的综合运输体系发展思想、交通基础设施等一并进行研究。

二、都市综合运输体系发展阶段判断

改革开放以来,我国都市交通运输总体发展水平大幅提高,除城市轨道交通发展普遍滞后以外,其他各种运输方式的网络规模和覆盖率以及服务能力都已达到相对较高水平。尽管各种运输方式都还尚未完成大发展过程,但已基本完成普通网络连通布局和运力配置,交通运输严重短缺的不适应状况得到根本性改善,对国民经济发展和人民生活质量提高的支撑能力显著增强,为进行多种运输方式的合理配置、组合结构优化、共建一体化运输服务系统、发挥整体优势创造了有利条件和基础。各都市的交通基础设施建设基本上进入了强化干线、完善网络、优化结构、提升层次、一体化有效衔接的发展阶段。这一阶段是综合运输体系的架构形成、逐步定型的关键发展时期,综合运输系统将随之不断构建、发展、完善。

三、都市交通运输未来发展的主要目标要求

交通运输对社会经济的发展和人们的生活具有非常重要的作用,同时又需要占用和消耗大量的土地空间资源并产生排放污染。这决定了交通运输既需要发展又应该有合理的限度,即以合理有限的资源消耗支持经济社会发展,满足人们需求。为此,都市交通运输未来发展的主要目标要求如下:

(1)必须要有充分合理的发展,交通运输的规模、布局、结构层次、技术水平应满足国民经济和社会发展需求;

(2)要构建和完善资源节约型、环境友好型综合运输体系,充分发挥各种运输方式的优势,科学组合,优化结构,提高系统效率;

(3)要大力发展和提倡公共交通模式,引导交通消费理念和行为选择;

(4)要加快交通运输信息化、智能化以及现代先进技术的广泛使用,以技术促进供给水平和系统效率的提高;

(5)要统筹交通运输与社会经济发展关系,加强外部政策配合,合理减少交通运输需求

产生。交通运输问题尤其是城市交通问题的有效解决，仅依靠交通运输系统本身的发展是不够的，还需要从交通运输需求产生的源头上加以配合协调解决，以减少运输量的产生，缩短运输距离，减轻对交通运输供给的压力。

第二节　我国都市综合运输系统构建和发展的主要战略思想

一、以综合运输体系大框架优化为目标，在发展中实现结构优化调整

构建和发展符合现代技术发展方向和我国国情特点的比较完善的综合运输体系，以适应社会经济发展、人民生活质量提高、资源节约的要求，是我国政府一直努力的目标，也是交通运输发展的目标。我国的资源条件、人口因素决定了我国交通运输必须走综合运输体系的发展道路，以综合发展、优势发挥、系统高效的发展方式，最大可能地合理利用资源，高效率地满足不断增长的客货运输需求和应对经济全球化的挑战。党的十三大提出“加快发展以综合运输体系为主轴的交通业”；党的十七大提出了“加强基础产业基础设施建设，加快发展现代能源产业和综合运输体系”；《国民经济和社会发展第十一个五年规划纲要》明确提出“统筹规划、合理布局交通基础设施，做好各种运输方式相互衔接，发挥组合效率和整体优势，建设便捷、畅通、高效、安全的综合运输体系”。这些党和国家的重要决议和文件充分体现了发展综合运输体系是国家意志、国家发展战略的要求。

各种运输方式都具有一定的可替代性，替代的范围和程度取决于对运输方式质量的追求和愿意支付替代发展的成本大小。交通运输的主导方式、各种运输方式的组成结构是在一系列发展政策环境下形成的，如果任由市场自行发展，很难会形成合理的结构关系或发展比例，资源必定是更多地流向于更具有现实回报和更符合人们追求物质生活质量的方式，而一旦这种趋势形成规模，需求将会越来越集中于这一方式，即使其他方式更经济、更具有社会效益，也很难扭转，或需要付出巨大的代价。同时，交通基础设施是一种投资大、占用土地等稀缺资源较多、建设周期相对较长的一种基础设施，建成使用后，沿线土地被开发利用，再进行改造或布局调整的社会成本极高；而且，一旦有限的线位资源被某一运输方式或其他行业占用后，再进行调整和发展其他运输方式将会遇到极大的困难，需要付出更大的代价。

因此，都市交通运输的发展应遵循“以资源为约束条件，资源服务于人们生活质量提高，全社会统筹和谐发展”的资源利用原则，以“承担得起的资源和成本消耗，充分发挥各种运输方式的优势，有效满足人们出行和货物运输需要，促进人们生活质量整体提高”的发展理念为指导，根据都市的特点和发展要求，在科学系统地论证的基础上，编制都市综合运输体系

大框架长期发展规划,以综合运输体系大框架优化为目标进行总体布局和综合发展,在完善各种运输方式自身网络的过程中,加快综合运输体系构建和结构完善。

基于现阶段的发展情况和最终规模要求,各种运输方式还需要有一个规模扩大、布局完善、结构层次提升的发展过程。虽然都市交通在全国具有相对较发达的交通网络,但是对应于都市功能、人口、经济的高度聚集和交通运输需求规模,目前包括铁路、公路、民航以及城市交通在内的各种运输方式的基础设施布局还不完善。根据交通运输的发展阶段划分,各种运输方式都还没有完成大发展过程,交通运输的总体功能和各种运输方式能力供给都还不能有效满足经济社会发展和工业化、城市化、城乡一体化的需要。继续扩大规模、增加供给仍然是我国都市未来二十年间交通运输发展面临的重要任务,也是解决交通运输能力不能有效满足需要的根本出路之一。为此,在未来一段时期内,应在综合运输体系中长期发展规划和大框架优化的目标的指导下,继续以发展、增加供给为主题;通过增加总量规模,完善全市域网络布局,提高通达度和机动性,解决网络结构层次性矛盾和城乡二元结构问题;增强与周边地区和全国主要城市的综合运输通道功能,扩大资源配置范围,提高配置能力和效率;以差异化投资和鼓励政策,加快符合未来发展要求的主导运输方式的发展,在总量增加以及存量升级的发展中实现综合运输体系大框架结构优化。

二、大力发展公共运输,以有效的交通供给模式引导出行选择

交通基础设施结构、服务方式、各种方式服务能力的提供、服务水平、使用成本是影响需求选择的重要因素,某种方式和运营模式的突出发展以及相应鼓励政策对交通需求会产生很大的引导和刺激作用,与人们生活方式的"耦合"作用会不断强化,由此会构成对资源占用和能源消耗的很大不同。由于人类对更高生活质量、个性化、自由度等追求的天性使然,会对更个性化、更自由的交通方式产生偏好,而一旦这种偏好由少数有条件的个体行为逐步发展成为群体性趋势,要再将其进行扭转将是非常困难或成本代价巨大。因此,需要政府根据资源情况和交通运输未来可能形成的需求趋势及早预见性地对交通模式进行规划和决策,通过有效的供给组合引导人们更多地选择资源占用少的交通出行方式。

我国的国情是人口众多、土地资源少,都市更是人口密集、交通运输出行总量规模大、土地空间资源有限。同时,由于都市基本上都是国家交通网络的重要结点,还要承担大量的过境交通运输,路网布局密度和能力需求强度大大高于其他地区,可供交通运输使用的土地空间资源非常稀缺,供需矛盾非常突出。由此,客观上决定了我国都市交通必须走节约型的交通运输发展道路,大力发展公共交通,来有效满足不断增长的"运输"需求(而非不断快速增长的"交通"需求)。

合理的供给组合是在有限的资源供给条件下有效满足不断增长的交通运输需求的根本出路。在目前基本交通网络形成的基础上,我国都市未来的发展将在逐步完善各种运输方式基本网和增加能力供给的同时,突出鼓励型运输方式和运输服务的发展,对其进行

优先布局和优先投入，加快发展速度，通过组合结构中主导性方式的强化和适度超前建设，形成比较充足的有效能力供给，引导人们对运输方式的选择，促使所倡导的需求趋势逐步形成。

对于城市交通，应以发展公共交通作为城市运转和居民出行的基本保障系统，鼓励和加快公共交通的发展，增加供给，提高时间保障性，并将其作为一种社会公益性事业，加大政府投入和政策支持。进一步加大轨道交通等大容量运输方式的发展力度，积极调整优化地面公交线网结构，提高服务质量，确立公共交通在城市客运交通中的主导地位。同时，从维护公共资源的公众公平使用权利出发，对道路资源的使用分配向公共交通倾斜。对停车设施实行区域差别化供应和差别化收费标准，以有限的供给和较高的使用成本合理抑制私人交通在市区的使用需求。通过有效的公共交通供给和经济手段，引导人们出行时更多、更自觉地选用公共交通方式。

对于都市对外交通，在构建综合运输大通道的规划和建设中，货物运输要重点和优先发展载运量大、资源占用和消耗少的水路运输、铁路运输以及管道运输；旅客运输要大力发展和改善铁路客运，构建以铁路快速客运为主导的覆盖全国各大区域的快速旅客运输系统和区域城际铁路旅客运输系统，积极发展和提供良好的高速公路客运服务，减少公路上的私人交通出行需求。

三、实施交通先行、适度超前的发展战略

交通运输在国民经济发展的过程中具有很强的先导作用，对城市空间布局具有积极的引导作用。随着各都市交通基本网络的形成和经济实力的提高，目前在努力解决城市交通拥堵问题、大力发展建设轨道交通网的同时，一些地区的交通基础设施布局和项目建设上已具备了一定的超前发展能力。由于交通基础设施投资大、建设期长、使用时间长以及改扩建成本高等特点，其发展应以“较高起点先行、适度超前发展”的战略进行综合运输规划的编制和计划的实施，才能使都市交通运输的发展从被动适应的发展方式逐步转向解决当前问题和适度超前发展双并行的发展方式，立足于更长远的整体发展目标，以更有效的方式来解决当前交通问题和适应未来发展需要，加快实现都市交通运输现代化。一是根据我国的工业化、城镇化发展趋势和主要对策，对都市未来的人口规模、交通运输需求量和特点要有足够的预见性，对交通基础设施的规划布局不仅要有足够的数量规模，还应根据项目全寿命周期和城市交通的特点，在建设标准、运输能力上要有较高的起点，为今后需求快速增长储备足够的能力，改变初期建设标准低、建成后不断扩建改造、交通能力始终处于紧张状况的发展方式，以增加一次性投资的建设方式做到较长时间、较大程度地改善交通条件；二是在技术上，要对世界上领先的交通技术有充分的了解和预见性，积极采用先进技术，对未来可预见的技术要留有相应的接口。

对于城市交通，一方面要通过加快市中心区轨道网的建设，解决当前市区交通拥堵问

题;另一方面,要对市中心区与外围功能区、新城(组团)之间的交通走廊进行适度超前布局建设。尤其是轨道线路和大容量公交线路建设,应以交通条件的先行改善和提供便捷、经济的公共交通服务为重点,引导城市功能和人口合理分布,发挥 TOD 作用,并促进沿线土地高密度开发,以及与公共交通发展相互动,防止郊区低密度化。

四、以一体化、信息化促进系统效率提高,体现以人为本的发展理念

交通最终是为人服务的,以人为本的概念应该贯穿到交通发展的全过程。在交通基础设施的规划布局和站点设置以及交通运输政策的制定上,要把人对各种交通运输服务的数量和质量需求以及对系统的安全、便捷、舒适、智能等的要求加以全面考虑,要更多地从使用者的角度和适应现代物流发展要求的角度进行规划,充分体现以人为本和为用户服务的思想。

系统完善度和系统效率是交通运输整体发展水平的最终体现。系统效率水平除了硬件设施以外,系统的结构模式、组织模式、运行方式、信息化程度、管理水平等都是重要的影响因素。粗放式的生产组织方式不仅效率低下,而且也无法满足日益增长的交通运输需求,必须依靠现代化装备技术、管理技术、先进的组织模式等提高交通基础设施的运输能力、整个交通运输系统的运行效率以及安全性等。

交通运输一体化、信息化既是提高系统效率的技术要求,也是以人为本发展理念的具体体现,是交通运输发展应贯彻的重要战略之一。为此,未来的发展要进一步深化体制改革,完善协调与决策机制,打破部门分割,以方便使用者和提高系统效率及服务水平为目标,积极推进各种运输方式、综合运输枢纽、城市交通与对外交通及市域交通的一体化运输系统建设和资源整合,促进交通运输网络在物理连接上的一体化,以及各种运输方式之间、外部交通与城市交通之间在能力上的有效配套;在运营组织上,要消除体制障碍、市场壁垒、标准不统一、规则不协调等各种不利于一体化发展的因素,充分体现以人为本和全程高效服务的思想,在运输各环节上实现逻辑连接的一体化,鼓励联合运输和跨运输方式经营,实现相关基础设施、运输环节的无缝衔接,提供便利的换乘和转运。同时,加强交通规划、建设、运营、管理、执法等环节的系统连接性和一致性,不断提高管理水平,树立服务意识。

信息化、智能化是实现交通运输现代化的必由之路,大力发展智能交通是交通运输业可持续发展战略的重要内容,是都市交通运输实现跨越式发展、缓解资源和环境压力的重要途径。为此,在交通运输发展中必须贯彻以信息化、智能化为重要技术手段来提高效率、增加增量供给、提升服务水平的思想;应大力发展和整合交通运输信息技术和信息资源的开发利用,建设综合运输信息平台和建立交通运输信息资源共享机制,提高行业整体信息化水平,以信息化促进系统一体化和增加供给,达到以较少的资源占用和消耗满足不断增长的交通运输需求,提高运输服务水平。

五、统筹交通运输与国民经济和社会其他部门的协调发展关系，减轻交通刚性需求强度

交通运输受土地空间资源和环境制约，有其发展极限和承载极限，全社会所需要的交通设施规模和运输能力与交通运输需求呈正比例关系，而交通运输需求产生于社会经济以及人们生活的各个方面，这些方面的规模、结构、布局、方式等对产生的交通运输需求量规模有着很大的影响。为此，交通运输问题的解决，除了交通运输系统本身以外，还需要从交通运输系统外部、交通运输需求产生的源头等方面来协同解决，才有可能减少包括总量、时点、距离等在内的交通刚性需求的产生量，达到减轻交通负荷的效果。对于都市交通来说，需要进行以下方面的平衡：

（一）合理控制人口规模，尤其是中心城的人口规模

每一个都市在当前的技术水平和发展模式下，土地、水资源、生态等要素对人口规模都存在着合理承载力能力和极限承载能力。同样，对于发展规模受城市土地空间资源和环境限制很大的交通运输来说，人口数量和分布是决定交通运输需求量大小的根本性因素，尽管总承载能力和适应性会因交通运输结构的不同有很大的差异。人口规模的扩大将直接增加交通刚性需求量，既增加基本交通需求，也增加其他个性化交通消费需求，如私人汽车保有数量的增长等。同时，还会因人口增加和城市空间规模的扩大，平均交通出行距离会增长，单位出行运输周转量会加大。

大量人口涌入城市，是社会经济发展的规律，也是社会进步的一种表现。随着我国城镇化进程的加快和以城市群为主导的发展形态以及经济发展的进一步向城市集聚，作为拥有较好基础设施和发展条件的都市、区域中心城市，一方面需要为全国的城镇化发展分担一定的责任，吸纳相当数量的人口转移；另一方面，在利用人口转移加快城市发展的同时，将面临着基本资源可承载能力、交通等基础设施的可支撑能力的巨大挑战和压力。以北京为例，2020 年城市轨道交通达到规划的 700km 左右，城市道路达到 4700km 左右，对应于全市 1800 万人口、5000 万人次/日（其中中心城 3000 万人次/日左右）的出行需求，在确立公共交通在城市客运中的主导地位、合理抑制私人小汽车在市区使用的情况下，城市道路的交通负荷度仍将达到非常高的水平。小汽车出行约为 450 万车次/日，加上公共汽车、出租车等其他车辆的总出行量将超过 700 万车次/日，为 2005 年 415 万车次/日的 1.7 倍；如果人口规模再进一步增长，日出行量将会进一步增加，则城市道路交通面临的形式将更加严峻，在环境和生活质量等方面将需要付出更大的代价。尽管通过交通结构的调整可以一定程度地提高城市客运交通的承载能力，但是，无论是满足人们工作生活需要还是适应现代城市的运转要求，不能仅有公共交通这一种单一的方式，还应保持合理比例的多种其他交通方式，为人们的不同出行提供便利，并在一定程度上满足个性化需求。

因此，都市交通一方面要考虑今后人口增长极有可能突破城市总体规划确定的规模而

对交通运输增加更多需求；另一方面，也要将交通运输的可承载能力和对环境的影响与基本资源条件一起，作为人口规模平衡的重要因素，采取有效措施合理控制都市人口规模，并积极引导都市人口合理分布。

(二)合理选择功能区开发模式

疏解中心地区人口、减轻中心地区人口压力是大多数都市城市规划的重要目标之一。交通运输的发展一方面要起到引导和支持作用，同时，疏解方式和策略要考虑交通运输的可承载能力，尤其是要考虑是否会给中心地区产生更多的交通需求。城市功能和就业岗位与人口的不同步疏解以及居住的长期固定性与就业地点的易变化性的矛盾，将造成更多的交通需求和较强的"潮汐"交通。疏解城市中心区的人口不能仅是疏解居住人口，如果就业岗位不疏解甚至有增加的趋势，其反而会造成交通需求增加。要达到减少交通的目的，一要使居民有条件在工作地找到住房或在住房附近找到就业机会；二要分散工作就业中心，并在各主要工作中心区有较好的公共交通服务；三要完善社区综合服务功能。为此，应更多地以综合功能型的发展模式为指导，综合考虑住宅用地、商业用地以及政府等公共用地之间的相互协调以及影响，创造条件使更多的人可以缩短居住地与工作地、中小商业区之间的出行距离。在工作中心区附近规划或"填充"建设一定规模的住宅区，或在规划的主要住宅区增加商业、办公等功能也是应积极考虑的问题。要改变边缘集团(组团)等外围地区的"卧城"或单一工业区的发展方式，要同步完善外围居住地各种配套服务功能，创造更多的就业机会，加大和生活的工作平衡力度，以减轻对中心地区和进出市中心走廊的交通压力。

(三)城市土地开发要与交通可支撑能力进行协调平衡

在城市建设上，要实施严格的土地规划限制。土地开发应以交通运输作为先决的重要支撑要素进行平衡，对于城市建成区，必须将交通可提供的支持能力和交通环境作为土地开发模式和强度的重要依据，并实施一票否决制；中心城建成区的改造和新城建设必须坚持交通基础设施"同步规划，先行实施"的原则，并以交通设施资源可能提供的容量为约束条件。对于大多数都市中心城中心地区，应主要进行环境整治和基础设施改善，不宜进行过高强度的开发。对于主要交通走廊沿线的土地开发，宜采取高密度、限套型、限房价的普通商品住房以及经济适用房建设，促使更多的人群出行使用集约化的大容量交通方式。

(四)完善工作考核制度，提倡弹性工作制和依托互联网络在家办公的工作模式

互联网络等现代信息技术使工作比以往可以有更大的灵活性，政府应鼓励那些可以实行目标结果考核的单位实行非每天坐班的制度，允许其员工在家工作，以减少上下班的往返出行。

采取规定性措施进一步扩大不同行业的错时上下班时间安排，对早晚上下班高峰时段的出行进行削峰；此外，政府还可以鼓励可实行弹性工作制的部门和公司采取弹性工作制，

即只要求雇员在“核心时间”(如10:00～16:00)在单位集中上班,而在其他工作时间可自行选择和安排,采用累计工作时间的办法等。

(五)调整产业结构,优化产业空间布局

根据都市各自的特点发展优势产业,加强现代制造业和高新技术产业的发展,积极提高金融、保险等服务产业比重;根据区域一体化发展、资源有效利用原则,加强地区间合作和资源整合,优化产业空间布局;有效减少对能源、原材料、大宗产品的相对运输需求和运输距离。同时,根据产业链的关系,对产业群、产业带的空间布局进行合理规划,减少各企业间产品、半成品、组配件的运输距离。

第六章 >>

都市中心城综合运输子系统构建和发展

内容提要：解决都市中心城交通问题关键在于交通模式的选择，要从需求和供给两方面进行研究和寻求出路，交通资源使用分配要向保障基本交通出行倾斜，要构建以轨道交通为骨干的、功能强大的公共交通客运系统；应按照现代化运输生产的组织方式改革地面公交运营网络组织模式，提高使用的便捷性和系统效率；出租车不应是面向大众化出行的交通工具，应进行合理的定位。

第一节 我国都市中心城交通模式选择

交通拥堵是世界大都市以及人口密集区域发展过程中普遍面临的问题，不是中国城市所特有。不同城市的结果状况差别主要在于解决问题的理念和主导型交通模式的选择及相应的政策支持。城市交通问题的解决最为关键的就是交通模式的选择。

一、交通问题的实质

大城市交通问题实质上是人—车—路的矛盾激化与冲突，是需求和供给两方面的问题。如果仅依靠增加道路供给，而没有在交通模式和政策上做出合理的选择和应对，将会陷入拥堵——增加基础设施供给——交通状况改善——刺激更多的交通需求——再形成拥堵的循环黑洞。尤其是在市区结构形态已基本成型、建筑密集的发展状况下，大规模地扩充路网也是不现实的。

城市规模的不断扩大、形态的向外扩张，总是伴随着机动化水平的提高和推动。

交通拥堵是大都市交通的普遍特征,在快速机动化阶段,由于供应和需求两个方面都处于高速发展中,交通拥堵现象更为突出。如果道路建设停滞或者速度缓慢,已有的供需平衡就会被打破,必然会导致严重的交通拥挤。例如上海市,在20世纪90年代前,由于道路设施建设长期处于滞后的状态,至80年代后期,尽管机动车拥有水平有限,但是交通拥堵问题却已经非常突出,不仅行车难而且乘车也难。当时从虹桥机场到人民广场约15公里的车程需要1个多小时,公交车辆高峰时段平均每平方米要站立10人以上,交通拥挤已经严重制约了城市功能的正常发挥。20世纪90年代以来,上海市加大了交通基础设施建设和改造力度,交通建设速度明显加快,城市交通面貌发生了巨大的变化。尽管机动车数量成倍增长,但是,交通通行状况得到了较好的改善,也改善了市民出行质量。但是,很快又出现了新的交通问题。高架道路在建成三年之后就趋于饱和,苏州河上近一半的桥梁高峰时段处于严重拥堵的状态,跨黄浦江的桥梁和隧道也出现了超负荷运行的情况。又如法国首都巴黎,20世纪60年代大力促进了汽车普及化,建设了包括环线大道在内的一批道路工程,但是环线大道刚刚建成就出现了严重的交通堵塞,环内地区的道路交通拥挤状况难以得到改善,巴黎的交通也曾一度陷入困境。

二、以公共交通为主导的模式是我国大城市交通的必然选择

大城市交通比较典型的交通模式有三种:一种是以小汽车为主导的交通模式,如洛杉矶等美国城市;另一种是以轨道为骨干的公共交通为主导的交通模式,如东京、巴黎、伦敦等日本和欧洲的大城市;还有一种就是发展中国家城市,以地面公交为主体的公共交通与私人交通竞争发展的交通模式。发展中国家城市的这种发展模式如果没有严格的限制性措施,私人交通膨胀的速度将会很快,公共交通受私人交通增多、道路通行状况恶化的影响将会呈萎缩发展的趋势,城市交通将会逐步变成混乱、拥堵、瘫痪。问题比第一种模式更加严重,因为第一种模式是与相应的城市空间布局和土地开发模式互为适应而发展起来的,有相应的空间作支持,城市的扩张是以低密度“蔓延”的发展方式。

我国大城市的人口因素、资源条件决定了没有条件选择需要充足土地等资源支持的低密度扩张模式。市区人口和城市功能高密度聚集,道路和停车设施规模有限,也决定了不可能以小汽车私人交通为主导的交通模式;而我国大城市现有交通模式下出现轨道交通发展严重不足、私人交通快速增长、地面公交吸引力下降、整体交通状况呈不断恶化趋势的现象,表明这一发展模式是不可持续的,亟待改变。借鉴国外主要发达城市的经验,我国都市的发展和现代化建设,必须构建发达的道路和轨道立体交通网,发展以公共交通为主导和基本出行保障的交通模式。

第二节　都市中心城交通运输子系统构建和发展需要体现的主要思想

一、从系统整体高度对中心城交通运输问题进行研究和采取解决措施

随着城市规模的不断扩大,都市交通已发展成为一个庞大复杂的系统,仅从局部和从属子系统方面进行改善,并不能够带来整个大系统效率的提高和整体功能的加强。要使交通运输的发展能够更好地支持城市发展和运转效率的提高,必须从资源约束和系统整体的高度,对包括各种交通基础设施的数量规模、结构比例、布局、交通运输方式的提供者和使用者、交通资源的使用权分配和使用成本、公共交通运输系统的效率和服务水平等在内的一系列问题进行系统性的研究和认识,才有可能对当前问题和未来发展提出比较全面、有效的措施。

二、从需求和供给两方面进行研究和解决问题

需求大幅增加和交通运输能力供给不足是造成交通运输问题矛盾的两个方面。人口数量的增加和出行范围扩大,必然带来出行需求总量增加;出行需求总量和出行的交通模式选择决定了各种方式的交通出行流量规模,而小汽车保有量的增加和在市区的使用条件将是市区车流总量和私人机动化水平的重要影响因素,并构成对路网规模和交通负荷能力需求的主要影响因素;道路通行能力供给(规模、结构、布局、交通管理指挥水平)能否有足够的条件与交通流量规模、通畅要求相适应,将是城市交通拥堵与否的具体体现。因此,在道路网能够扩大的规模有限的情况下,不可能通过供给的无限增加来满足不断增长的私人机动化交通需求,即仅从供给方面和环节不可能解决现状发展趋势的交通问题,必须从上一个环节和需求产生的源头,从城市空间布局、土地开发模式、交通出行方式引导等方面来共同解决问题。

三、充分体现"繁荣的城市、人民的城市、公平的城市"的交通发展要求

发达、畅通、便捷的交通环境是城市发展、繁荣的重要基础,城市的主体是全体城市居民,构建的交通运输系统以及交通资源的使用分配必须保障居民的日常出行,充分体现大众性,在城市功能和服务任务之外,不能仅为了保障少数人出行而牺牲大众出行的公平性。在

交通资源有限的发展条件下，要坚持公共交通方式优先发展的原则，加大投资力度，尽快建立以公共交通为主导和基本保障的城市交通系统，改善公共交通服务，并做到适度超前发展。

在私人机动化快速增长、规模总量迅速提高的发展趋势下，如果公共交通不能尽快发展并建立起功能较强大的有吸引力的服务系统，在时间和便捷性上提供有效的出行保障以及高质量的服务，将会使人们更多地寻求私人机动化的方式来解决出行问题，可能陷入公交运行条件恶化、分担下降，道路交通整体进一步恶化、甚至瘫痪的境地。为此，无论是为了增强交通整体功能和保障城市运转效率，还是应对不断大幅增长的交通运输需求，大都市都应该构建以公共交通为主导的城市交通运输系统，并通过一系列价格政策和措施的实施，使大众能够广泛地享有交通权；同时，通过道路使用权的安排（如更多地设置公共汽车专用道等）和制定相应的配套措施，合理抑制小汽车在市区的使用，有限度地满足市区私人机动化交通需求。

四、加快构建以轨道交通为骨干、地面公交广泛覆盖的都市客运公共交通系统

大力发展城市轨道交通，构建比较发达的轨道交通网络，是解决城市交通问题、提高出行交通保障、增强城市功能的必要手段，也是发达国家城市交通的发展经验。在机动化快速发展阶段，单靠建设道路难以保持供需平衡。几乎所有的城市在机动化高速发展的时期，往往出现道路修得越多，交通量增长得更快，新建的交通设施很快就会被新增的车流量填满，交通拥堵有增无减的现象。美国的机动化进程持续了60多年，千人机动车拥有量已高达700多辆，尽管机动化程度还在不断提高，但是已经处于稳定平衡的状态，交通拥堵也比较容易得到控制。相反，我国大都市正处于机动化加速发展的阶段，供需平衡系统处于非常脆弱的状态，一旦供应跟不上需求，就会产生严重的交通拥堵问题。为此，必须加快保障大众化出行的轨道建设，保障城市正常运转和缓解私人机动化带来的城市交通压力。我国都市交通在这方面起步较晚，目前许多都市正在加紧建设。而要充分发挥轨道交通的作用，较全面实质性地改善交通整体状况，就必须尽快建成骨干网络，形成网络化轨道交通系统。

同时，也必须认识到轨道交通与地面交通在功能作用、服务范围、自由度等服务品质方面存在的差异。轨道交通的发展可以分流地面交通需求，为居民出行提供方式选择，减缓地面交通拥堵，减轻对小汽车出行的依赖，但不能指望地面交通的拥堵问题就此解决。实际上，在地铁尚未成网、便捷化和服务质量较低的情况下，对于大多数私人机动化交通而言，更多的是“地面交通的拥挤和使用成本过高而被动转向采用轨道交通，而不是轨道交通更符合意愿而放弃地面交通”；将来即使有了比较发达的轨道交通网，如果服务质量不高（如车厢内非常拥挤），没有较大力度的政策措施配合，地面交通的拥挤状况也很难得到根本改善。

此外，轨道交通应与地面集散交通进行资源整合，实现互补，以实现系统服务功能和运行效率的提高以及财务状况的改善。随着轨道交通线路的不断建成运营，地面公交线路和网络需要相应地进行一些调整，以实现更好的交通整合，方便人们换乘。但必须明确，轨道交通与常规公交不是取代关系，其发展目的也不是与常规公交竞争来转移常规公交客流，而

是与常规公交一起为城市居民及流动人口提供大众化的可靠的交通工具，尽可能地吸引和转移私人机动化交通的客流。

五、加大对现有地面公交运营网络组织模式的改革力度，提高地面公交的效率和吸引力

大多数都市目前的地面公交网络和运行组织模式是随着城市的发展而不断扩大规模的结果，本质和形态上并没有随着客流特征和量级水平的变化以及城市范围的扩大而改变，仍然是低层次的结构模式，这也是常规公交吸引力下降，担负城市主要交通职能的功能日趋萎缩的一个重要原因。在这种模式的框架下，局部和子系统的改良并不能带来系统整体的改善。要恢复和提高地面公交在城市交通中应当承担的职能和作用，需要全面重构地面公交运营网络和运行组织模式，提升整体结构的层次，并在道路资源使用权分配上给予较大支持，才能使之符合现代超大城市的客流组织的要求，实现系统整体效率和服务水平的较大提高。

第三节　都市中心城交通基础设施网络构建和发展的主要思路

城市交通基础设施担负着城市功能布局和空间发展载体的重要作用。我国大多数城市交通基础设施距离完善还有相当大的差距，保障能力仍然比较脆弱。未来发展主要任务是：进一步加强城市道路网改造，完善布局和优化结构，提高道路网整体交通负荷能力；寻求地下更大的发展空间，加快都市轨道交通网布局建设，构建地上、地下立体交通结构，增强交通运输能力和保障性，提升城市交通整体功能；完善自行车和步行系统设施建设，加强机动车与非机动车的行驶隔离，提高通行效率和非机动化出行的安全保障性；贯彻交通先导战略，促进城市空间布局规划的有效实施。

一、城市道路网络

(1)进一步提高市中心地区道路网密度，加强外围地区道路网布局。

一个城市道路网的密度与城市形成的既有格局、建筑物和交通网的规划布局理念密切相关。总体上，我国都市道路网密度低，交通用地比率不足，道路总通行能力偏小，与城市功能和总活动量不对应。在机动化水平不断提高、交通流量达到较大规模后，系统运行效率不断下降，通畅性等保障问题越来越突出。

①大多数城市道路网密度和用地面积未达设计规范要求。根据中华人民共和国国家标准《城市道路交通规划设计规范》(GB 50220—95)，规划人口在200万以上的大城市，城市道

路用地面积应占城市建设用地面积的15%～20%；规划城市人口人均占有道路用地面积宜为7～15m^2，其中，道路用地面积宜为6.0～13.5m^2/人，广场面积宜为0.2～0.5m^2/人，公共停车场面积宜为0.8～1.0m^2/人；大、中城市的道路中，各类道路的规划指标见表6-1所示。

大中城市道路网规划指标　　　　表6-1

项　目	城市规模与人口（万人）		快速路	主干路	次干路	支路
机动车设计速度（km/h）	大城市	＞200	80	60	40	30
		≤200	60～80	40～60	40	30
	中等城市			40	40	30
道路网密度（km/km^2）	大城市	＞200	0.4～0.5	0.8～1.2	1.2～1.4	3～4
		≤200	0.3～0.4	0.8～1.2	1.2～1.4	3～4
	中等城市		—	1.0～1.2	1.2～1.4	3～4
道路中机动车车道条数（条）	大城市	＞200	6～8	6～8	4～6	3～4
		≤200	4～6	4～6	4～6	2
	中等城市		—	4	2～4	2
道路宽度（m）	大城市	＞200	40～45	45～55	40～50	15～30
		≤200	35～40	40～50	30～45	15～20
	中等城市		—	35～45	30～40	15～20

②路网密度大大低于同规模级别的国外主要城市。有关资料表明，至20世纪90年代初，伦敦、巴黎、纽约、东京等大城市市区（相当于我国现在规划的中心城）的道路网密度都在9km/km^2以上，普遍高于我国的主要城市，如表6-2所示。人均道路面积方面，伦敦、巴黎、纽约、东京分别为28.9km^2/人、30 km^2/人、26.4km^2/人、11.3km^2/人，除了东京与我国的城市差不多以外，其他三个城市为我国主要城市的2～3倍。倍数差距小于道路网密度，其中主要原因在于我国城市道路的规划理念和解决城市交通问题的思路，主要以建设大干道、宽马路，而非加密路网的方式来解决交通问题。

与国外城市市区道路网指标对比　　　　表6-2

城市	年度	人口（万人）	面积（km^2）	道路总长（km）	道路面积（km^2）	路网密度（km/km^2）	道路用地率（%）
伦敦	1991年	725	1579	14693	210.11	9.31	13.31%
纽约	1992年	750	757	10200	198.12	13.08	25.40%
东京	1992年	816	618	11546	92.26	18.68	14.93%
北京	2004年		1370	4064*	72.87	2.62	

注：1. 北京为城八区统计数据，大于中心城规划面积为1085km^2的范围；

2. *包括胡同长度750.5km；

3. 2002年五环以内的道路网密度为2.8km/km^2。

即使是未来的发展规划,我国都市的城市道路网密度也明显低于国外主要城市。以北京市为例,根据《北京城市总体规划》,2020 年中心城总面积为 1085km^2,规划道路总长度为 4764km,平均路网密度经 4.4km/km^2,其中,四环路以内的市中心地区的道路 1842km,路网密度也仅 6.07km/km^2。《成都市城市总体规划》中规划的 2020 年城市道路网密度为 7km/km^2。

③城市发展理念偏差,导致路网规模小、密度低。

王小广先生在《兼论解决中国大城市交通拥堵的对策》中指出,中国的大城市在汽车家庭普及率很低的情况下便出现了交通严重堵塞问题,根本原因是城市发展模式、道路和房屋建设的结构严重不合理,即中国城市交通发展的战略性失衡,中国城市发展方向和战略层面出现了"大偏差"。中国城市发展出现"八大病症":城市发展理念不符合一般的城市可持续发展的规律;没有把汽车大众化发展与城市交通和房屋统筹加以考虑;住房群体在城市的分布结构严重不合理;市中心区房屋密度过低;市中心区建设许多"封闭式小区";道路低密度化问题严重;在交通运输主体发展上把"公交优先当作公共汽车优先";房屋建设的封闭性造成了交通的封闭性,中国的大城市交通多数都受这种封闭性伤害。

绝大多数城市特别是大城市正在走一种高成本低效率的"逆城市发展一般规律"的、无法持续的发展道路。在城市建设中有意识地追求"反西方"的发展模式,大都市房屋低密度建设、大搞城市中心区绿化等,结果城市不断"摊大饼",越摊越大,道路跨度越来越长。低密度的大城市特别是大都市注定是低效率的,西方大都市建设的相对高效率(远高于我国城市的建设效率)是建立在"摩天大楼"化之上,其产生的负效应(如贫民窟等)是高效率城市体系中居次要性位置的负面效应,在相当程度上是必然的代价。

城市是否具有效率取决于交通道路与房屋的组合结构是否合理,机动车的数量是决定城市其他结构因素的新变量。在今天我国城市化进程不断加速的过程中,城市建设规划不能理性地将这一重要因素加以考虑,统筹安排好"车子、道路和房子"的有效组合,必然是城市规划赶不上"变化",规划不合理是必然的后果。房屋的布局普遍表现出结构与功能的严重失衡,市中心区房屋密度过低(这既是指房屋间的间距较大更是指楼层过低),市中心区建设许多"封闭式小区"使城市的住房间道路阻隔,阻碍了交通网络高密度的发展。

为此,城市交通网路布局必须与城市建设进行整体性规划,进一步修正我国城市建设和道路网布局的发展理念。对于城市中心区,应结合城市建成区改造,根据建筑物与道路的关系,对土地开发利用进行合理调整和优化建筑物布局;对低密度的市中心区楼房拆迁或重建实施最低楼层数控制,市区内各种楼房实行四面开放,撤除围墙,增加可通行的道路数量和网络密度;对于中心区外围地区,应借鉴国外经验和自身以往发展的教训,调整规划思路,合理增加道路线路和用地预留,提高道路网密度和用地比率。

(2)完善路网结构,增强城市道路微循环系统建设。

我国主要大城市以干线为核心理念设计城市交通的现象比较明显，注重大干道建设，不重视支路建设和对大干道交通的疏解衔接，路网各层级比例结构不合理。尽管建设了很多环路、快速路、高架路等，起到了一定的缓解交通作用，但由于整个路网结构不完善，受制于面上路网支路不足、交通拥堵，干路交通不能快速、有效地分流到面上网络。出入口的拥堵越来越严重影响着干线车流的车速和道路的畅通性，而且对系统总体通行能力和运行效率的提高没有起到应有的作用。

①薄弱的路网微循环系统加剧了交通拥堵。

车辆增多导致道路拥堵是一个不争的事实，路网结构的不完善恶化了这一趋势。与纽约、东京、巴黎、伦敦等国际化大都市拥有的车辆和城市交通拥堵状况相比，我国城市在这方面差距明显。城市交通必须依靠干支结构合理的交通网络才能更有效地疏解交通。而目前我国许多城市规划更注重干线建设，轻视支线的作用，致使城市路网级配结构不合理，缺乏弹性，容易造成拥堵。以上海和北京为例，上海中心城区的道路比北京的道路窄小得多，但是，上海的道路密度大、支路多，可供选择的行车线路多，因此，也较少出现像北京一样的严重交通拥堵现象。北京最新制定的《北京交通发展纲要》明确指出，北京交通的主要问题之一是"次干道、支路严重短缺，'微循环'系统薄弱"。

②国内城市与国外城市在道路网结构上的差别。

城市间交通用干线和高速公路等连接，城市内部交通用网状道路结构衔接在一起，是世界主要城市解决交通的主要办法。干线在城市周围必须尽可能像血管那样进行分支，形成现代几何学上的分形结构，以缓解迅速集中到城市的巨大车流。目前我国的大部分城市，都很注重城市干道的建设，而对支路和微循环系统建设重视不够。由此，在自身路网密度低的情况下，进一步形成干支不协调，干线车辆进入支线难、出入口拥堵现象，并进一步影响到干线上车辆的行使。

北京市2020年的城市道路网规划的数据显示（见表6-3），道路网间距在300～540m，干线间距在650～930m。

北京市规划的2020年道路网有关指标 表6-3

项目	单位	旧城	二环路至四环路	四环路至市区界	市区合计
道路总里程	km	420	1422	2922	4764
道路网密度	km/km^2	6.7	5.9	3.7	4.4
道路网间距	m	300	340	540	450
干线间距	m	650	660	930	830

③设计理念偏差导致关注系统效率不足。

在城市道路规划与建设中，由于城市交通理念等原因，导致了对支路微循环系统不够重视。在二维空间内，网状的道路必然会形成众多的道路的交叉口，影响车辆行驶的流畅性，可以通过当今先进的信号控制与指挥管理技术来消弱影响程度。对于城市交通整体系统来说,重要的一条原则是,在城市交通改善的过程中,任何一条道路效率的提高,都不能以牺牲其他道路的效率为前提。因为简单地提高一条道路的效率,并不一定意味着提高了城市交通总体的效率,有时甚至适得其反。从系统学的角度而言,就是子系统的简单改善,并不一定必然导致整个系统效率的提高。在二维空间里,按照干线为核心理念设计城市交通就必然要违背该原则。因为,在一个平面内,过多的干线必然将平面分割成为许多个区域,这些区域间许多支路交通被割断,微循环系统被消弱,交通效率必然要下降。

加强城市道路的网状微循环系统的建设,既可以增加城市路网密度,又可以较大幅度地提高整个市区道路网的车辆容量和通行的畅通性。网状道路应对交通流量波动的弹性比较大,缓解拥堵的能力强,可为交通出行提供更多可选择的行车路线,堵塞的可能性小,即使堵塞,也容易通过绕道其他道路自行缓解;此外,网状道路使单行道成为可能和比较好地解决"左转"难题的工具。单行道可以使街道两侧都成为可到达的地点,这相当于增强了街道"停"的功能,为道路单侧停车提供了便利,还可以通过三个右转的方式来完成左转功能。

为此,对城市交通和道路网络的规划设计,需要借鉴国外大城市的经验,树立正确的理念,重视路网结构的合理性和优化,以提高路网整体容量和运行效率为目标进行科学规划设计、合理布局,形成快速路、主干道、次干道、支路的合理级配。目前应将加强城市道路的微循环系统建设作为完善路网的重要任务,与干道建设和改造统筹协调安排,加快建设。

(3)加强放射线快速路、主干路规划建设,发挥 TOD 作用,引导城市功能和人口合理分布。

目前我国的主要大城市都在极力改变和消弱单中心的发展形态,以减轻市中心地区的压力,城市发展模式的规划基本上是中心城区 + 边缘集团(如北京)、中心城区 + 组团(如成都、深圳等)以及中心城区 + 带状等,总的思想是将市区中心过度集聚的功能、人口、产业向市区外围疏解。交通条件是实现这种发展模式的重要前提和必要支持,只有这些边缘集团(组团)与市区中心之间拥有快速、便捷、比较畅通的交通,才能缩短时空距离,吸引人们往外迁移和在外围地区发展等。道路网的布局应符合这样的发展模式要求,构建边缘集团(组团)与中心城区的强交通连接,形成快速交通走廊,发挥交通的 TOD 作用。

同时,应该认识到,边缘集团(组团)的这种发展模式,可以改善城市的空间结构布局和环境条件,改善居民的居住条件和生活质量等,但是,并不一定能减少交通需求。如果没有相应合理的功能配置,反而会因出行距离增长,需要有更多的道路基础设施与之相适应。如果城市功能仍集中在中心城区建设,周边组团的服务功能没有相应跟上,住职明显失衡,分散集团式(组团式)的真正目标没能得到充分体现,以中心城区为核心的一元化结构没有改变,这些边缘集团(组团)就有可能变成功能单一的"卧城",比如北京的望京、回龙观、天通苑等,与中心城区之间形成强大的"潮汐交通流"。经验表明,新建组团能否成为相对比较独立的组团,是一个非常复杂的系统问题和社会问题,有着深刻的经济学、社会学的原因。距离中心城区不远的组团,在其初始形成阶段,大量的功能必然要依托原有的已经成熟的中心城区,而这种关系形成后,则会自然生长,使脐带关系日趋增强,通道

（走廊）的交通联系和出行需求更加增多。无论是初期还是形成了趋势发展的过程中，都需要有强大的交通予以支持。

为此，城市道路网络的规划配置，一方面要加强放射线快速路、主干路的规划建设和先行发展，形成至边缘集团（组团）的快速通道（走廊），引导城市功能、人口等向外分布和转移，以及改善城市交通基础设施与对外交通的衔接，增大城市出入口的通行能力，减轻进出城交通拥堵；另一方面对于"潮汐交通流"应有充分的准备和相应的解决措施，如大力发展和改善公共交通，加强通道（走廊）两端以及主要客流点的集散路网衔接和匹配等。

（4）完善城市导向系统、自行车和步行系统。

进一步建设和完善城市导向系统，增加标示和指向设置，健全信息化服务系统，以改善车辆和人群的流畅性，减少路上不必要的停留时间，减轻交通拥堵。

完善自行车和步行系统，关注城市人文环境，提高自行车和步行系统在规划中的地位，减少机动化发展对自行车道和步行道的挤压和侵占，从城市交通规划的理念开始，在城市道路系统的设计规范、建设过程、交通管理中给予足够的重视和保障，制定城市自行车和步行系统指引，为自行车和步行提供比较友好和适宜的出行条件与环境。要充分利用旧城胡同（巷）、街坊道路和支路以及小区道路开辟自行车交通系统，逐步形成地区的自行车通行网络。在公共汽车主要车站、地铁站等主要换乘场所设立安全的自行车"停车换乘"设施。在城市干道设立与机动车隔离的自行车道以及步行设施，在线路规划设计与设施设置上，尽量避免和减少行人与车辆之间的交通冲突，市中心地区的行人过街设施的间距不宜过大，在部分大型商业区中划定一定范围的步行区域。同时，增强公众交通教育，严格交通执法，促使广大市民自觉地遵守交通法规和提高交通安全意识。

二、城市轨道网络

轨道交通具有载运量大、速度快、占地和占用地面空间少、污染小等优点，发展轨道交通是大都市解决交通拥堵和地面空间不足、城市交通系统运行走上健康发展轨道的必然之路，是增加交通运输能力、保障城市正常运转的重要措施。大力发展轨道交通，不仅有利于改变目前在交通运输结构、城市土地开发利用和空间结构等方面存在的缺陷，而且有助于提升城市功能和运转效率、改善环境、促进城市的繁荣发展。

大都市发展轨道交通在我国也已成为共识，主要都市都已编制了城市轨道网规划，不少城市已付诸实施，一部分城市还在争取国家批准，拥有城市轨道的城市不断增多。近十年来，上海、北京、广州等城市轨道线路里程发展迅速。上海市规划至 2012 年将建成运营里程超过 500km 的轨道交通基本网络，北京市规划至 2015 年轨道交通线网里程将达 561.5km。

城市轨道交通拥有很多优点，但投资巨大、建设期长、运营固定成本高、需要较高的基础运量支持，应科学规划、合理安排。

（1）合理确定轨道网规模和密度，优化线路布局。

轨道网规模大小直接决定着轨道交通在整个都市交通体系中作用大小和分担的客运出行比例,只有达到一定的规模和覆盖面,才能具有较强的整体作用和影响力,成为城市客运的主导力量和出行的主要选择方式,吸引和承担更多的客运出行,较大幅度地减少私人交通。但是,在当今轨道交通受到重视,各都市争相发展的现状下,不可相互攀比规模,而应根据各都市规模、空间形态、功能和人口分布。客流流向流量、空间布局发展规划等因素以及既有交通基础设施状况和未来调整优化的方向,以满足实际需求为根本,统筹规划、合理布局。

轨道交通线路有网状布局、客运走廊布局等多种形式。我国都市现状形态的中心城区范围相对较大,功能高度集聚,人口集中,除核心商业区外基本上是同质同密分布形式。客流分布具有面上特点,各方向平行以及交叉客流量都较大,除主干通道以外也都相对较均衡,适宜于轨道交通网状布局。这种模式不仅可以对城区形成有效覆盖,适应中心城区高客流负荷和空间局限性的特点,而且可以提高机动性、整体性,有助于平衡线路间客流和改善拥挤状况。市中心地区外围,基本上是以“多中心”式的边缘集团、组团等形式规划布局,各功能区和组团与市区中心基本上是走廊式的点线连接,客流呈走廊式分布,轨道交通线路适宜于走廊式布局。因此,我国都市轨道交通线网宜采用网状和走廊式相结合的布局形式,根据各都市具体实际确定线路走向和线网密度。

(2)加快轨道骨干线路建设,尽快形成骨干网络。

面对越来越拥挤的都市交通问题,应该集中精力抓紧实施已批准的城市轨道交通建设规划,加快城市轨道骨干线路建设,尽快建成相对比较完整的城市轨轨道骨干网络,发挥网络化优势,担负起公共客运系统的骨干功能。在项目建设时序安排上,应以中心城区客流密集的主干走廊为基本骨架先行起步,然后根据客流和网络连接逐步扩展和延伸,统筹考虑中心城区缓解交通拥堵需要和交通对外围功能区发展的引导作用,合理安排中心城区的轨道线路和连接外围功能区的轨道线路建设,兼顾改善中心城区交通和积极主动引导人口及功能疏解。

在建设投资方面,应进一步深化交通投融资体制改革,落实政府对交通基础设施建设和公益性交通承担的责任,建立健全以政府为主导、调动社会资金积极参与的投资主体多元化、投资形式多样化的投融资体制以及完善政府投资的市场化运作方式。创新轨道交通的投资建设与运营模式,鼓励在政府相关配套政策支持下的 BOT、PPP、BT 等多种投融资方式。

(3)积极发挥大容量快速公交方式对轨道交通的过渡和替代作用。

大容量快速公交(BRT)是一种比普通公交运营速度高、载客量大,比轨道交通投资少的地面公共运输方式,适合于中等客流量的走廊。不仅可以缓解大城市越来越严重的交通拥堵问题,而且可以实现城市交通可持续发展。城市规划决策者不应仅把发展轨道交通作为解决城市公共交通的唯一选择,而忽视经济原则(投资成本和运营成本)。BRT 具有接近轻轨快速交通的服务水平,而投资却只有其十分之一,且无需财政补贴而维持系统的运营,既是对轨道交通的一种补充,也是适应中等交通运输量需求一种较为经济的方式。其技术与实践正在全世界引起关注,甚至被有些城市认为是缓解城市交通问题的革命性方案,国内也已有多个城市开始进行规划试点和推广。

大力发展轨道交通是解决大都市交通问题的根本,也是国际大都市发展的主要经验,但是不应把发展轨道交通作为解决城市公共交通的唯一选择,还应考虑经济原则,BRT 作为可满足中等运量需求的低成本快速公共交通以及作为初期运量相对较小的部分轨道线路的过渡方式在都市交通中有着较大的发展空间,应得到重视并加以积极发展。

BRT 可以是单独一条线路,承担某一区段的中等客流量运输,可以与其他公交干线、地铁连接构成整体干线网络,但其基础设施建设与运营特点上又与轨道交通、地面常规公交不完全相同,在功能作用上介于轨道交通和地面常规干线公交之间。为此,应综合考虑各都市的城市交通结构、交通发展的经济实力、运营补贴的财政能力以及对交通需求的适应性等各方面因素,对 BRT 方式在城市公共运输系统中给予科学定位。从其功能和特点来看,基本上可以归纳为以下几方面:地面干线公交网络的组成部分,轨道交通线网的补充、延伸以及过渡方式,主要布局在中等运量通道(走廊)为旅客提供快速公共客运服务。

①作为轨道交通线网的补充和延伸方式。在市中心区至外围功能区和组团客流量不是非常大量集中的地区和通道,可以研究多布局 BRT 系统,作为轨道线网的补充和延伸,在提高快速交通覆盖面的同时减轻对轨道线网的布局密度和规模要求;在客流量非常大、非常集中、一条轨道交通线满足不了需要的通道(如北京地铁 1 号线西段),也可以将 BRT 系统作为共同配置的补充方式。

②作为轨道交通线网部分线路的替代和过渡方式。对于既有的轨道交通线网规划,尤其是中心城区至外围功能区和组团的通道线路,应将 BRT 方式作为部分线路的比选方案进行比较论证。对于近期和远期客流量相对较大、但又达不到轨道交通经济运量要求的线路,应考虑采取 BRT 替代轨道方案,以改善线路项目的财务状况和减轻投资压力;对于远景客流量必须修建轨道才能满足交通需要,但近期客流量差距较大的部分轨道规划线路,应规划采取 BRT 方式进行过渡,以满足通道近中期交通需要和为轨道交通培育运量。此外,还可以对规划的部分轻轨线路进行比较论证,采用 BRT 方式替代。

第四节　都市中心城公共客运子系统构建和发展的主要思路

全面贯彻落实优先发展公共交通战略,加大投入和改革力度。优化和完善地面公交网络,提高服务质量;加快轨道交通运营网络发展,建立有效运营机制;加强地面公交与轨道交通的衔接配合与协调,整合资源,完善票价票制以及清算体系,建立一体化的公共客运服务系统。

一、地面公交

1. 进一步提高覆盖密度,保证出行的广泛性和便捷性

长期以来,我国都市公共交通都是以地面公交为主体的结构,支持着城市的运转,承担绝大多数的公共交通客运量。尽管各都市都制定了较大规模的轨道交通网发展规划,并正在加紧实施,随着城市未来轨道交通运营网络规模的不断扩大和逐步形成轨道交通为骨干的公共交通体系,地面公交承担的公共客运量市场份额将下降,但是,地面公交在城市交通中与轨道交通有着不同的职能和作用,二者都是不可或缺的,共同形成一个整体为城市交通服务。轨道交通主要是在客流密集的通道和骨干线路布局并发挥作用,而地面公交担负着公共交通的基础性、普遍性服务,不仅要在干线通道和轨道网较密集地区作为补充和为短距离出行提供服务,更需要广泛的面上覆盖。而且,轨道交通网,规划的线路建设期较长,在这期间,地面公交作为公共交通的主要形式和主要力量,担负着与私人交通竞争的发展重任。因此,在大力发展公共交通、确立公共交通在城市客运中主导地位的城市交通发展格局下,未来市区公共交通承担的出行比例将会比目前的20% ~30%大幅提高,达到50%以上,甚至70%,接近国外发达城市的水平;加上城市规模的扩大和人均出行次数的增多,公共交通总客运量将会比目前水平翻一番以上,地面公交分担的客运量也会比现状大幅上升。这一点,我国城市与国外城市有很大的不同,国外许多大城市轨道交通承担的比例很高,公共汽车承担的出行比例比较小(见图6-1),其主要原因是城区外围的人口多,进出中心区的距离较长,而我国城市居民大部分居住在市区或市区附近,地面公交和轨道交通都可以作为主要的出行方式。

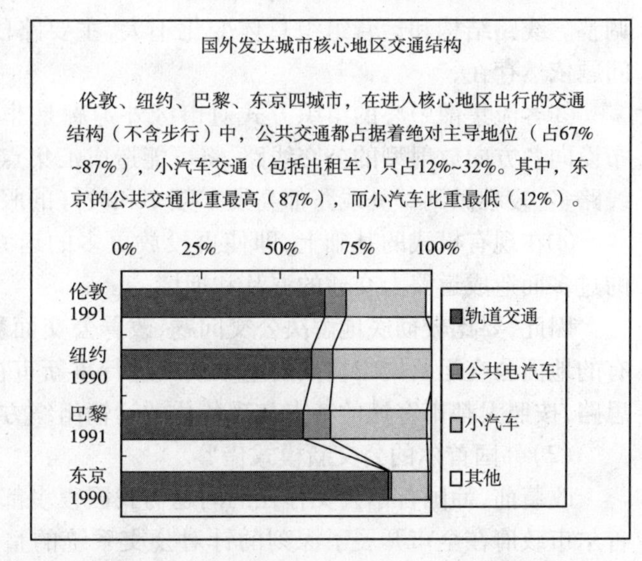

图6-1 进入核心地区出行的交通结构(工作日全天,全目的,不含步行)

我国都市地面公交普遍存在着过度重复与覆盖不足的问题,在快速路、主干道等主要道路公交线路重复系数很高(如北京市2004年主要道路的公交线路重复系数基本上都达到10以上),而次干道、支路、市区外围的公交覆盖率低(如北京市2004年支路的覆盖率仅为0.26)。为此,作为我国城市公共交通基本方式的地面公交,无论是从提高公共交通出行分担率,还是完善路网、提供基本普遍服务方面来说,都必须进一步加强发展,增加市

区运营线网密度、增加市区外围线路布局，提高网络覆盖面，缩短出行至站点的步行距离（至主要方向车站的步行时间应在10分钟以内），增强公交出行的方便性。

2. 优化地面公交运营网络构架模式，提高运营效率和服务质量

（1）地面公交运营网络构架改革的必要性。

针对当前地面公交运营线路方面存在的问题，各城市政府积极采取了一些改进措施，如调整、合并了部分线路，减少了一些路段公交线路的重复数量等，起到了一定的效果。但受制于原有构架，主要是在局部范围内进行改良，对系统影响不大。同时，在发展思路上仍然没有摆脱旧有模式的影响。如北京市的公交发展规划，是按照"构建快线、普线、支线的三个层次的线路网络，建立分级客流集散中心进行公交线路运营组织"的模式和思路进行相应的规划编制。但是，这种方式仍然没有摆脱以枢纽为中心的网络构建模式，仅是在现有公交模式基础上的改良，主要适合于市区与外围地区之间的走廊公交和外围功能区的地区性公交，对于市区公交仍未能有效解决原有公交存在的线路过度重叠、换乘点拥挤等问题。

①按服务于不同出行距离划分线路层次，将会遇到快线、普线需要在同一线路上布设，快线的服务功能与地铁的服务功能重叠（尤其是随着今后地铁网络的不断建设和完善）等问题；

②普线承载和延续原有客流线路（走廊），基于分区服务的客流集散中心对首末站进行调整。线路结构和运营组织总体变化不大，主要路段线路重复、中途换乘不便、线路过长等问题依然存在；

③客流集散中心的组织方式对市区外走廊是非常有效的，但是如果在市区以集散中心布设向各方向放射型的公交线路，将可能造成汇集点的人流和交通更加拥挤，而且因方向别线路多，较难做到每一线路都高发车频率和较好的服务质量。

④在现有模式的基础上，即使再投放更多的运力，也很难有多大效果，反而会因公交车的过多而造成道路上交通的混乱和拥堵。

因此，要比较彻底地解决公交问题，改善公交面貌，更大程度地提高公交吸引力，应对现有的地面公交运营网络构架的基本模式进行重新审视，借鉴国外相关城市的发展经验，调整思路，按照大都市客流的特点和现代化的运输组织方式进行模式重构。

（2）韩国首尔的公交新模式借鉴。

改革前，韩国首尔公交存在的问题与我国很多都市的情况非常相似。2004年7月1日，首尔市政府在全市开展了深刻的针对公交系统的整合性改革，这一举措成为迈向可持续性城市交通的重要一步。这次公交改革的成功实施主要表现在，它将管理机构、创新技术、基础设施的建设以及公交的组织和运营融为一体。经过这一系列改革之后，首尔的交通面貌焕然一新：通过进一步协调交通运输容量和需求之间的矛盾，提高了运营效率；增加了乘客人数，使公交运营商的收入自启动集成收费系统之后得到增加，减轻了公交运输整体短缺的局面，减少了政府的补贴，改善了公交运输的交通条件，产生了一个更好的决策制定过程。

此次改革的成果和方法受到了韩国国内外的一致赞赏,各界一致认同公交系统改革已成功地解决首尔的公交需求。

——改革前首尔的公交状况

2003 年,整个汉城都市圈的人口达到了 2070 万。城市机动车保有量 2 781 591 辆。由于人口和机动车拥有量的迅猛增长,造成城市交通拥堵程度日益严重,现有交通基础设施已经无法承受因交通出行方式变化而带来的压力。

随着交通出行模式的变化,私家车的使用越来越多,有效组织各种公交线路和运营变得十分困难,交通系统处于极为混乱的境地。

首尔的公交系统主要存在着以下几个方面的问题:乘客人数的减少,道路状况对公交运营的制约以及线路运营的混乱竞争等。公交乘客不断减少的主要原因在于私人机动车使用的增加以及新的地铁线路的修建。此外,还有行车线路过长、线路重叠、不容易到达、公交车陈旧、驾驶不友善、换乘不方便以及交通拥堵等原因。公交车在交通干线以及市中心地区的平均行驶速度分别降至 22km/h 和 18km/h,大大延长了乘客的乘车时间,也极大地影响了公交乘客人数。公交的乘客量在 1983 年达到最高峰 890 万人次/天,随后,公交乘客量不断下降,至 2002 年降为 420 万人次/天,与之相比,投入运营的公交车辆的数量却没有太大变化。私家车在全部交通方式中的占有率从 1996 年的 25% 增长到 2002 年的 27% 。同期,公交车的占有率从 30% 下降到 26% ,地铁的占有率从 29% 增长到 35% 。

①公交系统改革模式。

首尔政府认识到若要解决交通拥堵、维护可持续的交通系统运行,关键在于:既要改善公交运输系统,同时又要限制私家车的使用量,零敲碎打的传统公交系统改革已不再有效。发生在韩国 20 世纪 90 年代中期的变革就是一个实例。这是一次洗心革面的"重组战略",最突出的两点是:系统的整合和领导的决心。

此次改革目标是:在首尔市政府管辖范围内,重塑公交服务的形象,通过改善公交服务来提高公共交通系统的整体水平,并由此提高整个公共交通的出行分担率,计划至 2006 年公共交通的,出行分担率从现有的 59.5% 增加到 70% 。具体指标是:考虑环境因素、满足乘客的需求、增加乘客的满意度、达到系统本身财务的可持续性。

此次改革在公交行业中创新了管理模式,建立了新的监控方法,重组了公交线网,设立了中央公交专用车道,提高了服务质量,同时还引入了针对公交驾驶员和运营商的激励措施。为了有效解决首尔公交行业面临的各种纷繁复杂的问题,所有项目都在一个整体框架下加以整合并实施。

公交改革的主要任务包括建设一个全新的公交运营和支持系统。新的运营系统包括两部分:一是干线以及支线系统;二是新的公交商业运营计划,见图 6-2 所示。同时,为了支持这个运营系统的运行,还开发了其他 11 个具体的配套项目,包括公交管理系统,中央公交专用道路系统以及智能卡系统等。

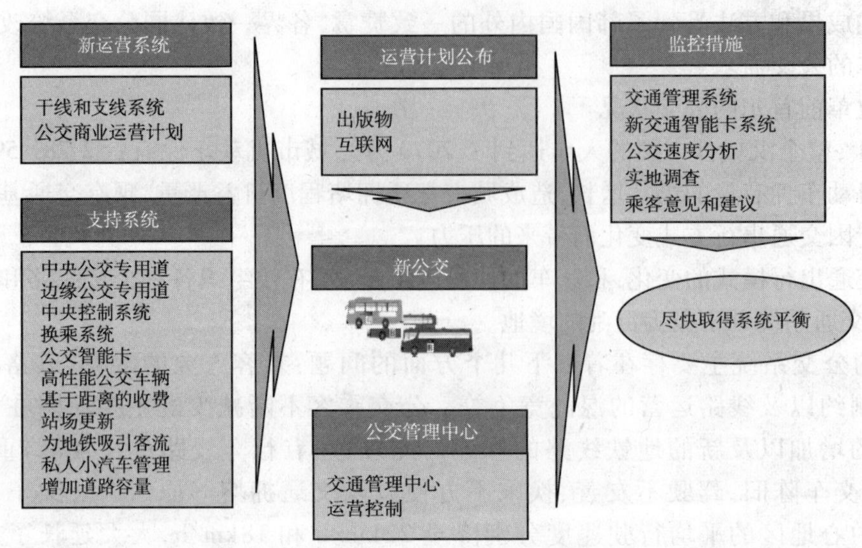

图 6-2　韩国公交运营系统

②公交运营线路网络重构。

彻底重新设计公交线路网络，将市区所有公交线路全部进行整合。如今，公交服务分为四类。为了便于区分，分别以不同颜色来识别，见表 6-4 所示。红色市郊快线公共汽车将各卫星城之间、卫星城和首尔市连接在一起；蓝色干线公共汽车则在首尔市内的各区域中心之间或沿着主干路运营；绿色支线公共汽车包括社区公交车，它负责提供区间服务，将乘客运至地铁站和快速公交车站；黄色环状绕行的公共汽车则在市区中心提供区间服务。同时，针对许多公交路线曲折，耗费乘客时间长的缺陷，将全市公交线路取直。为了让乘客易于找到公交车的始发站和终点站，首尔市还对公交线路进行了重新编号。

首尔市公交线路服务类别　　表 6-4

类　别	功　能	线 路 数
干线（蓝色）	连接首尔市内各区域中心	90
支线（绿色）	向干线公交站和地铁站运送乘客	328
市效快线（红色）	连接各卫星城与首尔市	39
市内环线（黄色）	在市区内环线行驶	5
合计		462

市政府还对以前迂回重叠的线路进行调整，使线路平均长度从 20.3km 减少至 18.5km。以往那些长距离的冗余线路现已转至新的以“线路连接为导向的公交系统”（Route Linkage-Oriented Bus System），干线作为客流的主要通道，由支线公交连接至市内外的各个地方。

首尔市公交改革前后对比见图6-3所示。

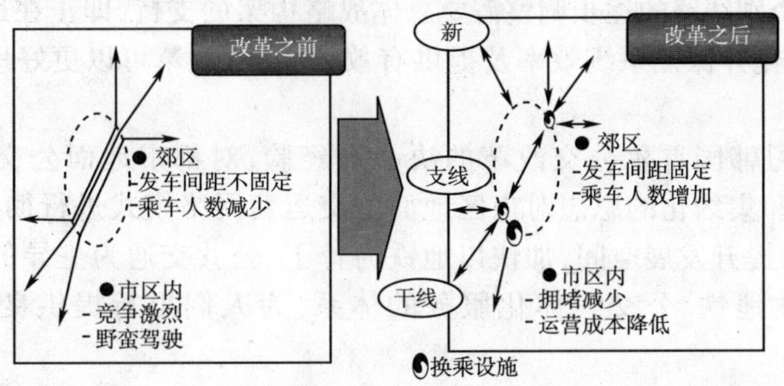

图6-3 首尔市公交改革前后对比

③全新的管理机构和公交商业运营计划。

首尔市政府决定重新控制公交线路的分配权，确定公交班次，改革收费方式。首尔市政府建立了一套“半官方运营系统”，以此来管理并分配公交线路，确定公交班次。改革了公交收入分配体制，提出了基于运营车辆及里程的收入分配体制。通过这种新的收入分配体制，公交运营商能够达到收入支出的平衡，并获得一定利润。在这种分配体制中，所有线路的收入和分配由私营公交公司共同组建的委员会来统一管理。公交公司与政府签订主干线的运营合同，政府据实际运行情况给予一定补贴。

④中央公交专用车道。

改革前，公交专用车道是沿着路边右侧设立的。在交通堵塞的情况下，右转的车辆依然对公交车产生很大的干扰。在公交改革项目中，首尔市政府提出了建设中央公交专用道方案。截至2005年初，首尔市已建成中央公交专用车道全长86km，涵盖6条不同的主要走廊，并在继续扩展中。与此同时，首尔还投入了大量精力将右侧公交专用车道从219km延长到294km。

⑤全新收费系统。

新系统将公交服务和地铁服务进行整合，并统一收费。原有收费系统采用单一票价，短距离乘客需要支付较多费用。而新收费系统则取决于交通工具和出行的总距离。对于进出首尔市区的乘客，车费仅按出行总距离收取，而不按乘坐的交通工具收费。

在首尔市内，公交服务在前10公里内的单一票制为800韩圆，然后每5公里增加100韩圆。基本收费制度还包括免费换乘4次，既适用于公交也适用于地铁。乘客可以选择用智能卡或现金支付，但用现金支付的乘客不享受免费换乘的优惠，而且无论乘坐何种交通工具，还须比用智能卡多付100韩圆。按距离收费的票制取代了以前的单一票价制度，公交和地铁之间免费换乘的方式极为有效，大幅度提高了公交乘客人数。

(3)我国都市地面公交运营网络构架改革建议(以北京市为例)。

地面公交运营网络构架模式改革：一是为了从根本上解决目前公交存在的问题，建立良好的公交面貌，以提高公交服务水平和吸引力；二是随着市中心地区高密度布局的轨道网的逐渐形成和完善，地面公交的线路布局与运营组织模式必须与地铁一起进行系统性考虑，进行布局结构调整，个别线路的逐步调整需要总体战略构架的支持，即正在运营的模式要能够适应这种调整的变化并保证系统效率及提供有效的服务，改革可以更好地适应这种调整做好准备。

为此，建议学习韩国首尔公交改革的决心和经验，对都市地面公交进行大规模的改革，按城市现代化和集约化的思想对市区地面公交运营网络模式进行彻底的重构，以发挥公交潜在的效率和提升发展空间，加快以地铁为骨干、公共交通为主导的城市客运交通体系的形成以及建立地铁、公交一体化服务的体系，为人们出行提供良好的服务和出行保障。

总的原则是：结构简单、快速便捷、换乘方便、疏导客流、与轨道交通配合互补。根据市区道路网结构形态，按"专业化分工、分段集中运送模式"减少运营线路重复，基本取直地面公交运营线路，采用与像地铁一样直行或环形的运行组织方式。具体来说，将公交线路分为干线、普线、支线三个层次，按市中心地区公交、市区外围地区公交分别构建，两者以走廊干线相连接。

①干线：按主干路、快速路走向基本取直布局，环线按环形布局；采取短间隔、高密度的发车方式；

②普线：基本按直行方式布局于其他线路上，与干线形成分工互补的整体网络；根据客流情况确定发车间隔；

③支线：主要为市区外围地铁车站和公交干线车站集散的运营线路以及为大型社区服务的运营线路，主要承担接驳运输。

④公交站场：主要布局于中心地区外沿，采取非集中的中小型分散布局方式；至市区外围的公交在这些公交站场与市区公交衔接。

以北京为例，对地面公交运营网络构架模式改革提出如下建议：

①北京市地面公交运营网络整体构架和线路层次划分。

以结构简单、快速便捷、换乘方便、疏导客流、与轨道交通配合互补为原则，根据市中心地区客流和市中心地区外围客流、干线客流和地区性客流的特点，结合道路结构和分布，将北京城市公交运营网络结构分为市中心地区公交运营网络和外围地区公交运营网络两部分进行构建，以枢纽和走廊干线相连接形成整体，见图6-4。

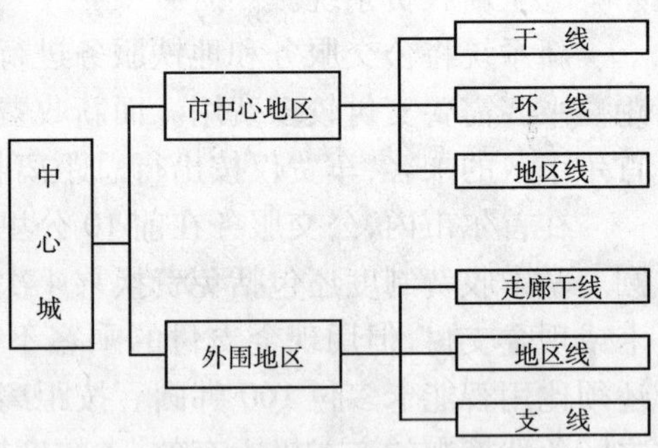

图6-4 地面公交运营网络构架

a. 市中心地区地面公交运营网络构成。

市中心地区地面公交运营网络由三个层次的线路组成：干线、环线、地区线。

——干线：以城市主要道路干线（快速路、主干路以及部分次干路）为依托，客流量较大的线路。

——环线：以二环路、三环路、四环路环线运营的线路，其性质也属于干线。

——地区线：干线运营线路的补充和加密，主要以次干路和支路为依托，主要承担地区性出行客流和干线客流集散服务。

b. 外围地区地面公交运营网络构成。

外围地区地面公交运营网络也分为三个层次线路组成：走廊干线、地区线、支线。

——走廊干线：市区与外围各功能组团以及新城相连接的客流集中的走廊运营干线。

——地区线：服务于外围地区以及功能组团内部的一般公交线路。

——支线：主要为地铁车站和公交干线车站集散的运营线路以及为社区服务的运营线路。

c. 总体构架形态。

北京市地面公交运营网络整体构架形态：市中心地区以棋盘式线路布局的基本构架形态，外围地区以主要枢纽站场为中心结点的基本构架形态，两者以走廊干线连接为导向的整体结构（见图6-5）。

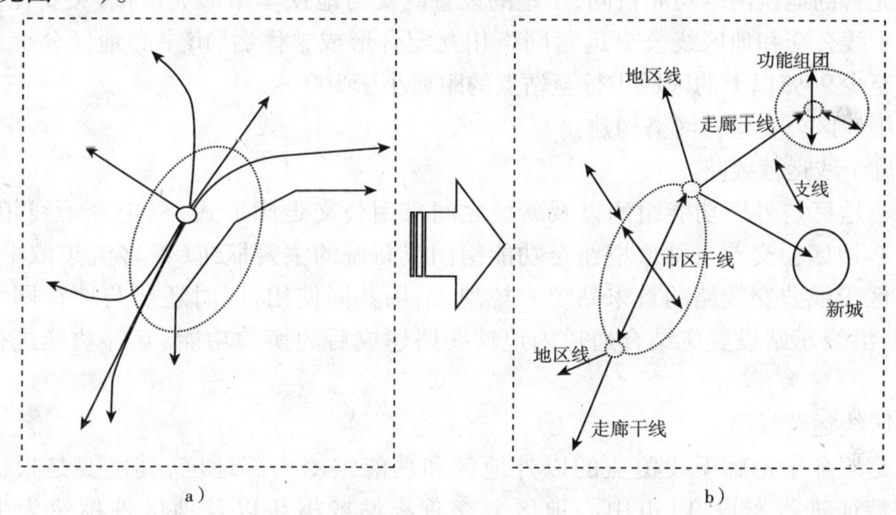

图6-5　现状与建议方案的公交运营网络构架对比

a）现状；b）建议方案

②市中心地区地面公交运营网络构建。

a. 市中心地区干线运营线路。

以棋盘式的道路格局为依托，公交运行线路分别按东西方向、南北方向设置；并要根据未来轨道交通的布局加强与轨道交通的衔接；首末站根据道路格局和土地使用规划情况主要设置在三环路、四环路以及地铁第二环线附近，在三环路以内地区尽量减少共交枢纽设置，不要人为地将客流大量汇集在某一点上，而是要通过高频率的公交车流和更多的换乘点将客流快速送往其所要到达的目的地；可以只在首站设置调度和停车场地，末站划设调转线路,末站车辆发车间隔,通过车载通信设备进行调度。

b. 环路公交运营线路。

二环路、三环路、四环路设环线公交运营线路,同时设周边延长的直线运营线路,以克服大型立交的影响、方便旅客换乘,如农展馆——北二环——西外大街、西二环——西直门北大街等。

c. 地区线运营线路。

对于干线间隔较大的地区,应根据道路格局、积极利用次干路、支路,开辟主要为地区客流和干线集散服务的地区性公交运营线路,作为干线运营网络的补充。这些线路的走向主要是根据地区客流的流向、结合道路条件进行规划和构建,线路长度可以较短,可以单方向绕行,采用较小容量的公交车或中巴士,根据客流量和服务水平要求保持适当的发车间隔。

d. 公交车站设置。

公交车站主要在路口附近设置,便于各方向换乘;公交站间距不宜过大,否则,将会与未来越来越完善的地铁网络功能雷同,站距的设置既要与地铁车站形成衔接,又要在空间上形成补充。干线公交和地区线公交运营网络相互配合形成整体后,市中心地区公交站点覆盖率应达到至少90%以上的区域步行至站点的距离小于300米。

③外围地区公交运营网络构建。

a. 走廊干线运营线路。

市中心地区与外围功能组团以及新城之间采用公交走廊形式,以走廊干线相连接,起点从市中心地区公交首末站或枢纽至功能组团或新城的主要枢纽(或客流集散中心)。起点应与市区干线公交线路的首末站统一规划、站场共同使用,同时还要与地铁网络形成便捷的换乘,沿线车站设置应结合通道内地铁线路建成后的换乘功能、互补功能进行整体性规划。

b. 地区线运营线路。

主要是服务于走廊干线覆盖的以外地区和功能组团内部地区,其主要是根据道路格局和客流特征进行布设,以市中心地区公交首末站或枢纽以及地区性枢纽为中心对外连接。

c. 支线运营线路。

主要是以枢纽、主要地铁车站、走廊干线主要车站为中心连接周边居民点进行布设,主要承担接驳运输。同时,较大的社区也可以布设主要为社区出行服务的支线。

d. 社区公交线路。

对于人口较多、范围较大的大型社区,应以支路的形式发展公交为居民提供便捷的出行服务。这些支路公交将在社区内部以小循环路径的形式与经过社区附近的地铁、干线地面公共相连,在部分路径上与地区线公交同行或交叉衔接,起到与外部交通衔接和为社区内部出行提供服务。

④运营线路编号和车型。

a. 运营线路编号

对公交系统进行统一的编号设计，市中心地区公交与外围地区公交、干线与地区线以及支线采用不同的编号序列予以区别，同时还可以采用不同颜色的车辆加以直观区别。

市中心地区干线的南北方向线路与东西方向线路还可以分别采用偶数或奇数的方法加以区别等。

b. 车型

客流量大的干线采用大容量、环保型车辆；

中等客流量的干线采用大容量和中等容量两种车型相结合；

地区线和支线采用中等容量车型和小型公交车。

3. 明确政府对公交发展承担的职责，加大对车辆设备的投资力度

应将地面公交、轨道交通定位为社会公益性事业，其提供的服务为公共品，以此明确政府对公交发展承担的职责。公交的发展应以政府为主导，加大投资、加快发展，实施低票价制和严格成本核算制下的运营补贴制度，对地面公交运营企业慎重进行公司化改造和引入民营资本，不宜采取上市公司的方式经营和融资。

针对目前地面公交的发展状况，政府应通过加大投资，加快公交站场设施改造和布局调整，增加公交运力配置和加快现有老旧车辆更新换代，优化车型比例结构，提高车辆技术性能和服务水平。车辆运力配置要达到满足总量需求并具有一定比例的应急储备能力，车厢拥挤度和服务条件逐步得到较好改善的发展要求，应逐步采用新型公交车辆、环保型车辆，提高空调车辆比重。至2020年，各都市中心城区运行的公交车应全部采用环保型车辆，空调车比例达到80%以上。

4. 切实落实公交优先原则，系统性增设公交专用道

树立正确的交通服务和交通管理理念，在道路资源使用分配上切实落实公交路权优先原则，充分体现和保障公众权益，对全市公交专用道和优先措施进行比较系统地设置，普遍提高公交运行速度和准点率，保障公交车出行更加方便、快捷。

目前，在各都市私人交通机动化迅速发展的形势下，要挽回地面公交的下滑趋势，仅改革公交运营网络构架模式还不足以使公交运行效率和出行服务水平有效提高，还需要在道路行驶的路权上给予足够的支持保障，在道路资源使用分配上普遍给予公交路权优先，使公交在运行速度和时间保障性方面比私人交通更具有优势，增强公交吸引力。

目前各都市的公交专用道或优先措施基本上是分散的、少量的设置，只能起到局部性的作用，而要从整体上增强公交功能和提高整体吸引力，就必须在整个道路网中进行比较系统的设置。

设置公交专用道是一个复杂的系统工程，不是简单的划线，而是整个交通及管理理念的改变，将对全市道路资源配置、路网结构、交通流运行和组织、交通管理等构成新的要求，包括单行线的设置、交通信号系统的调整等。目前各部门在这方面的系统性研究和配合还远

远不够，也没有明确的牵头和组织单位，仅靠公交部门或交管部门是很难全面推动的，需要以下几方面的支持：

(1)需要政府的决心和明确的支持。公交专用道或优先措施的设置涉及道路资源的使用分配原则，涉及各类不同交通使用者的利益，也直接影响着城市的运转效率和居民的生活方式，城市政府必须要有明确的态度和决心。以“繁荣的城市、人民的城市、公平的城市”的思想充分体现大众共同利益，政府通过大量投资增加的道路供给为小汽车所占用并带来公交条件的恶化，不仅未能解决城市交通拥堵问题，而且也存在不公平和违反帕累托改进原则。

(2)需要明确落实牵头的领导部门和各分工部门的责任。公交专用道或优先措施的设置涉及的问题复杂，需要市政、规划、交通管理、公交、土地等各部门的共同参与合作，如果没有强有力的领导部门牵头，各分工部门责任划分明确，将很难有效地全面推广。

(3)需要拨付专项资金支持。公交专用道或优先措施将带来整个道路交通运行系统和交通管理上的巨大变化，需要对道路路口、公交站点进行改造，对道路标线、交通标志牌、交通信号灯系统等按照新的要求进行重新设置。

根据都市大力发展公共交通政策取向，以及维护良好的交通环境、运行秩序，最大限度地保障大众利益的发展要求，干线公交运行的主要线路(包括快速路、主干道、部分次干路)都应设置公交专用道和优先措施，形成比较完整的公交专用道网络，全面提高公交车的运送速度和准点率。对于一些道路可以采取时段性公交专用道的交通管理方式，非规定的时段允许其他车辆通行。同时，公交专用道也应允许其他高载客率的大中型客运车辆通行。

二、轨道交通

1.采取网络化、适度竞争的运营模式，增强服务和成本控制的内在动力

城市客流具有很强的网络化特征，要求公共交通提供相应便捷的服务。轨道交通作为各都市未来公共交通的骨干，不仅在客运服务上要有效满足便捷出行要求，还应保持较高的运行效率以及经济的运营成本。不同的运营模式在系统效率、资源共享、服务提供、成本控制等方面会产生较大的差异，也会影响到轨道线路的建设投资方式，尤其是随着规划的轨道线路的不断建成、网络规模的不断扩大，运营模式所产生效果和问题会越来越突出。因此，在轨道网发展初期就应对于轨道交通的运营模式进行全盘系统性思路设计和规划，确定基本原则和方向。

虽然对个别线路可以采取独立运营的方式，但轨道交通网络化、规模化运营的特征明显，网络化经营不仅有利于统一管理和调度指挥、平衡客流需求、便换乘更加便捷以及应急事件的措施处理，而且有利于资源共享和降低运营成本。因此，应根据各都市轨道交通网络总体规模和建设投资方式的具体情况，按照‘有利于保证整个系统运营安全和提高应对突发紧急事件的处理能力，有利于车辆段、车辆维修基地、供电系统、指挥调度、人才等资源的共享，有利于促进服务水平的提高和成本控制机制的完善’等的原则，确定相适宜的运营模式。一般地，在规模相对较小、加快轨道交通快速发展的初期，为了便于协调和形成网络化经营、减少摩擦、尽快增加公共交通供给，可以采取一家公司网络化经营的方式，但是，必须统筹考虑轨道线路建成规模越来越大后的运营模式问题。轨道规划规模相对较小的都市都有七八条以上的线路和两三百公里的运营里程，轨道规划规模大的都市运营里程达七八百公里，由一家公司运营将会产生严重的垄断以及垄断所带来的一系列问题，使轨道交通的建设投资和发展速度受到影响。因此，根据轨道交通的运营特点，既不适宜于过度竞争，也不应采用大规模的垄断经营，宜采取适度竞争、网络化规模经营的方式。参照世界多数城市轨道交通的运营模式经验，建议采取2~3家专业公司进行网络化规模经营，通过运营公司之间的适度竞争，发挥激励机制的作用，增强轨道经营公司提高运行效率和服务水平、有效控制和节约运营成本的内在动力。

政府需要对全市所有的轨道运营（包括BOT等特许项目）制定相应的服务标准要求，进行监督考核。由于轨道交通基础设施投资大、全投资回报率低以及社会公益性事业的特点，除了BOT、合资以及其他特许的项目外，政府投资建设或以政府为主进行投融资的轨道项目，宜采取基础设施资产管理与线路运营分开的方式，引入市场机制，以委托或特许经营的方式由具备相应资质和经营条件的专业公司运营。

对于轨道运营调度指挥，在一家公司网络化经营的情况下，应设立集中的调度指挥中心，统一调度指挥各条线路。未来如果采用2~3家网络化运营的方案，调度指挥权是各公司按照委托经营合同和服务要求进行自主经营、公平竞争、提高服务的重要手段和保障，各运营公司宜各自设立调度指挥中心，对所经营的线路按网络经营的要求采取集中调度指挥，不同运营公司之间的日常运营事务衔接与协调将在政府相关法规指导下通过签订相关的商务协议解决。同时，政府应加强对轨道交通的统一管理，建立和完善政府对轨道交通建设与运营的监管制度及机制，应制定轨道交通重大突发事件的应急调度指挥办法，以及相关的规范、规程和标准，并通过制定相关的法规对衔接和设施共用的责任、权利以及协调机制等内容进行规定，促进各公司以及各线路的运营衔接，为乘客提供一体化服务。

2. 加强与地面公交的资源整合，提高资源效率和服务链水平

随着轨道交通线路的建成运营，应对地面公交运营线路布局与运营进行相应结构调整，建立地面公交与轨道交通的互补关系。在保持地面公交干线运营网络整体布局完整和沿线居民的出行选择多样化，提高公共交通服务水平的增强对私人交通转移吸引力的同时，合理地节约资源，减少过度竞争和运力浪费。

(1)调整优化与地铁同方向的地面公交线路。

随着轨道交通线路的建成投入使用，轨道交通与地面公交的功能将形成分工与互补，沿线及相关线路的客流将发生变化，原来乘坐地面公交的客流，尤其是较长距离的出行客流将

会较大比例地转移到轨道交通。因此,需要对地面公交原有的功能定位和运营线路站点设置、运力投放等进行必要的调整。当然,这种调整不能简单地以增加地铁客流量为目的而削减地面公交运营线,而应以提高公共交通服务水平、增强对私人交通转移的吸引力为目标,合理地节约资源,减少过度竞争造成的市场不良秩序和运力浪费。必须在保持地面公交干线运营网络整体布局完整和沿线居民的出行选择不减少、公共福利不受损的前提下,以客流自由选择结果为主要依据。

地铁必须保持一定的服务水平和较好的乘坐环境才会具有吸引力,乘坐不方便和乘坐环境拥挤恶劣是阻碍选择地铁的一大因素,如北京市地铁1号线高峰时段苹果园至西单段拥挤不堪的车厢让人望而生畏,有时多趟车都挤不上去,在这样的乘坐环境下,有条件的都会尽可能地选择私人机动化方式出行。无论是从吸引力还是从人性化的角度来说,地铁运营必须保持相对较好的服务水平和乘坐环境,如果仅为了增加地铁客流量而采取非市场化手段消减地面公交车线路和班次,将有可能使公共交通的服务水平提高有限,沿线居民的出行选择减少、公共福利受损,也起不到分流私人交通的预期作用。因此,最重要的是建立地铁与地面公交合理的票价体系,加强公交站点与地铁车站的衔接,改善地铁的乘坐环境和服务水平,以客流自由选择的结果作为调减同方向公交线路的依据。

(2)整合部分地面公交资源,发展和完善地铁接驳系统。

地铁主要是为较长距离出行的旅客提供干线运输服务,其建设发展需要大运量、流向集中的客流支持。因此,除了要采取与地铁运输方式相适应的土地开发模式以外,还需要有较完善的一体化的地面集疏运系统,将地铁车站周边的客流有效汇集和快速疏散。应将地铁两端客流汇集量大的主要地铁站服务区域范围的地面公交资源与地铁运营进行整合,建立与地铁运行相配合的地区性服务的公共电汽车以及小巴士运输服务系统,以增强地铁服务功能,提高吸引力,增加地铁运量。为此,在大力发展和完善与地铁接驳的地区性公交线网布局的同时,要加强资源和服务整合。地铁两端沿线主要服务区域的地面公交可以划归地铁经营公司经营或采用联合经营,地铁经营公司也可以根据服务量提供一定补助的模式进行资源整合,并要建立相配套的票制体系。

(3)建立地铁与公交一体化的票价关系和清算制度。

按照公交一体化的原则,全面理顺地面公交与地铁的服务关系,完善换乘系统以及票制和收费体系,方便乘客径路选择。在实施地面公交和地铁低票价的基础上,进一步全面整合地面公交服务与地铁服务,建立统一票制和收费系统,允许和方便乘客在一次付费出行过程中,在轨道和地面公交之间有限次的免费换乘,便于乘客结合两种方式更合理地选择出行径路,减少因车费原因造成的绕行以及由于绕行增加的承运量,同时还可平衡部分路段的轨道和地面公交客流,减轻某一方式的过分拥挤,促进整体服务水平的提高。在目前的收费模式下,可考虑地铁乘客在一次出行中,在规定的时间内免费换乘一次普通票价的地面公交车。

韩国首尔的经验是:市区公共交通按总出行距离收费,确定基本票价和基数里程,在基数里程内可在地面公交和地铁之间自由免费换乘一定的次数,超过基数里程按一定的公里数收取相应的费用。其方式也值得借鉴。

完善清算体系。在政府统一组织协调下,完善设施使用、服务提供等计费标准以及运营收入分配办法等制度建设,设立统一的清算公司负责轨道、地面公交等各公司之间的收入和费用清算。

3.加强轨道站点的停车换乘设施布局建设

(1)积极发挥市区外围小汽车停车换乘设施在近中期的作用。

建设地铁车站的停车换车系统可以减少一部分机动车在市区内的使用,但是,我国都市与国外城市不同的是,进入市中心区日常出行的主要是居住在中心城范围内居住点比较集中的居民,而国外相当部分是远郊区相对比较分散的居民。总体上,小汽车停车换乘设施的需求规模和作用效果受以下因素影响:

①土地开发模式(即市区外围是TOD,还是低密度开发),大部分居民与地铁站的距离;

②公交等接驳方式的发达程度;

③支付能力和支付意愿;

④市区外围居民拥有车辆的数量以及大部分拥有者的交通消费倾向。

如果大力贯彻所倡导的TOD模式,建立比较发达完善的与地铁一体化的公交接驳系统,小汽车停车换乘的需求量将会大大减少。其次,尽管停车换乘的方式比小汽车直接出行的方式的支持费用节省,对于居住在市区外围大部分经济水平不是很高的居民来说,会直接采用公交等接驳方式,即使是较低廉的停车费,一般也不会或没有必要采用小汽车接驳的方式;而对于较高交通消费水平的出行者来说,如果小汽车出行没有其他的限制,仅是较低的停车换乘费用不足以影响其出行习惯的较大改变。

当前,市区外围地区人均小汽车拥有量快速增长,大部分地铁线路尚未建设,即使在未来的10年内也还基本处于走廊式低密度布局,相当一部分居民点距离地铁车站相对较远,加之地面公交接驳还相对比较薄弱,如果配套制定市区小汽车使用的相关引导和管理措施,这些停车换乘(P&R)设施将可以发挥较积极的作用,比如目前北京市在外围地铁车站建成的小汽车停车换车设施确实起到了较好的作用,设施的利用率较高。要较好地发挥停车换乘(P&R)设施的作用,需要有相应低价位的收费政策相配套,并且需要与公共交通相联系,防止附近居民将其作为日常停车场。

从远期看,随着规划的轨道网络的不断建成,市区外围地区的地铁线路密度由稀疏逐渐变密,以地铁车站一定服务范围计算的覆盖面加大,大部分居民点到达地铁车站的接驳距离较短,加之地面公交接驳等系统的完善,居民与市内之间的出行采用“小汽车+地铁”的接驳模式将会减少。

(2)加强市区交通保护圈停车换乘设施布局建设。

随着城乡一体化、区域一体化的发展,以及城市带、城市群的形成,都市的新城、卫星城、郊区以及其他地市、外省市至市区的小汽车出行需求量会不断大幅增长。为了减少这些车流大量进入市区对市区交通造成影响和压力，应该进行必要的截流和提供停车换乘（P&R）的服务，因此，在市区交通保护圈环与主要对外通道的交汇处布局建设具有一定规模的停车换乘（P&R）设施是非常必要的。此外，随着市郊铁路作用的加强，在市郊铁路主要车站布局建设停车换乘（P&R）设施也是非常必要的。

（3）大力完善地铁车站的自行车放置场地设施的布局建设。

自行车是轨道交通以及地面公交非常实用、有效的接驳方式。建立自行车接驳的良好条件，既是使用者最希望改善的方式，也是减少小汽车在市区使用的最有效、最经济的措施。

在哥本哈根，到达轨道交通车站的出行中，非机动化的模式占据了相当大的比例。调查结果显示，在距离车站的1km范围内，步行是主要的接驳方式，其在各车站到达总出行中所占的比例从38%到100%不等；在距离车站1～1.5km范围内，自行车接驳方式占据主导地位，约为40%；只有在距离车站超过1.5km时，机动化的接驳方式才占据主导地位，其中公交车占据40%～50%的比例；即使在距离车站2.5km时，自行车出行在所有接驳方式中所占的比例也超过了小汽车，自行车出行占30%，而小汽车出行只有19%。

随着我国地铁干线以及整个网络的逐渐建成，市中心地区的线路覆盖一般都比较密集，从居住地到地铁车站的距离都不会太远，相对较远的距离一般也都在2公里以内，自行车、沿线地面公交以及社区公交都可以作为代步的接驳工具，而且采用自行车接驳可以直抵家门口附近，不存在排队等候等问题。在市中心地区外围，地铁线网络密度较低，线路基本呈放射状，在TOD发展模式下，土地开发与交通结合更加紧密，地铁车站周围的土地开发强度高，并随距离的增加而逐步递减，步行、自行车、公交车都是重要的接驳方式，尤其是距地铁车站0.5～2.5km左右的范围，自行车是最方便的接驳方式。当然，其比例的高低会在一定程度上受区域性服务的公交发展水平以及集散与地铁车票的关系等影响。

良好的自行车道路使用系统、停放场地、车辆财产安全环境是支持自行车作为一种接驳方式大量使用的重要条件。因此，一方面要进一步采取有效措施加强自行车防偷盗的环境建设；另一方面应加强地铁车站自行车停放设施的建设以及提供相应的管理服务，才能扩大自行车的使用率，充分发挥自行车接驳这种绿色交通方式的作用。

三、出租车

1. 逐步过渡到中高以上交通消费的出租汽车服务定位

出租车是大城市交通中不可缺少的组成部分，对维护城市交通功能和系统开放具有重要意义。城市出租车发展定位的不同，将直接关系到出租车行业发展规模和发展状况，同时也会对城市道路交通产生重大影响。如果城市出租车数量过少，将会给居民出行尤其是应急出行带来不便，满足不了需要，会刺激私人车辆的增加；如果数量规模过大，虽然出行更加方便，但会造成大量的空驶、占用更多的道路通行能力，加剧交通整体拥堵。

相比私家车，出租车虽然减少了对静态停车资源的需求，但是在出租车空驶率较高的情况下，完成单位出行对道路资源的占用远高于私家车。以北京为例，根据《2004 年北京市道路流量及公交承载率调查报告》，出租车占机动车车流的比重：东西核查线为 20.98%，南北核查线为 17.84%，三环核查线为 23.58%，最高路段达 61.98%（外交部大街），即目前市区路网能力有 1/5 甚至更多为出租车所占用，尽管出租保有量仅 6 万多辆，为私家车的 1/28。

从城市交通结构的角度而言，出租车都不应是面向大众化出行的交通工具。目前，大多数都市并没有给出租车明确的服务定位，出租车的数量规模普遍较大，计费价格也相对较低。由于轨道交通不发达，公共交通的时间保障性和服务水平差，出租车被大量用于普通出行，包括通勤出行、日常的一般性出行等，使用的人群比较广泛，包括高消费群体、中等消费群体，也包括一小部分低收入群体的非经常性使用，而且在市区比私人交通更方便，出行分担率大体都在 10% 左右，总体上，具有准大众化的倾向，实际的价格定位基本上处于中等及以上交通消费水平，具有较强的使用能力。在目前的城市交通发展水平和交通状况下，对方便出行、提供准点性相对较好的服务、完善交通功能起到了积极作用，但同时也增加了道路交通拥挤。

我国都市交通普遍都非常拥挤，市区不仅要抑制小汽车的使用，同时也要合理平衡出租车的数量规模，既要满足较高层次和应急出行的交通需求，也要防止被当作大众化的出行工具。目前，普遍感觉是，平常时间出租车满街转，空驶率高，而每到雨、雪天气时出租车又感到明显不足，载客率高。其主要原因还是公共交通保障能力和服务水平不够，相当一部分人出行主要依赖小汽车，天气不好时只能改自驾车为出租车。随着轨道交通规模的逐渐扩大，公共交通保障能力的增强，服务水平的整体性提高，应逐步引导城市客运出行更多地使用公共交通，减少对出租车的使用，改善城市道路交通状况。同时，出租车服务的定位应逐渐过渡到“主要为中高以上消费群体交通消费出行和特殊需求提供交通服务”。

2. 合理控制和逐步调减市区出租汽车的数量规模

目前，我国各都市的出租车数量规模普遍较大，在轨道交通、地面公交快速发展、保障能力不断增强的发展趋势下，不宜再继续大幅度增加规模，而应根据较高的服务定位提高服务质量水平，进行引导性控制，逐步调减市区出租车的数量规模。

（1）在轨道交通骨干线路尚未形成网络、公共交通保障性不强的近中期，实施维持出租车总量政策，控制中心城（或市区）出租总量规模，建设和完善出租车电话要车服务系统和智能调度系统，降低空驶率，提高路网能力的有效利用。

（2）建立出租车分类运营制度。划分为全市通行出租车、新城（卫星城或远郊市县）通行的出租车。在中心城注册登记的出租车可在全市范围内运营;在各新城(卫星城或远郊市县)注册登记的出租车(以车辆颜色和营运证区分)只能在所在区县范围内运营以及跨区县运送旅客,将目前各新城(卫星城或远郊市县)的出租车纳入规范化管理,取缔黑车运营。

(3)根据轨道交通网发展和公共交通服务能力的提高,结合出租车的里程利用情况,逐步适当削减中心城(或市区)出租车总量。

第五节　都市中心城货物运输子系统构建和发展的主要思路

市区货物运输一方面与人们生活和商业繁荣密切相关,另一方面对城市交通状况有很大影响。市区货物运输与城外货物运输有着很大的不同,白天货运车辆在市区基本上是禁行,只有持有通行证的少量车辆可以通行。此外,即使是夜间,对车辆的载重吨等也有限制,配送在市区货物运输中占有很大比重。为了尽可能地减少货运交通对市区白天以客运交通为主的叠加影响,同时满足市区的货运需求,既需要根据市区货物运输的特点,进行合理的组织和建立比较完善的夜间作业制度相配合,也需要加强和科学地对货运交通进行有效的交通管理和引导。

一、建立和完善以市区外围货运枢纽站场为核心的物流配送系统,积极发展共同配送

市区货物运输属于城市内部运输,在时间、车型、线路等方面受各种规定的限制,运送组织、运输车辆、货车交通管理等不同于城市外部运输。城市外部干线运输除了部分可在夜间直接进入市区以外,一般都需要通过市区货物运输组织进行集疏运转换,两者的衔接一般都需要通过货运枢纽站场来完成。

由于货运枢纽站场既承担进出市区的有关货物运输中转及服务,也承担与市区无关的外部转外部的货物运输中转及服务,枢纽站场布局的区域将会产生大量的物流和交通量集聚。从符合城市交通的管理要求而言,减少对城市交通的影响方便运输车辆的进出,应最大限度地减少市中心地区货运枢纽站场以及仓储设施布局,将货运枢纽站场以及物流仓储场地尽量布局在市区外围地区,以减少物流在市中心地区的集聚、中转和由此产生的交通需求。同时,应将物流基础设施(如物流基地、物流中心等)与货运枢纽站场相结合,进行共同规划布局与建设,防止形成两套系统和增加运输环节及成本。

对于城市配送,要建立和不断完善以货运枢纽站场或物流基地为核心的物流配送系统,积极发展第三方物流和共同配送组织方式,促进具有规模化的大型物流配送企业的发展,由

为单一货主配送为主的运送组织方式逐步向为多个货主共同配送的运送组织方式发展，尽可能地减少车辆在城市道路的行驶交通量。

二、合理发放货车通行证数量，加强城区通行货车的性能管理

在市区对货运交通采取相应的管制措施是非常必要的，但是为了给客车出行提供条件而对货车交通采取白天长时间禁行的单一措施并不一定是合理的、公平的、效果好的，不仅在一定程度上影响了商业连锁模式的发展和及时应对市场变化的能力，加大了城区商业网点的库存要求，而且也给人们生活带来了一定的不便。同时，在现行的工作时间制度下，不得不迫使许多企业采取客车运货的方式，尽管在交通管理上是禁止的，但实际上客车运货现象非常严重，由于单个客车载货量比货车少，更加大了交通出行量和发生拥堵的可能性。城区相当一部分货物需要在白天运输，这一需求是客观存在的。货车通行证发放数量过少，不仅会造成企业及社会成本的加大和经济损失，而且会使客车运货现象更为严重，交通流量不仅不会减少反而会增加。

因此，应从货车与客车以及整体交通流的关系、路权分配理念和公平原则的角度，在重点对市区出行货车的性能指标和环保条件提出标准要求和进行严格管理的前提下，一方面，要坚持白天货运车辆通行证管理制度，尽量减少货车白天市区出行与客车车流叠加造成的交通拥挤影响；另一方面，要根据白天市区货物运输的客观需要，科学合理地确定货车通行证的发放数量和发放对象，为居民生活和商业繁荣提供便利，减少客车货运现象及其带来的拥堵问题，直至杜绝客车运货行为。

此外，还应合理规划城区货车白天可通行线路。对于市中心区，应结合货车通行证的管理办法，根据路网结构和不同时段的交通流情况，合理规划出持有通行证的货车通行线路，以避免加剧拥挤线路的拥堵。

三、建立健全市区企业夜间接卸、收货制度

在坚持货车交通管制、完善货运车辆通行证管理的同时，要通过加强引导和协助市区商业企业建立夜间接卸、收货制度，物流企业夜间配送制度，以及指导企业对装卸货平台的建设和装卸机械的配置，引导市区企业、公司更多地采用夜间货运作业和配送。对于只能早上接卸的企业，鼓励车辆夜间提前配送，根据方向不同分别制定道路的进出城区的禁行时间，如早上时段主要是进城交通，而出城方向交通流相对较小，可以规定某些道路允许出城的货车通行，等等。

第七章 >>

都市中心城对外交通运输子系统构建和发展

内容提要：都市中心城对外交通包括至市域交通、至周边城市的区域城际交通、至本区域以外城市和地区的跨区域交通。至市域交通运输子系统要大力发展市郊铁路以及中心城至新城的快速公交；区域城际交通运输应逐步构建起以城际铁路为主导的公共客运系统，以及发达的高速公路网络；对外跨区域交通运输应重点建设铁路客运专线、航空快速旅客运输系统。

第一节　中心城至市域交通运输子系统构建和发展

一、市域交通运输子系统构建和发展的主要目标要求

伴随城市化进程的加快，中心城区的资源、环境压力越来越大，发展越来越受限制，人口、工业、商业、地产等要素在政府规划引导以及自然对比选择中开始逐步向周边地区拓展和迁移，在中心城的外围地区形成多点集聚，成为城市的次中心，被称作新城、卫星城或者城市组团（以下统称新城）。新城疏解了大都市中心城区的人口和部分城市功能，对于自由涌入都市的人口也有一定的截流作用，在一定程度上遏制了城市规模的恶性膨胀；与此同时，新城也为城市产业规模扩张和新的产业发展提供了空间，增强了城市的产业聚集能力，有效支持了城市的发展。这样的新城，虽然构成了大都市内部一个个相对独立的发展重心，但与中心城区即都市核心区之间却始终保持着非常紧密的联系，无论是人员往来还是物资交换都十分频繁。

不同新城由于产业分工和主导功能的不同，相互之间既有独立性，又有很强的依存性，特别是临近的新城之间往往具有很密切的联系，从而在城市多中心发展模式的基础上又形成了城市发展带。城市发展带的延伸与辐射将城市的物质文明、文化与生活方式不断地向

外围的小城镇和农村扩散与渗透，拓展了都市产业的市场空间，也推动了城市化进程，使城乡之间的联系与交往更加密切。

因此，在大都市内部，中心城区与新城之间、城市与农村之间通过产业、市场、城市功能和人际关系等要素紧密相连，这种密切的关系和由此产生的人员、物资流动构成大都市社会经济正常运行和健康发展的动力，也产生了大规模、多样化的客货运输需求。市域交通运输系统所承担的就是都市内部的这部分运输需求，即都市行政区范围内除中心城内部运输、交通干线承担的对外运输以外的旅客运输和货物运输，包括非交通干线承担的与相邻省市周边地区的运输。市域交通运输是市域社会经济活动的重要载体，也是城市综合运输体系的重要组成部分，应从城市整体布局与发展以及交通运输一体化的角度进行研究和合理规划，以支持城市总体发展战略和目标的实现。因此市域交通运输系统的发展需要达到如下目标要求：

（1）适应社会经济发展和人们生活水平提高的需要。市域运输系统既要适应城市发展的阶段性要求，也要支撑和满足城市的可持续发展要求。交通基础设施网络和运输系统要与人口分布、城镇体系、产业布局、城市功能相适应，促进发展水平不断提高。

（2）发挥TOD作用，引导城市功能疏解和空间布局优化。以公共交通先行战略引导城市土地开发，以完善的市域交通运输系统支持城市空间布局规划的落实，保障和促进中心城区人口与功能的疏解、新城的发展以及都市产业带的形成，为大都市经济社会正常运行提供支持，为人民安居乐业、城市繁荣发展提供保障。

（3）体现社会公平，实现均等化服务。为市民提供市域范围内的基本公共交通服务，满足其日常出行需求，使包括低收入者、残障人士等弱势群体在内的全体社会成员能够平等地参与社会活动，获得公平发展的机会。构建城乡一体化综合运输体系，消除城乡交通二元结构，实现客运交通普遍服务，改善农村居民出行条件，降低出行成本，为社会主义新农村建设提供支持和保障。

（4）提高市域城镇间以及与区域经济发展带的交通连通水平，促进要素流动和产业群（带）的形成与发展。构建网络通达、功能完善、技术先进、安全可靠、节能环保的市域货运系统，增强大都市产业聚集能力与经济辐射能力，满足大都市产业发展、城市建设、居民生活所产生的货运需求。

二、市域交通运输子系统构建和发展的主要思路

（一）进一步加强市域交通基础设施布局建设，完善多层次的交通网络结构

各都市市域交通的发展水平差异很大，总体而言设施供给仍然不足，交通网络还很不完善。目前大都市的市域交通网多是依托对外交通干线为骨架而构建，城市中心区与周边主要区县的主城区基本形成较为顺畅、便捷的网络连接，而其他地区尤其是市域边缘地区、山区区县的交通网络覆盖率则明显偏低，路网等级也无法满足需求。为适应大都市全面协调

发展要求，在市域范围内提供客货运普遍服务，满足经济发展、社会进步和人民生活水平提高对市域运输服务能力与服务水平的要求，必须进一步完善市域交通基础设施网络布局，提升路网整体结构水平，扩展网络覆盖范围，提高通达深度与连通度。

(1)以国家高速公路、省(市)高速公路、以及国道为骨架依托，形成市域公路交通骨架系统。市境内的国家与省(市)级干线公路既是大都市对外交通干线，也兼负部分市域交通的功能，是连接城市中心区、次中心和主要功能区的骨干交通网络。以此为基础，构建市域交通运输网络，扩大网络覆盖面，提升路网结构层次，在改善市域交通条件、缩短城市内部时空距离的同时，实现资源的节约与合理利用。

(2)在国家高速公路、省(市)高速公路的基础上，补充完善至市域各区县以及主要区县间连接的高速公路规划。我国大都市的市域路网规划一般更加注重行政隶属关系的纵向结点之间的联系，而轻视同一层次结点间的联系，导致各县市之间的交通连接较为薄弱，尤其是外围县市之间更是薄弱。为促进地区间协调发展、优势互补与资源共享，满足区县社会经济发展所产生的客货运输需求，应该按照统筹发展和区域一体化的方针，以国家、省(市)高速公路网为骨架，以主要区县为结点，进一步加大市域高速公路网络密度，形成与全市经济地理分布结构相适应的、机动性较强的市域交通系统。

(3)完善区县中心(新城、县城)至乡镇、农村的各级公路网络以及与高速公路的联络线。根据全面建设小康社会和促进农村经济发展、建设社会主义新农村的要求，加大对农村公路的建设力度，加快农村交通条件的改善，着力推动“通达”和“通畅”工程的实施，以连通较大居民点的自然村、打通断头路、联网村社为重点，全面提高农村公路的通达深度和广度，以提高农村交通的机动化水平，增强对城乡一体化以及农村经济发展的支持和承载能力。加强市域高速公路网与沿线区县、乡镇的联络线建设，发挥高速公路对沿线地区经济社会发展的辐射与带动作用，并形成布局、结构层次合理，整体水平较高的市域公路网络。

(二)构建市域快速旅客运输系统

(1)加强市郊铁路旅客运输服务系统的建设。市郊铁路主要是为都市进行地区性服务，承担大都市市域范围内的旅客运输任务，是都市交通的组成部分，属于都市交通的范畴，但在建造技术、运输车辆、运营组织方式上又与国家铁路基本相同，差别主要是服务的对象和客流特点上。因此，在发展市郊铁路运输中，要有共用的思想，尽可能地利用既有铁路资源，包括利用既有线路或线路通道、车站、动车段等，进行必要的改造和增加部分设施配套，开行市郊铁路旅客列车，提供市域旅客运输服务。同时，根据都市城镇和人口分布的特点，规划布局建设部分新线，形成合理的网络布局。

(2)重点构建中心城至新城的大能力快速旅客运输通道。中心城与新城之间的通道能力应满足大都市长远发展需求，并具有较高的可靠性。根据新城区位与功能定位，中心城与市域新城之间的交通走廊，至少应布局两条通道，其中应有一条轨道交通(市郊铁路或地铁郊区线)，提供足够的公共运输能力保障，以及保证在恶劣天气及突发事件中两点之间的交通联系;公路连接应至少有一条高速公路。中心城与邻近的主要新城之间应有两条以上公路(道路快速通道)和一条以上轨道交通。

(3)市域公共交通运输系统应重点规划轨道旅客运输系统和快速公交系统。轨道交通的运行组织、车次密度应满足市域范围内的通勤需求,同时满足郊区的休闲、旅游、商务、会议等运输需求。除轨道交通以外,在主要通道还应考虑规划布局以通勤服务为主的快速地面公交,以主要为市域服务的高速路、快速路、主干道为依托建立中心城至新城(卫星城)的放射状快速公交网络,作为与轨道交通并行的交通方式,提供补充和增加快速公共交通的覆盖范围。

(三)构建和完善城乡一体化的公共交通旅客运输系统

目前大都市新的城市总体规划基本上都是将整个行政区划纳入规划范围,统筹进行空间布局与资源配置。为支持城市总体规划的落实,促进城乡整体协调发展,市域交通运输系统必须按照城乡一体化的原则进行统一规划、建设、管理,实现城乡客运的基本均等化服务供给。为此,应打破城乡分割的客运管理体制和客运服务模式,统一、协调公交与城乡客运。根据不同城市的具体情况,可采取延伸公交、扩大覆盖范围、建立城乡一体化公交系统的服务方式,也可采取整合交通资源、规范运输市场、推进郊区普通客运公交化运营服务方式,在整个市域范围内实现基本均等的公共交通服务供给,满足广大农村居民的出行要求,促进农村地区的社会经济发展和现代文明进程,支持社会主义新农村建设和城镇化发展。

(四)合理布局建设区县货运站场,促进货物运输组织化、信息化水平提高

加强市域范围内的货运站场基础设施布局建设。根据货物的流量流向以及运输组织的需要,在市区外围合理布局货运站场和物流仓储设施,加快设施建设进程,以适应产业和经济发展产生的货物运输需求。建立和完善与全国交通运输信息系统相连接的货物运输(或物流)信息服务平台和货物运输信息跟踪处理系统,提高货物运输组织和信息化服务水平,并以高速公路网络和货运枢纽为依托,改善和创新运输组织模式,提高运输效率和专业化水平。

市域运输系统应为农村货物运输、农产品的进出提供便捷、经济的运输服务。在加快农村交通基础设施建设的基础上,改善农村货运市场环境,开辟农产品运输绿色通道,支持农业的发展和新农村的建设。

三、市域交通运输子系统构建规划(以北京市为例)

(一)北京市域市空间结构总体布局

《北京城市总体规划》(2004 年—2020 年)确定了"两轴—两带—多中心"的城市空间结构以及中心城—新城—镇的市域城镇结构体系(图 7-1)。中心城是北京政治、文化等核

心职能和重要经济功能集中体现的地区，面积约 1085km²；规划新城 11 个，分别为通州、顺义、亦庄、大兴、房山、昌平、怀柔、密云、平谷、延庆、门头沟，他们是在原有卫星城基础上，承担疏解中心城人口和功能、集聚新产业、带动区域发展的规模化城市地区，具有相对独立性。《总规》根据生态、水资源承载力等因素确定了 2020 年北京市人口总规模控制在 1800 万人左右，城市基础设施等相关指标按 2000 万人预留，积极引导人口增长在区域层面的合理分布，通过疏散中心城的产业和人口、大力推进城市化进程，促进人口向新城和小城镇集聚。规划的 2020 年中心城人口规模控制在 850 万以内；中心城以外地区的总人口将达到 950 万人，城镇化水平 75% 左右，其中新城人口规模约 570 万人，小城镇及城镇组团约 180 万人。

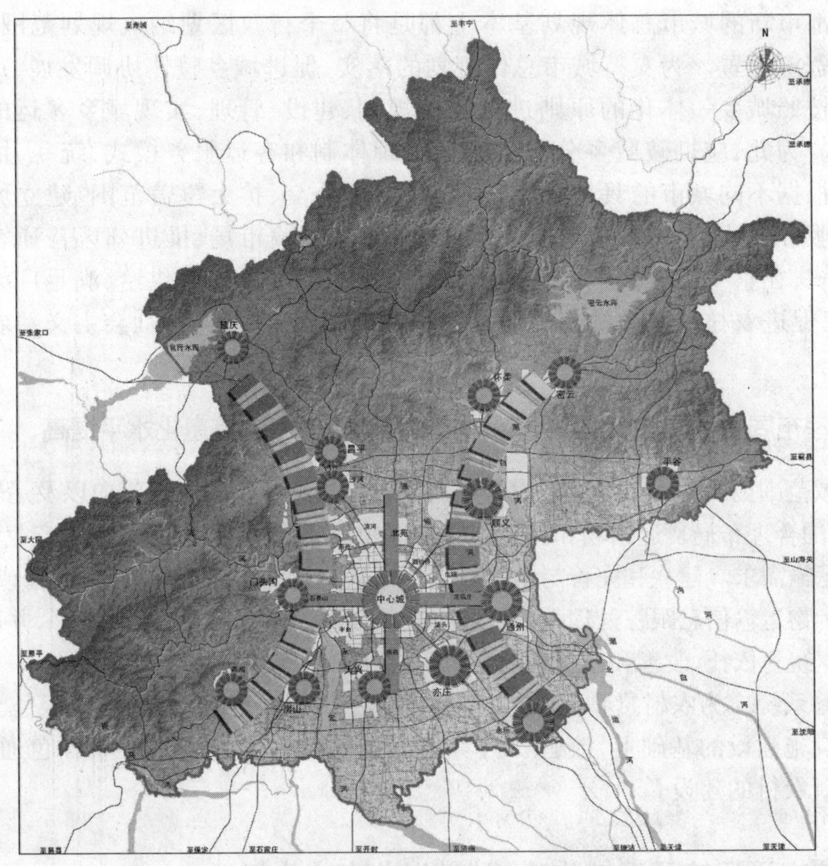

图 7-1　北京市城市空间结构规划图

(二)北京市市域交通运输子系统构建与发展的主要思想和原则

根据北京市城市空间结构总体布局规划，市域交通运输子系统构建规划应体现以下思想和原则：

(1)以发展为主线，增大规模和提升结构层次，增强交通基础设施对“两轴—两带—多中心”城市空间布局和市域经济社会发展的支撑力度；

(2)根据新农村建设、促进城镇化发展、消除城乡二元结构的社会发展要求，大力加强农村交通基础设施布局，并提供公平的交通服务；

(3)要充分发挥轨道交通在市域交通的重要作用，加强新城与中心城的轨道交通网络建设，有效解决单一公路通道功能不足和交通拥挤问题；

(4)合理共用既有和规划建设的设施资源；

(5)完善市域公共运输和旅游客运组织系统，进一步提高公共客运比重，减少对道路交通能力的需求；

(6)加强市域交通运输与城市交通的一体化衔接。

(三)北京市市域交通运输子系统构建与发展的主要思路与策略

在上述思想和原则的指导下，北京市市域交通运输子系统构建与发展的主要思路和策略：

(1)以国家高速公路网和国道为骨架依托，完善市道、县道、乡道布局以及村道建设，提升路网结构层次，加大网络覆盖深度，构建与全市经济地理分布结构相适应、促进经济社会发展、机动性强的市域公路网络；

(2)根据“两轴—两带—多中心”城市空间布局，重点加强中心城与新城之间的通道交通布局，积极发展市郊铁路系统，构建由高速公路(快速路)、市郊铁路(地铁)组成的大能力交通走廊(图7-2)；中心城至邻近主要新城至少应有两条公路(其中至少一条高速公路或快速路)和一条轨道相连接，中心城至远郊新城至少要有一条高速公路和一条市郊铁路相连接，为促进新城加快发展和中心城的人口及产业的疏解提供有效支撑和引导作用。同时，应加强市域快速公交系统(包括BRT系统)的规划和建设，建成中心城区通往各个新城的大容量、复合型公共客运交通走廊，以满足中心城区、新城居民的日常出行需要。

(3)加大县乡和农村交通基础设施布局，提高通达深度和村镇节点连通度，完善城乡公共客运网络和提高服务水平，建立农村公共客运普遍服务体系，促进社会主义新农村建设和城镇化发展。

(4)加强市域交通与城市交通的一体化衔接，大力开展公共旅客运输服务，积极发展中心城至邻近主要新城的BRT系统，建立和完善城乡公交一体化服务系统。

(5)加强监管和税费政策引导，促进车辆技术性能提高和车型结构调整优化，加大市域各区县的货运站场设施和信息化建设，提高货物运输组织化和信息化服务水平，有效降低车辆空驶率。

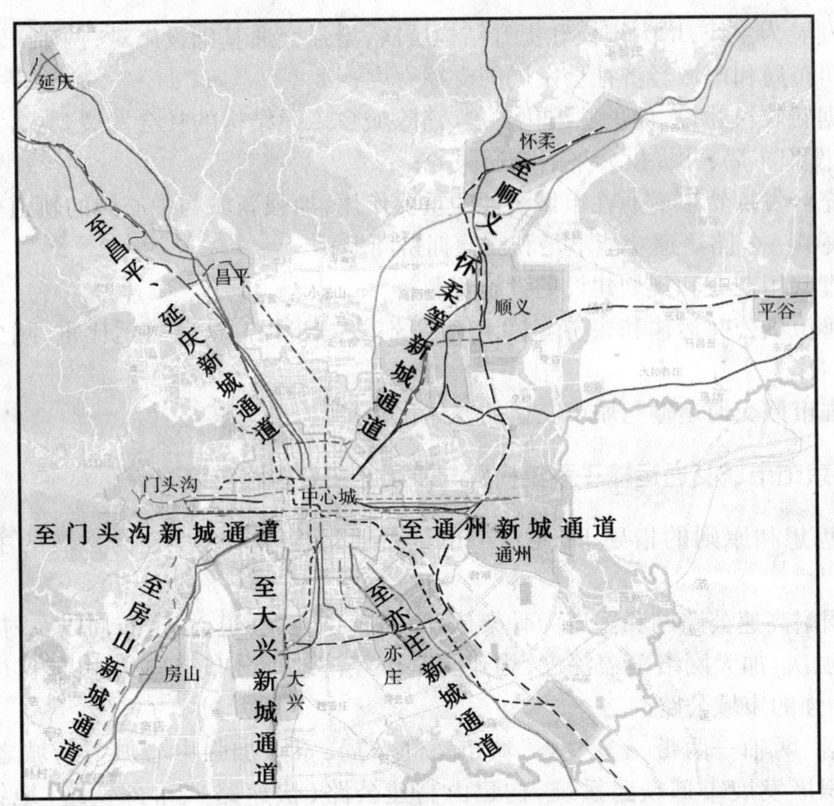

图 7-2　北京市中心城至各主要新城通道布局规划

第二节　区域城际交通运输子系统构建和发展

一、区域城际交通运输子系统构建和发展的主要目标要求

随着工业化、城市化发展水平的不断提高，各都市经济总量规模、发展实力的大幅提升，经济发展需要更广阔的空间，已呈现出明显的区域化，地区之间的经济竞争不再是简单地以行政区划为单元之间的竞争，而是更多地表现在更强实力、更大范围的经济区域以及城市群之间的竞争。区域内城市之间的竞争已明显让位和转向于区域合作、优势互补、资源共享，由单一的城市发展模式向都市圈、城市群经济一体化和提高整体水平转变，并且已逐渐成为经济发展的重要驱动力。

区域经济一体化通常是在地域结构呈现出的以中心城市协作为基础的经济一体化。各地区经济发展首先基于资源禀赋与比较优势，形成地区专业化分工，而后通过市场贸易交换产品实现经济发展。当经济发展到一定时期和足够规模后，就迫切需要相邻各地区之间通过更大范围和强度的市场整合来实现经济共同繁荣，具体空间形态表现为城市圈发展战略，其通常都是以中心城市为核心，并成为区域经济快速发展的主要推动力。中心城市是区域经济发展的重要增长极，集聚了大量的资金、技术、人才、资源等发展要素和发展能量，要素的有效流动和区域整体发展，要通过各种不同的渠道来扩散，扩散的范围和融合程度在很大程度上取决于交通条件以及城市的疏密关系等。

交通运输是社会经济发展的重要物质基础和载体，城际间交通条件决定着区域合作的深度和一体化程度，影响着大都市的“场强”集聚和辐射程度，以及打破行政区划的生产要素自由流动、区域资源优化配置的力度。以往，我国经济基本上都是以各自的行政区划为单元进行发展布局，交通运输基本上按内部交通和对外干线交通进行规划布局和建设，区域城际交通包含在对外干线交通中，没有专门作为一个系统或层次进行规划设计，没有得到足够的重视和发展，总体状况远不能为区域一体化发展提供有效的支撑。为此，必须进一步加强区域城际交通运输建设，构建发达的区域城际交通运输系统，才能适应社会经济发展的新趋势，在更大的范围内利用和整合资源，增强发展能力和竞争力。其发展应达到以下目标要求：

(1)功能强大和系统完善。由多种运输方式构建形成的交通基础设施网络和运输系统，在功能、运输能力、运行速度、运输服务等方面要能够为区域一体化和若干小时交通圈经济发展提供较强有力的交通支撑，满足区域一体化不断深入发展所产生的交通运输需求以及通勤等多层次的交通要求；

(2)技术先进、安全、便捷、经济。构建的交通运输系统要充分利用现代先进的交通运输技术，增强安全性、经济性以及信息化，要较大幅度地缩短区域城市间的时空距离，提供便捷的交通运输服务，更大程度地促进城市的关系紧密和融合，增强中心城市辐射带动作用以及各城市间的互补性。

(3)引导和促进城镇体系建设与发展。通道网络设施和交通运输系统要适应城市群、城市带、产业带的发展需要，促进城镇化发展。

二、区域城际交通运输子系统构建和发展的主要思路

(一)构建相对独立于长途干线运输、区域服务功能突出的城际交通运输系统

区域城际交通运输对于都市来说，属于对外交通运输，在以往和目前交通运输网不是非常发达的地区，基本上都是与长途干线交通运输一样依靠国家干线承担，服务思路和运输组织形式主要是以长途干线为主，区域城际运输服务的功能并不突出，很多通道基本上是附属于长途干线运输。随着经济的发展，区域合作的开展和相互之间关系的不断紧密，区域城市

间的交通运输需求总量和增长速度明显高于干线全线平均数量,交通运输的发展已开始越来越注重满足城际交通运输的需要。运输部门开行的城际旅客列车、高速公路班车的数量和密度都比以往有了很大的提高,区域城际交通的概念和服务已被越来越多的人所认可和接受。

由于区域城际交通运输的特点和服务要求与干线长途运输有着很大的区别,而且,随着交通运输需求量的不断增大,对通道在城际区段的总能力、车次(班次)密度、时点安排的要求越来越高,与干线长途运输之间的相互影响越来越大,因此,在区域城际交通运输量达到一定规模时,不仅具备条件而且很有必要建立相对独立于长途干线运输、主要体现区域城际服务功能的区域城际交通运输系统,以适应和促进区域一体化的发展要求。

(1)在区域城际交通运输量规模相对不是很大的情况下,应依托国家干线进行有效的区域城际交通运输组织,增加区域城际间的列车(班车)开行,缩小发车间隔,依靠先进技术的应用(如动车组等),提高运行速度,缩短运行时间,大力改善城际间交通条件和便捷性。

(2)在区域城际交通运输量达到相对较大规模尤其是运输繁忙的主要通道时,应单独规划建设区域城际交通基础设施网络,实施区域城际交通运输主系统与干线长途交通相分离,以适应长距离交通和区域交通的不同特点,并加强区域城际交通功能,为区域城际间更加紧密的合作提供较强大的交通基础支撑。

(二)构建以城际轨道交通为主、高速公路发达的快速城际交通运输系统

区域城际交通运输系统的规划建设,在功能组合和强度上要满足区域一体化的发展要求和多样化的交通运输需求。因此,单一的运输方式是无法满足需要的,应采取多种运输方式的组合方式。

与干线长途相比,区域城际交通运输系统更复杂。由于距离较短,城际铁路运输、高速公路客运、私人小汽车交通都有较大的需求空间,交通供给模式对需求结构的引导将起着非常大的作用。目前,我国都市与周边主要城市基本上都有高速公路、铁路连接,根据交通运输发展战略和城际交通对大容量、快速、高频率、满足通勤需要的发展要求,以及都市对私人小汽车交通的有限容纳能力和进入限制,对于未来的交通增量需求,应以优先发展城际轨道交通为主的公共客运系统,提供快速、便捷的公共客运服务,引导人们更多地选择公共客运方式出行;同时,应积极完善区域城际通道的高速公路合理配置,有效改善国家高速公路的区段拥挤状况。对于城际高速公路通道,应提供更加便捷的公路公共客运服务,研究开展与市区轨道交通、干线公交紧密衔接的城市城际专线穿梭式巴士客运组织方式,并创新公路客运组织方式和修改高速公路客运的有关规定,增强为沿线城镇服务的功能。构建形成以城际轨道交通为主,高速公路客运、私人小汽车交通多种选择的发达的城际旅客运输系统。

（三）充分考虑工业化、城市化快速发展带来的巨大变化，适度超前发展，预留足够的能力拓展空间

我国正处于加快工业化、城市化的发展过程中，都市以及都市周边地区具有相对较好的产业基础、较大的人口和就业容量，是产业群发展和吸纳未来人口转移的最主要地区和载体。按照全国城市化水平达60%以上的发展目标，未来的城市人口至少将达到目前的1.5倍以上，因此，未来都市的人口数量、建成区面积规模还将会继续扩大，城际间沿线的城镇带、产业带也将会加快形成和发展壮大。目前都市周边的许多中小城市将会发展成为中大城市，百万以上人口的城市将会大大增多，各城市之间的重力吸引作用和紧密联系将进一步加强，区域一体化发展的趋势将更加明显，来往于城市之间以及沿线的客货运输量将会发生超常规的增长变化。此外，随着交通条件的改善，区域内城市的“同城效应”将会逐渐显现，将会诱增人们比以往更多的城市间出行次数，包括购物、游玩、休闲娱乐等。因此，在城际间交通的发展规划布局和建设上，对我国工业化、城市化的发展趋势以及对城际交通运输的发展要求要有充分的前瞻性，要对远期需求和未来能力的拓展预留足够的空间，根据远近结合的原则，进行统筹规划，分期实施，应对需求增长的发展趋势和可承担得起的能力进行适度超前预测，发挥交通基础设施对城市和经济发展的先导作用。同时，要充分利用现有交通资源，通过体制和机制的变革以及相应的政策，创新经营模式，发挥现有交通基础设施为区域城际交通服务的作用。

（四）重点和优先改善主要发展轴城际交通运输

在都市与周边城市的城际交通中，应重点和优先改善与区域内中心城市、次中心城市的通道交通，形成区域主要交通运输枢纽间强大的交通运输通道连接和便捷、快速的交通运输服务，以促进区域内主要城市关系和一体化发展的进一步强化，共同构建区域核心发展区，提升整体发展能力和对整个区域的辐射带动作用。例如，北京都市城际交通运输的发展，应重点突出京津、京石两大主轴通道的建设，进一步强化京津冀核心圈层的紧密关系；成都都市城际交通运输，应重点突出与重庆市的交通通道建设，促进成渝经济带的发展，以及形成枢纽间强大交通功能的“双枢纽核心”，完善区域整体对外交通布局。

（五）统筹优化交通基础设施线位布局，节约资源以及加强为沿线服务

区域城际通道交通基础设施密集，通道内一般有国家干线铁路、高速公路、国道和区域城际铁路、高速公路等，线位资源普遍都比较紧张。因此，应对每一个城际通道制定中远期交通总体发展规划，从合理布局和节约资源的角度，对规划的线路进行统筹布局和线位预留，防止它占以及不同运输方式争抢有利线位资源。为了节约土地和减少对区域的分割，主要为大城市间交通服务的干线宜采取走廊集中布局的方式。区域城际铁路、高速公路应根据通道沿线城镇分布和未来城镇带的发展进行线路合理布局以及站点设置，为沿线城镇提

供有效的交通服务和经济发展支撑。对于区域城际高速公路的出入口布局和设计应与现行高速公路长间隔立交不同,采用短间隔、沿线多出入口的设计方式。

三、区域城际通道构建布局规划(以成都市为例)

(一)成都市区域城际通道总体构架设想

以成都为中心的成都平原是四川城镇与产业最为集中的地区。也是四川最具经济活力的地区。构建成都都市圈和实施区域整体发展战略是提升城市功能、优化城市空间布局和经济活动的空间、发挥中心城市的辐射带动作用、加快区域和四川全省工业化和城市化进程的客观发展要求,也是历史发展的重任。成都周边分布着德阳、绵阳、遂宁、南充、简阳、资阳、眉山、峨眉山、乐山、雅安等大中城市,有着城市群发展的基本条件和雏形。但是,目前各城市之间的发展关系松散,尚未形成城市和产业优势互补、合理分工的发展模式,其关键的原因在于行政区划分割,交通发展和纽带作用还不够强,周边城市与中心城市之间的交通在联系的紧密性、便捷性等方面还未达到一体化发展的时空距离要求。为此,需要通过构建区域城际交通网络来改变这一状况,为区域的整体发展创造条件。

四川省城镇体系规划确定了以"K"字形放射状轴线为骨架,形成"一核"、"三区"、"四轴"的城镇空间网络结构。"一核",即成都主城区;"三区",即成都平原城镇连绵区、攀西城镇发展区、川南城镇密集区;"四轴",即以宝成、成昆、成渝、成达四条交通干线构成的城镇发展轴线。未来最重要的经济发展动力来自以成都为核心的成都平原城镇发展区。成都市作为全省政治、经济、文化、科技中心和唯一的特大城市,是四川省最大的经济增长极核。以成都为中心和依托,带动川中经济区和川北经济增长,通过成渝城镇密集区的发展促进川东北、川南经济区的快速提高,进而推动川西北、川西南经济区更快发展,是四川经济未来发展的趋势,也是四川城市化发展的动力所在。

四川省城镇发展目标为:以实现全省经济社会发展战略目标为中心,充分发挥城镇的中心作用,逐步建立以特大城市为核心、大城市为骨干、中小城镇为基础,大中小城镇协调发展、分工明确、布局合理、基础设施配套、服务设施完善、建设水平高、经济繁荣、管理高效、环境良好、富有文化内涵和活力的现代化城镇网络体系。四川省人口众多,整体经济发展薄弱,工业化与城市化进程偏低,如何带领近9000万人口全面走向小康之路任重道远。成都平原经济圈是四川乃至西部发展条件最好的区域,以成都规划区为核心的城镇群在发展过程中将会有效强化人口的聚集,从而为农村人口向城市的转移提供就业机会。同时,城镇群发展规模的扩大也会为中小城市的发展带来机遇,进而促进城镇化进程。

根据成都市周边业已形成的城镇和产业分布、四川省城镇体系规划、成都市在四川省未来经济社会发展中的核心带动作用、区域整体发展要求等综合分析,未来将形成以成都市为中心城市,德阳、绵阳、遂宁、南充、简阳、资阳、内江、眉山、峨眉山、乐山、雅安等为次中心城市,以成渝通道、成绵通道、成乐通道、成南通道为发展轴线(见图7-3),类似长江三角洲、珠江三角洲的成都平原经济圈和城市群。为此，成都区域城际交通网络布局必须符合这些发展趋势并发挥交通的先导促进作用，大力提升这四大通道的交通功能。其中，成渝通道应作为主轴通道加以重点构建和优先发展，其次是成绵通道和成乐通道。

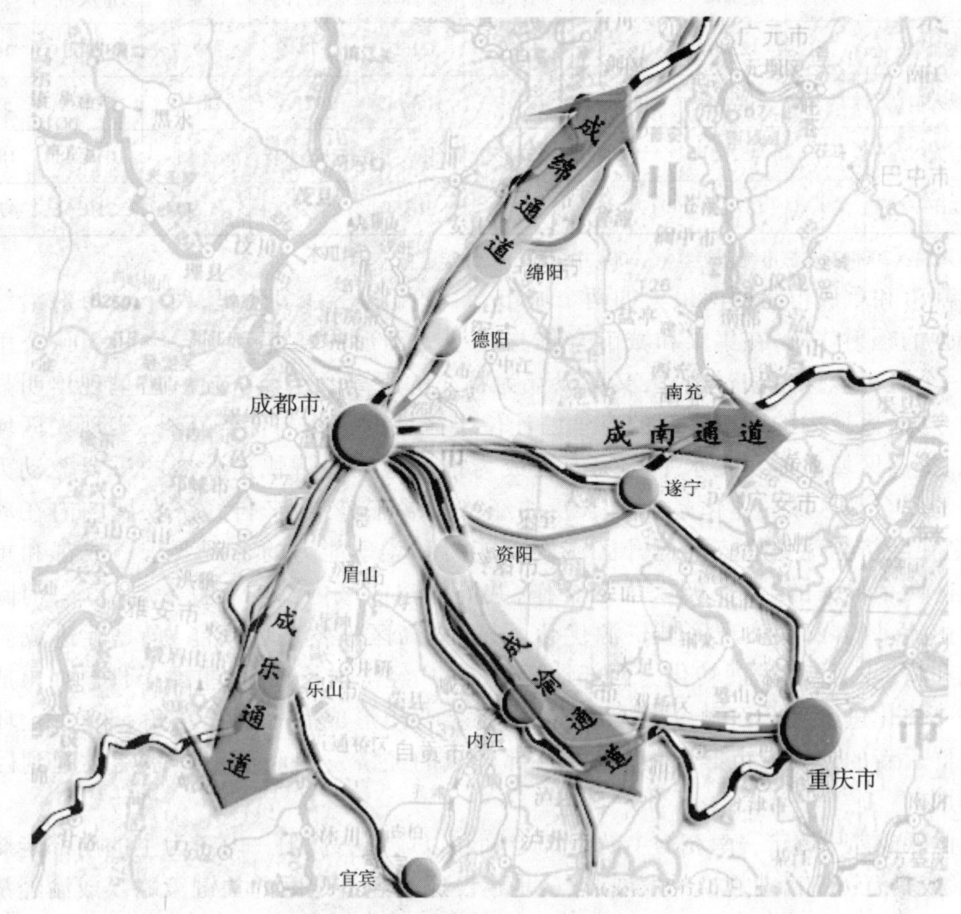

图 7-3　成都区域城际交通通道示意图

（二）成渝通道区域城际交通基础设施规划布局案例

成渝通道是成都市区域城际交通和跨区域对外干线交通两大功能都很强、运输量都很大的对外主轴综合运输大通道，沿线城镇和人口密集。通道的交通条件和功能不仅要满足区域两大核心枢纽便捷连通的要求，还应对成渝经济带和城镇带的发展起到积极的促进和支撑作用。成都至重庆通道由成都—内江—重庆南线通道和成都—遂宁—重庆北线通道组成。

1. 通道区域社会经济现状和未来发展趋势

成都—内江—重庆是成都市城市发展战略提出的成渝环形城镇密集带的南线，该方向有资阳、内江、泸州等百万人口以上城市和简阳、资中、自贡等中等城市，主要社会经济指标见表 7-1。

成(内)渝通道主要社会经济指标现状　　表 7-1

内　容	四川省部分城市						重庆市	合计
	成都市	资阳市	内江市	泸州市	合计	占全省	重庆市	
市域面积(km^2)	12390	1632	1569	2155	17746	3.7%	82400	100146
市域人口(万人)	1044.3	487.6	421.2	468.1	2421.2	28.39	3130.1	5551.3
城市人口(万人)	452.6	105	138.5	139.5	835.6	46.5%	1010.11	1845.71
GDP(亿元)	1870.9	194.45	200.32	216.4	2482.06	45.9%	2250.56	4732.62

资料来源:《2004 年成都市统计年鉴》、《2004 中国城市统计年鉴》

成都市和重庆市是西南最大的两个城市,二者相隔三百多公里,两个城市对沿线区域都有较强的辐射作用,在集聚和城市合作与吸引方面形成相互牵引。空间 300 公里的距离,是一个既可以保持相对独立,又可以互为补充的距离。在经济发展已呈现出明显的区域化的今天,区域内的城市之间的竞争已让位于区域的合作与优势互补,实现大区域经济一体化、提高区域整体发展水平与实力已成为推进地区经济快速发展的重要驱动力。成渝经济的联合和区域一体化是在国家新的经济发展态势中,来自经济发展的内在动力和需要,是在经济全球化趋势下提升区域发展能力和竞争能力的客观要求。成都和重庆是西部地区两个最大的"增长极",加强合作,共同构建区域内部网络性基础设施,消除生产要素自由流动的障碍,实现区域资源优化配置,提高区域发展创新能力,是促进成渝经济区形成和将"增长极"发展转化为西部地区最大的"经济增长轴"的重要条件。如果成渝区域经济一体化进入到全面融合的发展阶段,将会有望形成一个继长三角、珠三角、环渤海湾城市群后新的超大城市群,将对中国西部区域的经济发展和城镇体系建设起到巨大的推动作用。

强化以成都—遂宁—南充为主的北部走廊和以成都—资阳—内江为主的南部走廊城镇建设,形成具有一定产业规模的发展节点,是建设成渝经济走廊的关键策略。成渝经济走廊城镇群是成渝经济能量的交换区域,两个城市能够在多大程度达到产业互补和发展平衡,很大程度决定于走廊内中小城市职能的专业化发展水平。因此,从成渝合作的大局出发,加强该区域内交通设施建设,缩短成都与重庆的空间时距,强化两条走廊沿线城市带的发展,是实现未来区域一体化发展的关键步骤。为此,在成都市交通等基础设施布局规划中,必须加强成渝通道方向的布局与建设,与重庆市形成良好的对接,为成渝经济区的能量集聚与发展提供强有力的支撑。

根据四川省国民经济和社会发展战略目标要求、成渝经济区的发展趋势以及成都—内江方向的城镇体系、产业布局等有关规划和资料,对该沿线区域未来的总体发展趋势进行分析,预计至 2010 年和 2020 年,"成、资、内"(成都、资阳、内江)区域的经济总量将分别达 4415 亿元和 10452 亿元(见表 7-2)。

“成、资、内”三市未来主要社会经济指标估测 表 7-2

内　容	2003 年			2010 年		2020 年	
	成都市	成、资、内	占全省	成、资、内	占全省	成、资、内	占全省
市域面积(km^2)	12390	15591	3.20%	15591	3.20%	15591	3.20%
市域人口(万人)	1044.3	1953.1	23%	2208.6	25%	2893.8	31%
城镇人口(万人)	386.23	525.9		957.41		1784.9	
GDP(亿元)	1870.9	2265.7	41.5%	4415.1	43%	10452	45%

2. 通道交通基础设施状况

成都经内江至重庆高速公路距离为 340km，至资阳 89km，至内江 175km。目前成渝南线通道有成渝铁路、成渝高速公路、国道 G321；北线通道由成都至遂宁的达成铁路和遂宁至重庆的快速铁路组成。

3. 通道交通运输需求预测结果

随着区域中心城市集聚和辐射的增强以及成渝合作的加强、成渝经济区的形成和发展壮大，该区域的城镇规模和产业群规模将会以较快的速度发展壮大，通道沿线的城镇和产业将会更加密集，区域一体化发展的融合度将会大大提高，主要城市以及城镇之间的合作与联系将会更加紧密，区域内部之间的客货流将会超常规增长。而且，隆黄铁路的全线建成，出海公路更加顺畅地连接珠三角地区，也将带来更大的运输量。

根据目前通道断面运输量和沿线总客货运输量的关系，结合未来成渝经济区产业和城镇带的发展趋势，在成渝北环通道修建成都—遂宁双线快速铁路，形成成都—重庆旅客快速通道，南环通道修建成渝客运专线和开通成内区域城际旅客列车的情况下，考虑通道沿线城市的人口、产业、GDP 和单位 GDP 的运输量、城市化水平、人均出行次数等因素，经综合分析和预测得出，2020 年南线通道断面总货流密度为 7090 万吨，客流密度为 12734 万人/公里(见表 7-3)。其中，公路通道交通量 2015 年将达 3.5 万辆/日左右，通行能力饱和；2020 年将达到 4.29 万辆/日。

成(内)渝方向通道断面客货流密度和交通量预测结果 表 7-3

内　容	2003 年实际	2010 年		2020 年	
		前景一	前景二	前景一	前景二
货流密度合计(万吨/公里)	2794	4494	4594	7032	7090
铁路(万吨/公里)	2447	3611	3837	5353	5643
公路(万吨/公里)	347	883	757	1679	1447
客流密度合计(万人/公里)	3165	7240	7515	11926	12734
铁路(万人/公里)	482	605	2488	1137	4921
公路(万人/公里)	2683	6635	5027	10789	7813
公路断面交通量(辆/日)	12733	31828	25289	55000	42915

续上表

内　容	2003 年实际	2010 年		2020 年	
		前景一	前景二	前景一	前景二
货车(辆)	4630	11787	10105	22413	19316
客车(辆)	8104	20040	15184	32587	23598

注:1. 前景一为未开通区域城际铁路,前景二为开通区域城际铁路;

2. 铁路货流为重车方向×2,铁路客流为双向客流;铁路密度包括线路之间的通过量;

3. 公路客货流密度按通道断面交通量推算。

4. 成渝通道区域城际交通发展规划建议

按区域双中心和对外交通主轴大通道的发展要求进行构建,对区域整体发展提供较强大的交通支持。

(1)修建成都—遂宁双线快速铁路。

根据交通运输需求,近期应尽快修建成都—遂宁快速铁路,使之与已建成的遂宁—重庆的快速线连接,形成成都至重庆的旅客快速通道,以解决当前区域城际交通时间长、不便捷、拥堵等问题。该项目为四川省和铁道部门的铁路规划项目。

(2)规划建设成渝铁路客运专线。

沪汉蓉客运专线是成都市和重庆市重要的对外通路,应积极争取国家尽早安排建设。其中,成渝客运专线为沪汉蓉客运专线的组成部分,兼有对外大干线和区域城际铁路的双重功能和作用,为了更好地适应成渝地区的经济发展和沿线旅客运输的迫切需求,应作为沪汉蓉客运专线的先行建设路段进行安排。

成渝客运专线的规划和建设,除了要满足客运专线开行长途快速旅客列车的要求,还必须为沿线开行城际旅客列车提供服务,即成渝客运专线要有城际交通的服务功能,以适应沿线城市旅客的轨道出行要求。原规划设想的成渝客运专线为中线走向方案,根据成渝沿线城镇的布局,使客运专线能与城际客运结合共用,建议基本沿成渝城镇密集带走向(即南线方案)。

(3)利用规划修建的铁路开行成都—内江的区域城际旅客列车。

积极贯彻供给引导需求的发展战略,尽可能地为沿线城市提供轨道等公共交通出行服务,以减少私人交通。在成渝通道除了开行直通旅客列车以外,还应积极组织为沿线城市服务的区域城际旅客列车。根据铁路建设进程,成都—内江的区域城际旅客列车,一是利用成渝客运专线;二是利用改造和增建两线的成渝铁路;另一方案是单独新建成渝城际铁路。

(4)规划建设成渝区域城际高速公路。

根据交通需求预测,即使在客专分流的情况下,成渝高速公路能力利用将在 2015 年左右饱和,需要再进一步增加通行能力。其有两种方案可供选择,一是扩建现有高速公路至 6~8 车道,国道 G321 改扩建至一级路标准;另一个方案是再新建一条高速公路,将区域城际交通与干线长途交通的服务功能进行相对分离,原有高速公路作为国家高速公路,主要为出行距离较长的干线交通服务,新建线路作为区域城际高速公路,主要为沿线出行距离相对较短的中短途交通服务。

第三节　对外跨区域交通运输子系统构建和发展

一、对外跨区域交通运输子系统构建和发展的主要目标要求

对外交通运输系统是都市与外部交通联系、进行物质和能量交换的重要纽带和桥梁，是都市获取发展资源和拓展市场的基础支撑条件。对外交通的发达程度对于都市在区域、全国乃至国际大交通网络中的区位和交通功能具有重要影响，对于都市的发展速度和规模、经济繁荣以及其他功能地位等也都具有重要的影响作用。在经济全球化、区域一体化的发展大环境下，交通条件、运输成本、系统效率直接影响和决定着都市在国际、国内产业中的分工以及产品的国内外竞争力。为此，各都市都在极力地改善对外交通，构筑综合运输大通道网络，打造交通大枢纽城市，以此来提高发展的条件优势，拓展经济腹地。由于都市对外交通运输基本上都是依靠国家干线交通运输系统，在当前全国规划的干线交通网络正处于大规模建设的发展阶段，各都市的对外交通普遍不完善，与发展需要存在着较大差距，需要进一步加快发展。另一方面，都市对外交通的发展也应根据实际需要，综合考虑社会经济成本和代价以及使用效率，确定合理的发展规模。综合当前的发展水平和各种因素，都市对外跨区域交通运输子系统构建和发展的主要目标要求应是：

(1)构建形成与都市功能地位相匹配、布局合理、配置完善的对外综合运输系统。尽管由于各都市所处的地域位置不同，城市的政治、经济、文化功能定位不同，人口和产业规模不同，对外交通运输的通道格局形态和通道运输方式的组成(如有的内陆都市没有水运，而沿海都市则可能有海运以及河运)和需求规模强度会有很大差异，但是，与全国各大区域以及区域中心城市形成大能力、快速便捷的综合运输大通道连接以及满足客货运输需求的交通运输系统的这种要求，各都市都是一致的。

(2)满足与全国主要城市以及国际交往快速客运交通的要求。快速便捷的对外交通运输是增强都市吸引力、加大要素流入的重要基础。

(3)对以经济合理的成本持续获取都市社会经济发展所需资源以及参与国际产业分工，具有较强的交通运输支持和保障能力。

(4)有助于提升都市在全国交通运输网络中的枢纽功能地位。

二、对外跨区域交通运输子系统构建和发展的主要思路

(一)以国家既有和规划的干线网络为主体构架，构建至各大区域的对外综合运输大通道

都市对外跨区域交通运输基本上都是依靠国家干线交通基础设施承担，由干线运输经营者

进行干线运输组织，我国既有的和规划的铁路、国家高速公路、机场也都是以都市为重要节点和枢纽，因此，都市对外交通运输状况和发展水平，很大程度上取决于国家干线网络的布局。由于国家交通网络主要是从全国覆盖、区域联系、网络连通角度，将都市作为网络的结点进行规划布局和建设，尽管在建设标准和建设规模上也考虑都市的交通运输需求，较大程度地反映了都市的要求，但是，由于网络性质、层次以及所处的角度不同，国家干线网络不可能将每一个都市的所有对外交通要求都包含在内，与都市从自身社会经济发展的需要对交通运输的要求在通道数量、技术标准、建设规模、运输能力提供等方面会存在着一些差距。同时，由于都市对外交通运输通道一般都是贯通多个省市，在规划、投资建设、运营及管理、运输组织、运输能力分配等方面都难以单独推动，需要协调通道沿线的各省市，并取得国家的立项批准和支持。因此，都市对外交通运运输系统的构建，一方面要以国家既有的和规划的干线为主体构架，积极加快已列入国家规划的铁路、高速公路、机场等项目的建设，构筑综合运输大通道；另一方面，应根据都市自身所处的地域特点、社会经济发展要求编制都市对外交通运输通道较完整的规划或蓝图，在国家规划之外的新通道以及对国家既有通道的新要求，要对其进行科学论证，上报所在省、国家主管部门进行协调，纳入上一层次的相关规划。

都市构建的对外跨区域交通运输通道主要是：至各大区域中心城市（尤其是经济关系密切的区域）综合运输通道；至依托的主要出海港口货运通道；至外贸经济主要依托的陆路国际通道和口岸的综合运输通道；至为都市发展提供能源、原材料的主要产地货运通道。

（二）构筑以铁路客运专线和快速铁路为主体、航空运输积极发展的长途快速旅客运输系统

提高运送速度、缩短与其他城市间的时间距离、方便出行，是各都市改善发展条件、加强与其他城市的联系、增强要素流动的发展要求；也是随着社会经济的快速发展和人们生活水平的不断提高，人们对出行安全性、时间性、舒适性的要求不断提高的具体落实形式。构筑快速旅客运输系统既是国家交通运输发展的战略方向，也是都市综合运输系统构建的重要内容。

由于各种运输方式在运行速度、载运能力、运行成本、舒适性、经济运距等方面存在较大差异，都市对外旅客运输系统应由多种运输方式共同组成，以满足不同距离和不同层次需求的出行要求。在快速旅客运输系统构建中，既要考虑满足较高消费层次的出行需求，也要考虑大众化的经济出行需求，同时，还要考虑能源供给等因素。因此，都市快速旅客运输系统的构成要有多个层次，一方面，要积极改善航空旅客运输条件，满足对时间性要求强的旅客出行需求；另一方面，要大力发展大运输量的铁路旅客运输，构建以铁路客运专线、快速铁路为主体的大众化旅客运输系统。尽管随着经济的快速发展，航空出行旅客增长较快，但是，我国社会经济发展还处于全面建设小康社会的发展阶段，以及大量农民向城市转移和务工的城市化发展初期，人们生活总体水平不高，交通消费能力有限，需要在途时间相对较短又比较经济的运输方式。

航空旅客运输在时间性上占有较大优势，但运营成本和票价水平高，难以发展成为大众化的出行工具。随着铁路技术的不断进步和新技术推广使用，铁路运输的技术服务水平已

发生了较大改变，旅客列车运行速度大幅提高，客运专线可达200km/h～350km/h，快速铁路可达120km/h以上，已大大高于高速公路的运送速度，而且安全性、舒适性更高，占用资源以及能耗更少。如果与主要城市间建成铁路客运专线，将形成大容量、快捷的运输通道，时间性、舒适性将大幅提高，不仅可以满足大众化的出行需求，而且，还将会吸引转移相当一部分航空旅客。高速公路客运单车载客量相对较少，而且由于车上活动空间小，长途出行的车上可忍受时间一般为4～6个小时，在铁路客运速度提高后运行速度上也已慢于铁路，不适宜于作为长距离的大客运量的主要运送方式，只能作为长距离旅客运输的补充方式。

因此，都市对外长途客运系统，应根据铁路客运分离的发展战略，构建以铁路客运专线和快速铁路为主体、航空运输积极发展的快速旅客运输系统，提高旅客运输整体技术层次和服务水平，同时，满足不同层次的旅客出行需求。

（三）构筑以铁路、水运为主体的至主要出海港口、能源基地的大宗货物运输通道

运输费用占产品销售成本比例的大小，不仅直接影响产品的市场竞争能力，而且直接影响到地区资源开发、产品生产是否具有价值，影响到产业的发展。由于不同运输方式的运输成本差异很大，对于处于某个地域的具体城市来说，对外大宗长途货物运输以什么运输方式为主导直接关系到可以在多大范围和以什么样的经济成本获得经济发展所需要的资源以及生产的产品市场范围和竞争能力。例如，沿海城市与内陆城市相比，拥有海运条件和较短的内陆运输距离，具有成本优势，因此，在国际贸易和国际产业分工中占据有利地位。

在各种运输方式中，水运和铁路的货运成本相对较低。水运由于受自然条件制约，并不是每个城市都具备发展条件，对于可利用水运的城市，应充分发挥水运的作用；铁路与公路相比，在大宗长途货物运输中具有明显的载运量大、成本低的优势，与水运相比，具有明显的运送速度优势；公路具有灵活、机动、快捷的优势，可以较好适应批量小、价值高、时效性强的货物运输需求。

在经济全球化以及利用国际、国内两种资源的战略下，对于内陆都市来说，构建至沿海主要港口低运输成本、大运量的运输通道对经济的发展极为重要；对于沿海港口城市，构建至内陆经济腹地的大能力综合运输通道对进一步提高发展能力和扩大市场也非常重要；构建至能源、原材料主要供给基地大能力、低成本的运输通道对于任何都市来说都是重要的生命线。因此，都市对外长途货运系统的构建，应以铁路为主导、公路为辅助，充分发挥水运作用，油气进出量大的都市应积极发展管道运输，以国家干线为基础，规划建设至各主要方向发达的综合运输通道，增强货物运输保障性和机动性，并大幅降低运输成本。

（四）完善高速公路的对外交通连接

高速公路是地区间、区域间重要的交通连接方式，是地区以及区域交通的主要运输方式。尽管在长距离运输中与铁路载运量、运输成本相比不具优势，但具有机动灵活、全程运送时间快的特点，是重要的补充方式，尤其是在铁路发展不足和能力紧张的情况下，担负着重要作用。随着高新技术产品、高附加值货物以及集装箱运输量的不断增多，旅游业的发展，私人小汽车普及

度的提高，高速公路在通道中的功能作用、运输需求、影响度将越来越大。因此，在都市对外跨区域交通运输系统构建中，要积极加快规划的国家高速公路网的建设实施，完善区域间高速公路连接，与铁路、航空、水运等共同组成满足多种需求的综合运输通道。

三、对外跨区域通道构建布局规划（以成都市为例）

（一）成都市对外跨区域通道构建的主要思想和策略

（1）以成都市和四川全省对外交通运输需求为基础，统一规划布局综合运输对外通道。

成都市位于四川省中部，其对外运输大通道也是四川省对外通道的主体，通道是为全省服务的，承担着全省与外部之间的主要客货运输任务。因此，必须从全省的角度和全省的对外运输需求出发进行通道规划。

（2）以国家路网规划为基础，重点突出进出川“货运大能力、低运输成本，客运快速、经济”的主导要求，加强铁路建设和技术提级，形成以铁路为主导，航空、高速公路网发达的对外交通运输系统和综合运输大通道，积极利用长江水运为成都市的进出省货物服务。

西南地区对外通道和西南西北通道是国家综合交通网布局的重要内容，是跨省市、跨区域的综合性规划，也是西部大开发交通基础设施建设的重要内容，需要国家部门的综合协调与投资建设。为此，成都市和四川省对外通道的发展规划必须以国家综合交通网规划、铁路中长期发展规划、国家高速公路网规划的内容为基础，结合具体实际提出相应的布局与建设要求。此外，通道规划要以既有的通道和交通网络为基础，结合具体需求提出规划的内容，包括对原有规划内容的调整建议、需要新增加的项目、改扩建的项目等。

四川省地处西南内陆，距能源基地山西约1900km，距新疆油田约3000km，距我国主要集装箱港口上海港约2500km、深圳港约2300km。运输总费用高是制约四川省经济发展和产品参与国内、国际市场竞争的最不利因素之一，尤其是四川省需要调入大量的能源、原材料等生产、生活资料，更需要较大幅度地降低运输成本，减轻不利的因素。铁路与公路相比，在大宗长途货物运输中具有明显的载运量大、成本低的优势；公路具有灵活、机动、快捷的优势，可以较好适应批量小、价值高、时效性强的货物运输需求。为此，四川省和成都市应该构建以铁路为主导、公路为辅助的对外货物运输系统，在构建对外运输大通道中，要以发展铁路为重点，提高铁路在对外通道中的地位和作用。

在旅客运输方面，一是四川省与全国主要城市之间的运距长，特别是随着经济的发展和人们生活水平的提高，对时间和舒适性的要求越来越高，需要大力发展快速运输方式，以缩短旅途时间；二是四川省和成都市的人们生活总体水平还不高，进入全面小康社会还需要较长一段时间，相当一部分出行人员尤其是外出务工人员对交通费用的承受能力有限，交通运输方式的发展需要充分考虑不同需求层次的要求。因此，未来的对外旅客运输系统应以航空和铁路客运快速网络并重发展，大力进行铁路提速线改造，并根据四川省和重庆市人口多、进出客流大的特点，在主要通道上建设客运专线，发展高速旅客运输。

(3)增加通道布局,较大幅地增强成都市和四川省以经济合理的成本持续获取能源、原材料的能力以及参与国际产业分工、提高货物进出口的能力。

在进行通道规划中,要对未来需求增长和运输质量要求有充分的预见,一是要充分考虑到四川本身运输需求量的增长。目前,四川省及整个西南地区工业化水平、城市化水平还相对较低,正处于快速发展时期,尤其是随着重化工业以及加工出口型产业比重的提高,对能源和原材料的需求将会较大幅度增加。随着人们生活水平和城市化水平的提高,对外出行量将会迅速增加,尤其是汽车的普及和生活方式的改变,对外交通需求将会产生一个加快增长的过程。二是四川省拥有丰富的旅游资源,要充分考虑到全国各地和国外到四川旅游和休闲娱乐的旅客数量的增长。三是要充分考虑到对质量、安全、时间、舒适性、便捷性、运输保障等要求的提高,运输能力必须要有相应的富余。

随着工业化和城市化进程加快,从"十五"期开始,四川省将成为煤炭净调入省份。调入煤炭一部分从贵州供应,其他从"三西"能源基地供应,石油及制品主要是从新疆和兰州供应。由于四川省主要是中小型煤矿,受煤炭储量和分布的制约,未来的煤炭产量增长有限。从长远看,新疆拥有全国最大的煤炭储量以及良好的石油和天然气开采前景,同时新疆是中亚石油进入我国的必经之路,未来很可能成为我国能源的主要生产基地;四川省进口的铁矿石主要是从防城港和湛江港接入,未来在继续利用防城港和湛江港的同时,也可以从我国铁矿石接卸量最大的宁波港接入;四川省外贸集装箱和其他外贸货物进出口应主要依托上海港、广州港、深圳港等大型港口,并在通路和运输方式的选择上最大限度地降低运输成本。与沿海省市相比,四川省货物通过海运进出口处于较大劣势,但在陆路口岸进出口中具有一些优势,一是至新疆口岸相对较近,可以通过铁路连接新亚欧大陆桥,开辟至中亚和欧洲的通道;二是可以通过铁路经云南开辟至东盟各国的通道,随着2010年中国—东盟自由贸易区的正式建立,该通道对成都市和四川省的外贸进出口和经济发展具有非常重要的意义。未来的通道布局要适应以上要求,此外,还要积极利用长江水运的优势,发挥长江水运为四川省和成都市服务。

(4)以成都和重庆"双枢纽互通"的思想构建与全国大枢纽之间的综合运输大通道及整体对外运输系统。

成都和重庆是西南地区紧邻的两个大枢纽城市,都是客货源的主要生成地和集散中心,虽然直接引入各自枢纽的线路有一定差别,但两者的对外通道基本上都是同向共用通道,功能和能力基本都是共享互用。因此,一方面,应以成渝经济区作为一个整体进行对外大通道规划与建设;另一方面,主要通道线路应通过有效的线路连接分别引入两个枢纽,同时两个枢纽之间应形成功能和能力强大的综合运输大通道,以满足各自的交通运输需求,保持灵活的应变能力及便捷的服务。

成都和重庆作为西南区域中心、国家级综合运输枢纽,无论是经济发展的需要还是交通网络布局的要求,都必须与全国主要大经济区域和大综合运输枢纽之间构筑综合运输大通道,即成都和重庆必须与上海、广州、北京、武汉、西安等国家级综合运输枢纽之间形成运输大通道。

(5)应重点加快构筑与珠三角、长三角之间大能力、快捷的综合运输大通道,加快客运专线以及快速旅客运输网络建设。

(二)成都市对外跨区域综合运输大通道规划总体构架

根据成都市的地理位置,以及成都与全国主要省市之间的社会经济联系和地理联系,与能源和原材料主要供应地、国内外贸易主要地区、大区域间国家级交通运输枢纽之间的连接等综合分析,成都市需要构建与经济发展最密切的至珠江三角洲及华南沿海港口、至长江三角洲及沿海港口的大客货运输能力、顺畅便捷的综合运输大通道;需要构建以旅客运输为主、具有一定货运能力的至北京及环渤海经济区的能力充足的快速综合运输通道;需要构建未来能源保障及向西拓展进出口的至西北及中亚口岸的便捷货运通道;以及发挥地缘优势至东盟自由贸易区的货运和旅游综合运输大通道。即主要构建五大通道(见图7-4),通过这五大通道形成与全国各主要城市和主要沿海港口以及陆路口岸的便捷联系。通道由铁路、高速公路、航空以及水运等多种运输方式组成,分别为:

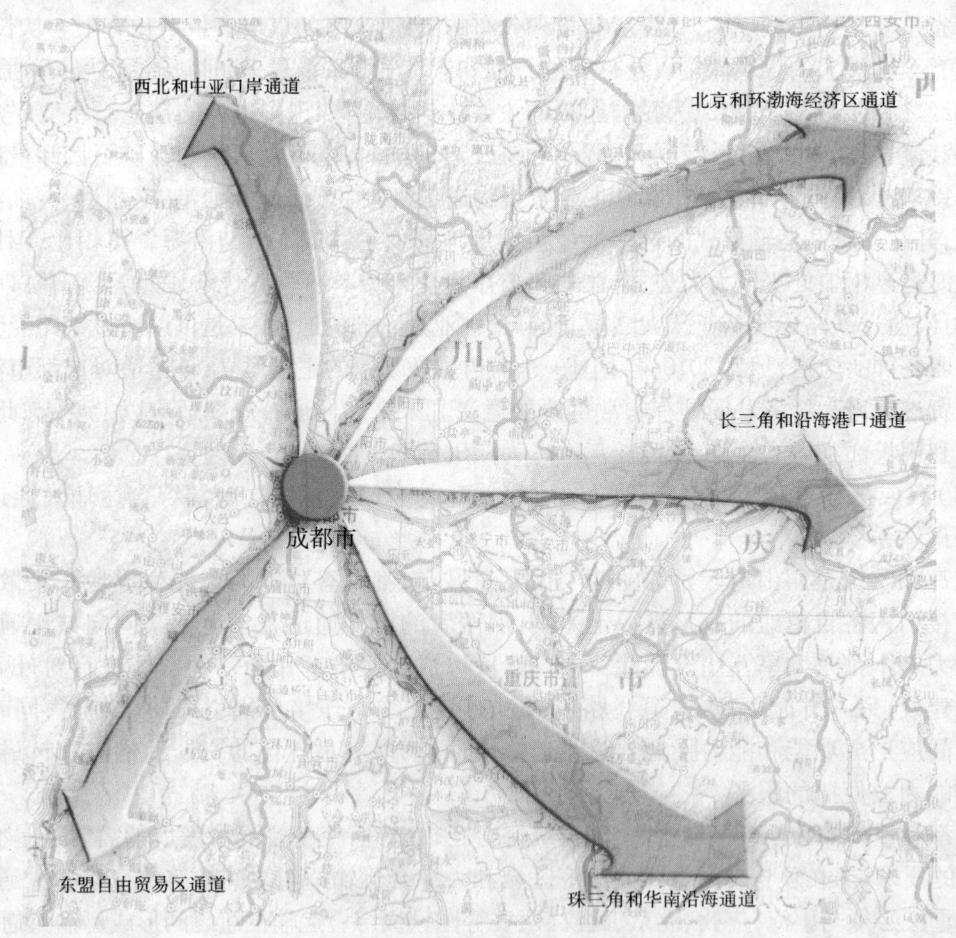

图7-4 成都市对外跨区域综合运输大通道示意图

(1)成都—珠江三角洲和华南沿海港口通道;

(2)成都—长江三角洲和沿海港口通道;

(3)成都—北京和环渤海经济区通道;

(4)成都—西北和中亚口岸通道;

(5)成都—东盟自由贸易区通道。

(三)成都—珠江三角洲和华南沿海港口通道规划

1. 通道功能

该通道是成都市和四川省最重要的经济和贸易通道,其主要功能为:

(1)加强与珠江三角洲经济区和港澳地区的联系,为泛珠地区的紧密合作提供交通基础支撑,增强珠三角对四川省的经济辐射和产业转移力度;

(2)成都市和四川省最重要和路径最短的出海通道,是大宗货物进出和国际集装箱等外贸货物运输的主要通道;

(3)担负成渝和珠三角两大人口密集区、两大区域交通运输枢纽之间的旅客运输和货物交流。

2. 区域间经济和交通联系发展趋势分析

珠江三角洲是我国对外开放最早的地区之一,也是我国区域经济中最具活力的重要增长极之一,其经济总量规模达全国十分之一,形成了对区域经济发展的强大推动力和辐射能力,并已成为我国吸收国际产业转移最重要的地区。

经济全球化和区域经济一体化是当今世界经济发展不可逆转的趋势,强化和提升珠三角经济的国际竞争力和对周边省市发展的辐射带动能力,既是珠三角经济发展的内在要求,也是国家区域协调发展的要求。目前,包括香港和澳门在内的大珠三角地区的产业集群和经济规模已达较高的发展水平,面临着发展空间和资源有限等发展后劲问题,需要有更广阔的发展腹地和在更大范围整合资源,而包括成渝在内的周边省区拥有较大的腹地、市场和丰富的资源,但经济发展水平相对较低,与珠三角的协作不够深入广泛,受珠三角极核带动不足。

泛珠三角区域经济合作的提出,为克服行政区划分割,发挥产业、市场以及资源优势互补,协调基础设施建设,实现多赢发展,提供了可能。加强泛珠三角的合作和发挥大珠三角的辐射带动作用,交通是突破口。交通运输条件的改善和运输成本的下降对于区域经济的发展具有决定性的作用,只有有效克服交通障碍,形成快捷便利的交通,才能更好地为泛珠三角经济合作和一体化提供坚实的发展基础。

成渝与珠三角两大经济区和两大枢纽之间,必须建立起大能力和快捷的运输大通道,才能有条件促使两大地区更紧密地合作,成渝地区也才能更好地利用珠三角大型港口为经济发展服务,走向国际市场。目前,成都和四川省主要是利用华南沿海的防城港和湛江港进口矿石等大宗货物,由于通路不畅,通过广州港、深圳港以及香港港口进出的国际集装箱和其他货物比重不大,西南公路出海大通道连接的主要是北海港,并未直接连接华南沿海的广州、深圳等主枢纽港和国际集装箱枢纽港,加之公路运输费用高,实际利用公路出海大通道进出口的货物很少，公路主要发挥着两地及沿线之间交通联系的作用。由于成渝地区距出海港口的距离远，从降低运输费用、提高成渝地区产品的国内国际竞争力的要求出发，其通道必须以适合长途运输特点的铁路为主导。

建设成渝地区与珠三角枢纽之间直通便捷的运输大通道，不仅符合西部大开发建设西南出海大通道的发展战略，而且也是成渝地区经济发展和泛珠三角区域合作的客观要求。其不仅可以为成渝地区提供运距最短、直接连接大型枢纽港口的出海大通道，增加可供选择的港口和运输径路，减轻对至上海通道的完全依赖和能力不足的制约，使产品能够以更低的成本和更快的时间进入国际市场，而且可以大幅提高珠三角经济对成渝经济区的辐射力度以及成渝地区承接国际产业的转移能力。从运输需求趋势分析，四川、重庆是珠江三角洲外来务工人员的主要来源地，随着泛珠三角区域经济合作的加强和港口吸引力的不断提高，未来两大地区的货物和旅客运输需求将会大幅增加；随着人们收入水平的提高，经珠江三角洲至香港、澳门旅游娱乐的人员也会大幅增加；从我国钢铁工业发展趋势和铁矿石供应情况分析，未来从华南沿海港口进口的铁矿石还将继续增加。因此，必须尽快解决目前能力不足问题，建立适应未来发展需要的较高服务水平的运输大通道。

3. 通道交通基础设施现状构成

目前，成都至华南沿海的通路主要通向是广西沿海和湛江方向，包括成渝线—川黔线—黔桂线—湘桂线—黎湛线、成渝线—内昆线—水柏线—南昆线以及渝怀线—焦柳线（即将建成）三条铁路通路，一条成都—重庆（泸州）—贵阳—南宁—北海的西南公路出海大通道，如图 7-5 所示。而成都至珠三角经济区和广州大枢纽之间没有形成直接相通的运输通道，交通极为不便，严重削弱了珠三角地区对成渝地区的辐射作用和服务功能，也背离了大枢纽间大通道相联的基本发展原理。

4. 未来通道交通基础设施布局规划

（1）总体规划构想。

该通道不仅要满足货物运输量大、低成本以及集装箱快速运输的出海通道要求，同时还要满足大量人员交往及旅游运输对时间、经济、舒适性的要求。由于运输距离长，应该构建以铁路为主、高速公路为辅的多条线路共同组成的综合运输大通道。

①旅客运输：构建以成都—乐山—宜宾接贵广铁路至珠江三角洲的快速铁路通道为主、其他铁路通道为辅的多条线路组成的旅客运输通道。

②货物运输：构建以川黔—黔桂铁路、成昆铁路为主以及其他铁路、西南出海高速公路通道共同组成的至华南沿海港口和珠江三角洲的综合货运通道。

③集装箱运输：近期以既有铁路通道和高速公路承担，未来主要以成都—乐山—宜宾—贵阳—广州快速铁路通道为主，高速公路和其他铁路通道为辅。

（2）主要规划项目。

①规划建设成都—乐山—宜宾—贵阳快速铁路。

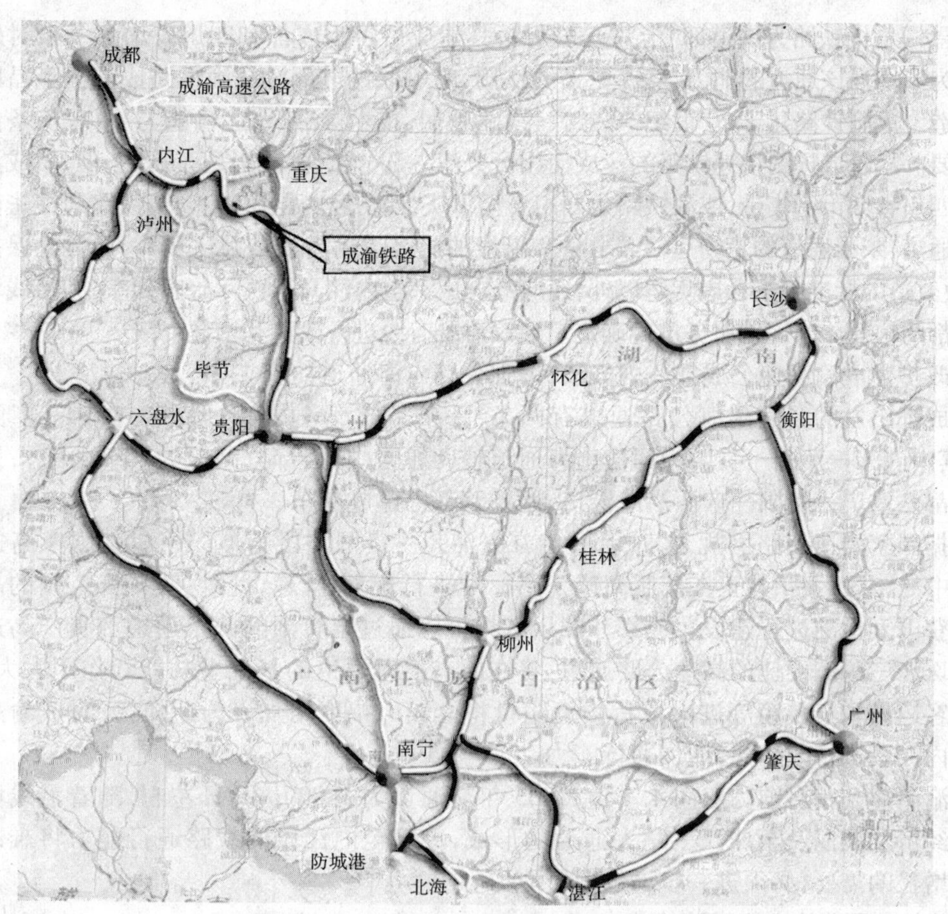

图 7-5　成都—珠江三角洲和华南沿海通道现状图

贵广铁路是以客运为主兼顾货运的快速铁路，目前已获国家批准立项，预计将在“十一五”前期建成通车。从建设成都和四川省至珠江三角洲的运输通道、加强泛珠合作以及促进跨区域强势旅游线路形成的需要分析，成都和四川省应积极争取国家规划建设成都—乐山—宜宾—贵阳快速铁路，形成快速旅客运输通道以及未来的集装箱运输通道。其中，成都—乐山段可结合成昆铁路扩能改造和成乐城际铁路规划建设进行统筹规划和利用。

②成昆铁路扩能改造提速和增建二线。

成昆铁路是成都和四川省通往云南和广西沿海港口的重要通路和货运通道，从广西港口进出的矿石等大宗货物主要依靠该通道运输，同时也是未来通往东盟各国最近的通道。成昆铁路建于 20 世纪 70 年代，技术标准较低，目前运输能力已饱和。从增强该通道功能、提高运输能力的需要出发，应对成昆铁路进行改造提速和增建二线，铁道部也已将其列入“十一五”规划建设的项目。

③改造成渝铁路，增强成都—隆昌—黄桶至华南沿海港口通道的能力。

隆昌—黄桶铁路为铁道部"十一五"项目，其建成后将为成都和四川省增加一条对外货运通路。为了增强该通道的能力，发挥更大的作用，应争取铁道部对成渝铁路成都至隆昌段进行扩能改造。成渝铁路建于20世纪50年代，线路迂回，技术标准低，运输能力小，现状条件难以满足需要。尽管成遂渝快速铁路的建成使用可分流一部分旅客，减轻列车压力，但是，成渝铁路沿线是四川省城市密集带，成渝铁路是四川省至重庆，四川经内昆铁路、隆黄铁路通往华南沿海的重要通道，未来通道的货物运输需求量和沿线的旅客运输需求量都比较大，而且会保持较大增长，故改造的标准除了考虑货运以外，还应结合成都至内江开行城际旅客列车，为沿线城市提供至成都的快捷旅客运输服务进行确定。建议对既有线进行改造和增建二线。

④改扩建成渝高速公成都—内江段，增强公路出海通道功能。

从成都出发的西南出海公路通道有两条：一条是成都—内江—泸州—贵阳—广西沿海港口，其中内江—泸州—贵阳为西南出海通道辅助通路（相当部分路段为二级公路）；另一通道是成都—重庆—贵阳—广西沿海港口，两条路都已建成通车。

根据国家高速公路网规划，成都—内江—泸州—贵阳路段为厦门—成都国家高速公路（M70）中的路段，贵州省正在按照高速公路标准进行规划建设。此外，贵阳—广州的高速公路也已获国家批准进行建设。成都和四川省将可以通过至贵阳的两条通道和贵广高速公路形成至珠江三角洲便捷的高速公路通道，将在原有出海通道的基础上功能和作用大大增强，公路旅客运量和集装箱等进出口货物运输量将会较大幅度增加。为此，需要对成渝高速公成都—内江段进行改扩建，增加通行能力。

成渝高速公路目前为双向4车道，2003年交通量为18000pcu/日左右，随着沿线城市的人口和经济发展以及至珠江三角大通道的形成，成都至内江段的线路通行能力将难以满足交通量增长的需要，必须进一步增加通行能力。

(3)未来通道的主要通路构成

规划实施完成后，成都—珠江三角洲和华南沿海港口将有以下主要通路（见表7-4），基本可以满足需要，如图7-6所示。

成都—珠江三角洲和华南沿海主要通道 表7-4

类　型	名　称
铁路通道	①成都—乐山—宜宾—贵阳—广州快速铁路通道
	②成都（经成渝或成遂渝）—重庆—贵阳—广西港口或珠江三角洲
	③成都（经成渝或成遂渝）—重庆—怀化—广西港口或珠江三角洲
	④成都（经成昆铁路）—云南—广西港口
	⑤成都（经成渝和内昆铁路）—云南—广西港口
	⑥成都（经成渝和隆黄铁路）—广西港口或珠江三角洲
公路通道	①成都—重庆—贵阳—广西港口或珠江三角洲
	②成都—内江—泸州—贵阳—广西港口或珠江三角洲

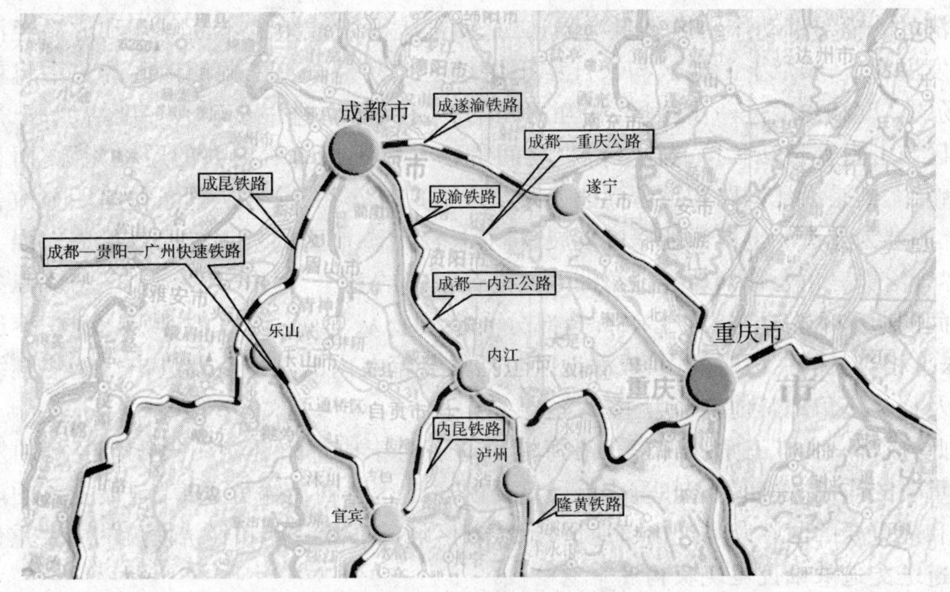

图7-6　成都—珠江三角洲和华南沿海通道未来构成示意图

(四)成都—长江三角洲和沿海港口通道规划

1. 通道功能

该通道是成都市对外交流量最大的旅客和货物运输通道,经济要素主要流动通道,对成都市社会和经济发展都具有重要作用。其主要功能为:

(1)紧密联系成都市、四川省与长江三角洲地区及华中地区的社会和经济关系,起着西南地区与长江三角洲地区进行经济合作和承接长江三角洲地区经济辐射的重要桥梁和纽带作用;

(2)四川省最主要的资源和产品输出通道以及重要的出海通道,承担至长江三角洲地区之间大量的国内、国际贸易货物运输;

(3)最重要的旅客运输通道之一,承担至华中、长江三角洲地区之间交流量大、密度高的各种旅客运输。

2. 区域间经济和交通联系发展趋势分析

长江三角洲地区是我国经济发展的龙头之一,并且经济发展的集聚与辐射作用在不断增强,是我国经济发展最具潜力的地区。长江三角洲沿海港口发达,是我国三大沿海港口群之一,其中的上海港是我国最大的枢纽港口,集装箱吞吐量居全国第一,世界第3位。由于长江的纽带作用,四川省和重庆市与长江中下游和长江三角洲地区之间的联系紧密,产品互为市场。2003年安康—襄樊区段的铁路货流密度为1452万吨/年、客流密度为1206万人/年,长江三峡大坝过闸货运量(双向)为3400万吨左右,翻坝货运量为1000万吨左右。

随着西部大开发和区域经济带、沿江经济带发展的深入,一是以上海为中心的长江三角洲区域的经济总量规模和发展实力进一步提高,率先基本实现现代化,对长江沿线经济带和成渝经济区的辐射带动作用进一步增强；二是西部大开发成效的不断显现和成渝经济区的形成与发展壮大，长江上游地区与长江中下游地区尤其是长江三角洲地区的关系将更加密切，市场的广度和深度进一步拓展，相互之间的客货流将会进一步较大幅度增加；三是长江上游地区与上海等长江三角洲地区港口之间货物交流不仅有着内在的历史渊源，而且径路比较顺畅，尤其是沿江铁路和沪蓉高速公路全线建成通车后，交通运输条件将明显改善。同时，以上海港为龙头的港口群的深度发展，将对长江上游地区的货物进出口形成较强大的吸引力，尽管泛珠三角合作和珠江三角洲地区港口吸引的竞争，但由于成渝地区与珠江三角洲港口之间的通路不太顺畅，除了矿石等部分大宗货物从华南沿海的防城港、湛江港进口以外，在未来相当长的一段时间内，成渝地区包括集装箱在内的其他货物进出口仍将继续会以上海港及长江三角洲其他港口为主。

因此，成都—长江三角洲和华东沿海港口通道对于成都市和四川省社会经济的发展具有极为重要的作用，是四川省和重庆市最重要的通江达海的运输大通道，是最主要的产品市场通道和最重要的国际贸易进出口通道，承载着区域间产业分工和经济发展的主要重任。

3. 通道交通基础设施现状构成

目前，成都—长江三角洲和华东沿海港口通道（见图7-7）主要是以铁路和长江水运为主，长江水运对于长江上游货物的进出发挥着重要作用。通道现状主要是由襄渝铁路——汉丹铁路经武汉至上海的铁路通路以及长江水运构成，公路运输主要是上海至成都的沿江

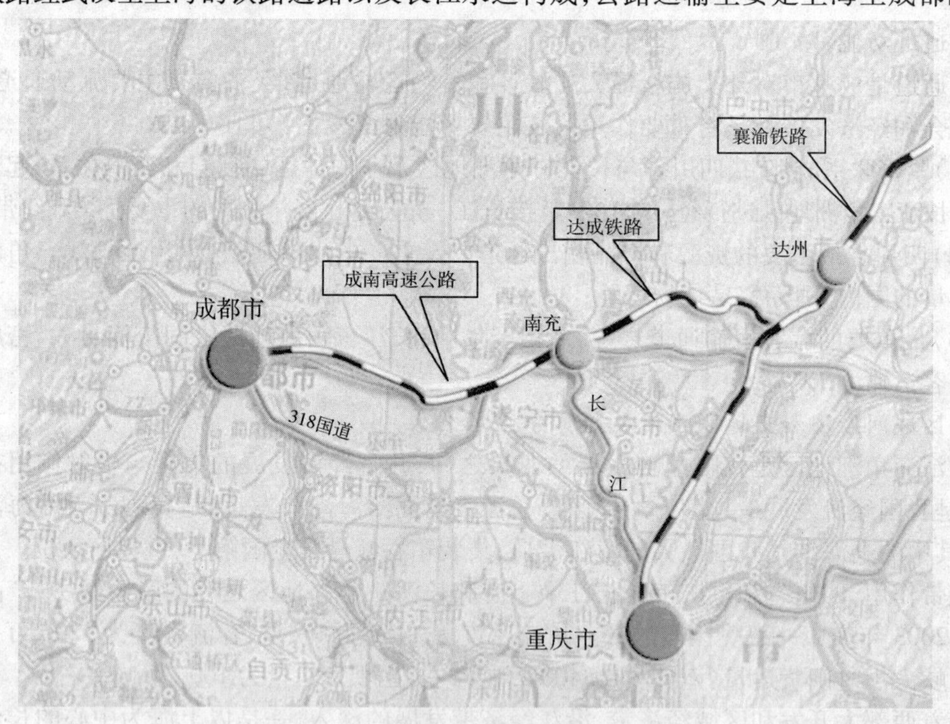

图7-7　成都—长江中下游和华东沿海通道现状

公路 G318 国道，沪蓉高速公路尚未全线通车。此外，成渝地区至上海的铁路货物运输还有川黔—湘黔—浙赣铁路通路，但运距较长，川黔线能力紧张。

4. 未来通道交通基础设施布局规划

（1）总体规划构想。

该通道对四川省和成都市经济发展的重要性决定了它必须要有足够的货运能力和低运输成本，并要满足货物运输的时间要求；同时，通道必须满足未来长江三角洲地区和成渝地区两大人口密集区之间的大客流量和不同层次的运输需求，尤其是随着经济合作的更加密切和人们收入水平的不断提高，商务、旅游休闲、务工等各方面客流大幅增加以及对节省在途时间的要求。为此，应该构建以铁路、长江水运为主，高速公路为辅的综合运输大通道。

①旅客运输：构建以沪汉蓉客运专线为主、其他铁路通道为辅的多条线路组成的旅客运输通道。

②货物运输：构建以襄渝—汉丹—宁西铁路至上海、成都经沿江铁路至上海通道、长江水运为主，以及其他铁路、沪蓉高速公路共同组成的华中和长江三角洲的综合运输大通道。

③集装箱运输：以长江水运和铁路运输为主、高速公路运输为辅。

（2）主要规划项目。

①沪汉蓉客运专线。

沪汉蓉客运专线是构建成都市对外快速旅客运输网络最重要的骨干线路，不仅直接快速连通上海等长江三角洲地区，而且可以形成与北京、华南地区的快速通道，覆盖人口密集、经济发达的三大区域。该线路起自上海，经南京、合肥、武汉、宜昌、重庆至成都，为国家铁路网中长期规划的“四纵四横”客运专线网之一。

该客运专线横跨我国长江经济带，直接吸引国土面积占全国 12%、总人口占全国 30% 的地区，可将人口稠密的成渝地区与经济最发达的长江三角洲地区紧密联系起来，并把成都、重庆、武汉、南京和上海五个特大城市密切联结在一起，有利于东、中、西部的资本、技术、人力资源跨区域快速流动和国外资本与技术向内地拓展，促进沿江经济带的崛起。目前，成都、重庆至武汉的客车经达成线、襄渝、汉丹运行，至上海的客车经武九、京九、浙赣线运行，绕行距离长，旅行速度慢，且大部分线路为单线，能力已经饱和，客车存在着严重超员问题。宁西、渝怀、遂渝等铁路投入使用后，成渝与武汉、沪宁杭之间仍没有直接通道。沪汉蓉客运专线是川渝地区与长江三角洲地区联系最快捷的通道，对于缩短成都至武汉、上海之间的运输距离，节省旅行时间，扩大输送能力，改善运输条件等有十分显著效果，应争取国家尽早安排建设。

②沿江铁路。

沿江铁路由襄渝线—达成线—万宜线—长荆线—武九线—铜九线—宁铜线组成。万宜线和铜九线“十一五”建成后，将全线贯通，为成都市增加一条直接连接长江三角洲的铁路通道，对克服襄渝线、汉丹线能力不足问题以及提高列车运行时速起着重要的作用。

③达成铁路增建二线。

目前达成铁路为单线，能力利用率已接近饱和，需要进行旧线改造和增建二线。一方面是随着经济的发展，通过达成铁路的客货运输量不断增长；另一方面是随着沿江铁路的建成使用和襄渝线改造后能力的提高，要求达成铁路的能力相匹配，才不至于形成“卡脖子”，才能为四川省提供有效率的通道服务。该项目为铁道部和四川省“十一五”项目。此外，安康—重庆增建二线扩能改造工程也是铁道部的“十一五”项目。

④建立与重庆等港口的便捷通道，积极利用长江水运大通道。

长江水运是我国最大的一条“黄金水道”，其运输能力相当于多条铁路，是长江上游地区至长江三角洲地区运输成本最低的一种运输方式，承担着至长江三角洲地区主要沿海港口的重要集疏运任务。充分利用长江水运的优势，尽可能地减小运输成本的不利制约，对于促进成都市的经济发展和产品进出口具有重要的积极意义。因此，成都市必须加强与长江上游主要港口的合作，开辟至这些港口的集疏运通道，开展有效的陆水联运。

对于成都市来说，最直接、最可利用的港口就是重庆港，相对于长江上游地区其他港口，重庆港在港口规模、航班密度、运输组织管理以及效率等方面具有优势，集装箱运输系统相对发达，而且也是距离成都最近的港口。为此，成都市应把利用长江水运提高到降低运输成本、促进外贸进出口发展、增强产品竞争力的战略高度来认识，加强与重庆港的紧密合作，开辟快速便捷的水陆联运通道。一方面积极改善与重庆港之间的铁路、高速公路的运输条件，在运输能力和运送速度提供有力保障，同时，改进和完善运输组织系统和组织方式，通过签订具体的合作框架协议等消除各种软性障碍，构建绿色通道。如果有条件，应积极建设成都无水港口岸，与沿海主要港口建立转关和大通关运行模式。

此外，成都市也可积极利用泸州港、万州港以及今后可能建设的嘉陵江上的南充港，为成都市至长江中下游地区的货物运输服务。

⑤贯通沪蓉国家高速公路。

该线路主要走向为上海—南京—武汉—宜昌—万州—广安—南充—成都，成都境内段为成南高速公路。

(3)未来通道的主要通路构成。

规划实施完成后，成都—长江三角洲和沿海港口的主要通路见表7-5、图7-8所示。通道条件将得到根本性改善，尤其是沪汉蓉客运专线的建成通车，将对成都市的对外旅客运输条件产生革命性的影响。

成都—长江三角洲和沿海港口的主要通路 表7-5

类　型	名　称
铁路通道	①沪汉蓉客运专线
	②成都(经达成铁路—沿江铁路)—南京—上海
	③成都(经达成铁路—襄渝铁路)—武汉—上海
	④成都(经达成铁路或宝成铁路)—西安—上海
水运通道	长江水路通道:成都(铁路或公路)—重庆港—长江中下游港口
公路通道	沪蓉高速公路

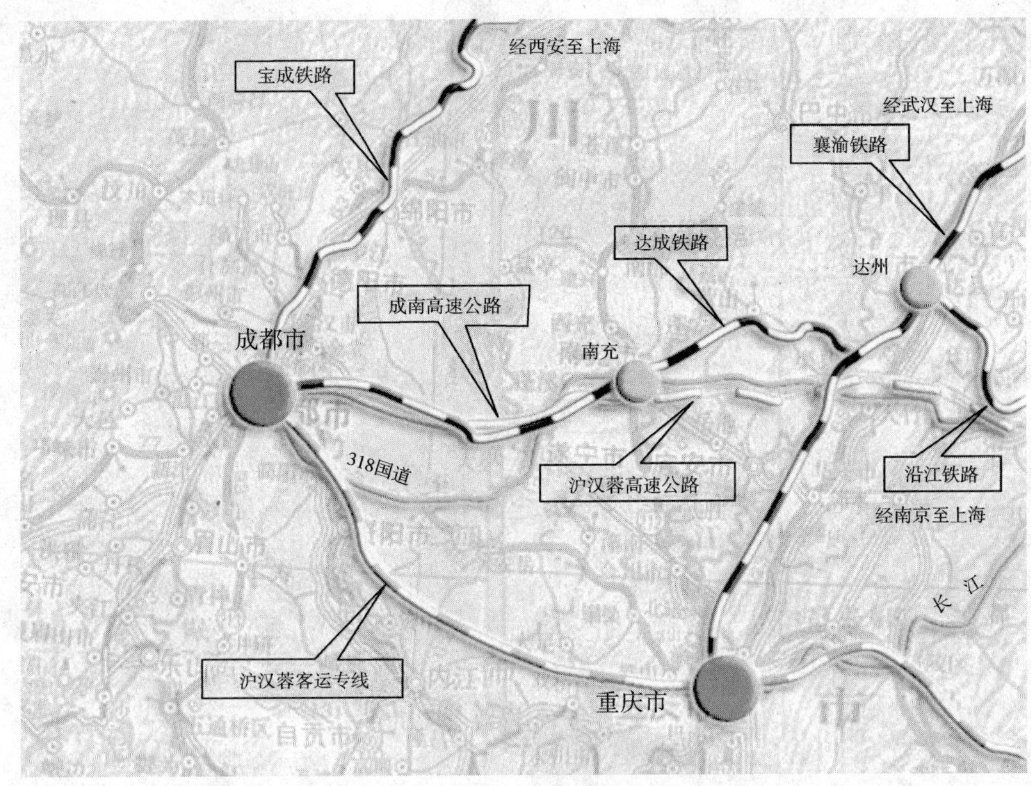

图 7-8　成都—长江中下游和华东沿海通道未来构成示意图

(五)成都—北京及环渤海经济区通道

1. 通道功能

该通道是成都市和四川省与首都及环渤海经济区的主要通路,是与东北地区联系的重要通道,其主要功能是:

(1)担负成都市和四川省与首都的交通联系和较大数量的旅客运输任务;

(2)担负成都与北京两个国家级综合运输枢纽的连接,促进成都市和四川省与首都、华北地区、东北地区之间的经济联系,承担因此产生的各种货物运输和旅客运输;

(3)通过交通条件的改善,促进和加强成渝经济区与京津冀经济区的合作。

2. 通道交通基础设施现状构成

由于运距较远,成都—北京及环渤海经济区通道,目前除了航空运输以外,地面运输基本依靠铁路,公路在长距离运输中主要起辅助作用。从成都出发的交通线路与成都至西北地区西安的线路线相同,分别由经安康至西安和经广元、宝鸡(公路经汉中)方向至西安的 2 条铁路线和 2 条公路线构成,过西安以后,则分别经太原和郑州至北京,如图 7-9 所示。

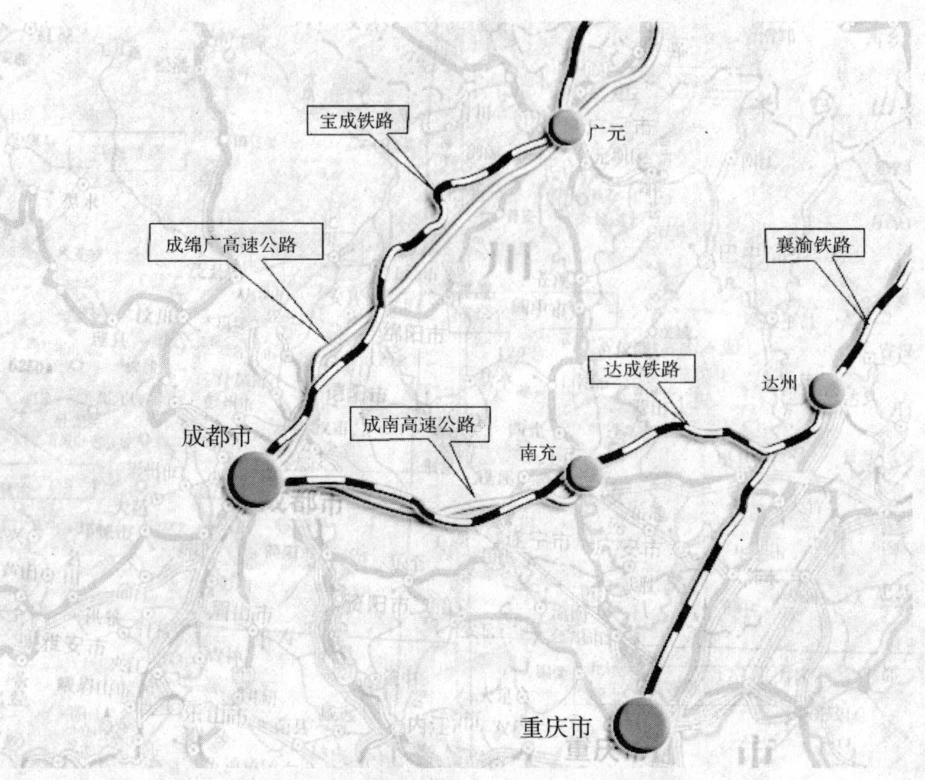

图7-9　成都—华北和环渤海经济区通道现状图

3. 未来通道交通基础设施布局规划

(1)总体规划构想。

该通道的重点是旅客运输,货物运输主要产品运输,除了极少量的山西煤炭进川外,矿产等资源性运量很少。由于该通道的通路必须经西安或武汉节点,因此,成都往外的通路基本上与至西北方向或上海方向的通路共用。

①旅客运输:构建以沪汉蓉客运专线和京广深客运专线形成的成都至北京高速客运通道为主,其他铁路通道为辅的旅客运输通道;远期形成成都—西安—郑州—北京客运专线通道。

②货物运输:依托达成铁路、宝成铁路构成的至北京和华北地区通道。

③高速公路:起着网络连接和长距离运输等辅助作用。

(2)主要规划项目。

①远期规划建设成都(重庆)—西安铁路客运专线。

成都经西安至北京距离相对较短,无论是加强西南地区成都(重庆)枢纽与西北地区西安枢纽的连接,还是构建布局比较完善的客运专线网络,在客流量较大的枢纽之间形成快速旅客运输通道,从远期来看,都有必要规划建设成都(重庆)—西安铁路客运专线。该线建成后,成都将可通过该线经西安—郑州铁路客运专线和京广客运专线形成至北京的客运专线通道。

虽然,《中长期铁路网规划》中未规划该条客运专线,但本书认为,远期有必要规划修建成都（重庆）—西安铁路客运专线。主要是西安—安康—成都（重庆）铁路承担着西南地区与西北、华北地区以及东北地区之间大量的物资交流以及部分能源运输任务，未来的货物运输需求随着经济的快速发展将会呈较大幅度增长，尤其是川渝地区从西北和华北调进的煤炭大幅增加后，铁路能力将不足，有必要将客运分离，以增加货物运输能力和改善旅客运输条件，同时增强西南地区与西北地区之间的通道功能。

（3）未来通道的主要通路构成。

规划实施完成后，成都—北京及环渤海经济区通道构成如表7-6、图7-10所示，客货运输条件将得到较大改善。

成都—北京及环渤海经济区的主要通路 表7-6

类　型	名　称
铁路通道	①高速客运通道：成都（经沪汉蓉客运专线、京广客运专线）—北京
	②成都（经宝成铁路或达成铁路）—西安—北京
	③远期高速客运通道：成都（经成都—西安客运专线）—西安—北京
公路通道	①成都（经京昆高速）—广元—西安—北京
	②成都（经沪蓉高速）—达州（经包茂高速）—西安—北京

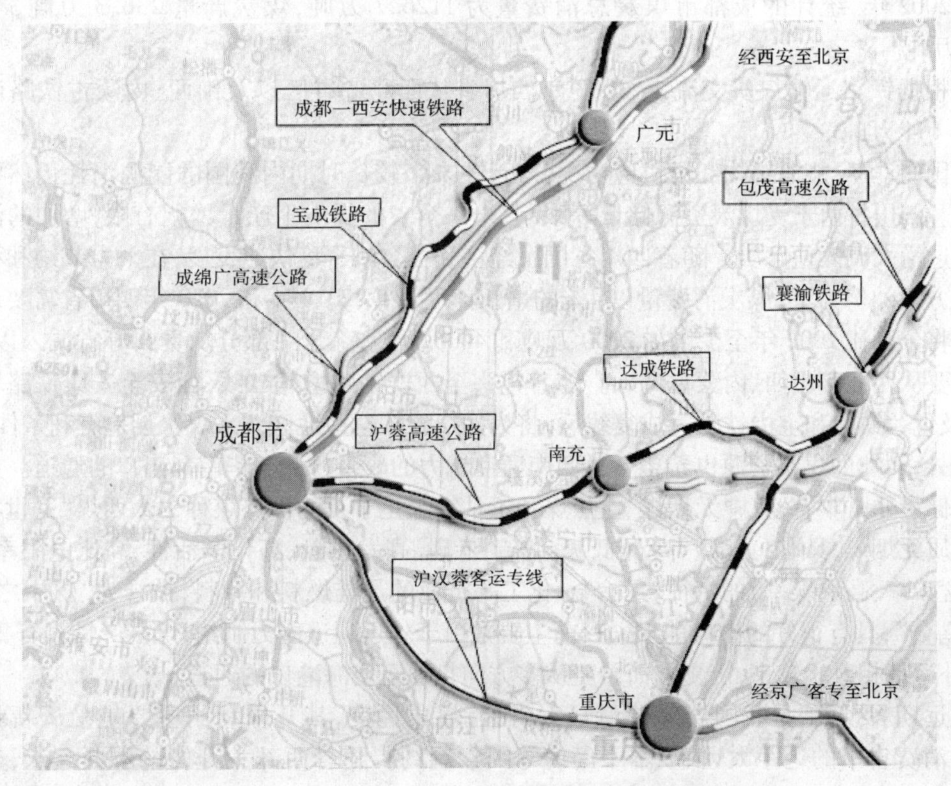

图7-10　成都—华北和环渤海经济区通道未来构成示意图

(六)成都—西北和中亚口岸通道

1. 通道功能

该通道是成都市和四川省获取能源资源和向西拓展外贸市场的重要通道,其主要功能是:

(1)成都市和四川省的重要能源供应通道,未来的能源生命线;

(2)西南地区连接“丝绸之路”和“新亚欧大陆桥”的陆路出口通道,是未来拓展与中亚、欧洲国际贸易和经济合作的重要桥梁和纽带;

(3)西南地区与西北地区的重要交通连接,密切联系西南、西北之间的经济、文化等各方面的合作,支持西部大开发战略的实施,承担西南地区与西北地区之间的货物和旅客运输,同时,也是西北地区经西南地区至华南沿海的重要经路。

2. 通道能源运输需求分析

(1)煤炭运输需求。

煤炭是我国最主要的能源,四川省煤炭资源有限,探明煤炭储量并不丰富,2002 年煤炭总消费量为 5462 万吨,统计的煤炭产量 2753. 9 万吨,即使加上未被统计的部分,也已成为实实在在的煤炭净调入省份。

①根据《中国能源统计年鉴》,2002 年四川省煤炭净调入量约 2708 万吨。

②2002 年,统计的成都市煤炭总消费量为 1126. 7 万吨,煤炭产量 236. 3 万吨,净调入 890. 4 万吨。

③根据铁路运输煤炭交流表,2003 年四川省从西北各省区以及山西、内蒙古铁路调入煤炭量为 104 万吨。

从国内、国际能源结构和可供应情况分析,在未来较长时期内我国的能源消耗仍然要以煤炭为主。四川省由于受煤炭资源储量等限制,未来全省的煤炭生产量增幅有限,增加的消费量需要通过增大调入量解决。随着四川省国民经济和社会的平稳快速发展,在大力节约和积极转变增长方式的努力下,煤炭消费量以 4% 的增长速度计算,2010 年和 2020 年四川省需要调入的煤炭量将分别比 2002 年至少增加 2000 万吨和 4000 万吨,除了一部分从贵州等省调入以外,大部分需要从西北和山西、内蒙古调入。随着包头至西安铁路增建二线、西安至安康铁路增建二线、以及包兰铁路和宝中铁路完成复线后,将为四川省从这些地区调入煤炭创造有利条件。

此外,西北的煤炭资源也希望通过西南通道能力的改善打通至华南和出口的通道。如宁夏的煤炭储量非常丰富,其中无烟煤、主焦煤和不粘结煤是宁夏的优势煤种,“太西煤”是世界上著名的优质无烟煤,具有“三低六高”(低灰、低硫、低磷、高发热量、高化学活性、高比电阻率、高强度、高含碳率、高块煤率)的特征,是冶金、化工等行业的最佳燃料和原料,被誉为“煤中之王”和“太西乌金”,具有很好的出口前景。目前主要是由于外运通道能力制约,煤炭产量只有 2300 多万吨,外运量相对比较小,宁夏方面希望从多方向打通至出海港口的通道。

从远期看,新疆是我国煤炭储量最大省区,煤质优良,其开采利用主要是受从新疆至煤炭主要消费省市的运距太远、成本不经济等因素制约。随着西部大开发的不断深入,交通运输条件的不断改善,洗精煤成本的降低以及“三西”煤炭可开采储量的下降,新疆煤炭开采利用的前景不断增大，未来15～20年后，很可能成为我国重要的煤炭生产基地。在地理位置和运距上，与其他省市相比，四川省从新疆获取煤炭资源具有更大的优势。因此，建设和改善通往新疆的通路将是成都市和四川省获取能源持续供应的重要保障之一。

（2）石油运输需求。

新疆是我国石油和天然气的重要生产基地，石油和天然气储量十分丰富，2004年石油和天然气产量分别为2227.7万吨和57.13亿立方米，分别占全国石油和天然气产量的12.7%和13.7%，是我国石油和天然气生产最有发展前景的地区。成都市和四川省的石油及制品主要来自西北地区的新疆、甘肃和陕西，2003年成品油消费量为171.7万吨，其中大部分是从这些省区调入的。

随着社会经济的快速发展和汽车普及程度的不断提高，成都市和四川省未来的石油及制品的消费量将会继续保持较快的增长速度，其来源主要还是新疆石油和进口的中亚石油，特别是如果成都市和四川省在产业结构调整升级中石化工业有突破性的发展，所需的石油供应量将进一步大幅增加。

新疆是我国西部最重要的石油基地，一是新疆石油和天然气资源勘探不断取得新的进展，石油产量逐年增加，占全国比重不断提高；二是随着我国从中亚地区进口石油的不断增大，其作为西部石油供应基地的地位将进一步突出，目前中哈石油管线已建成输油，管道年输送能力2000万吨，未来还将可能继续修建新的管道，石油进口量将可能进一步达到4000万吨。与此同时，新疆至兰州也修建了原油和成品油双管线。

目前成都市和四川省的成品油主要依靠西北地区的兰州炼厂和新疆炼厂供应，通过兰成渝成品油管线和铁路运输。随着成品油消费量的不断增加，2010年后兰成渝成品油管道的输送能力将逐渐不能满足需要，铁路的油品运量将会逐年增加。此外，成都规划建设大型石油化工企业，如果项目获得批准，炼油企业建成后，则可以减少部分成品油调入量，但要大量调入原油，需要建设原油输送管道。

3. 通道对外贸易运输需求分析

成都市和四川省距离沿海口岸较远，与沿海地区相比，在产业和产品出口方面竞争能力相对较弱。今后除了尽力发挥资源优势、发展优势产业、改善交通条件，减少运距长和运输总费用高的劣势，使更多的产品能够经济地从沿海口岸进出口以外，成都市和四川省还应充分利用自身的地理位置优势，以丝绸之路和新亚欧大陆桥作为桥梁向西拓展外贸市场，通过新疆口岸积极开拓中亚和欧洲市场。一是可以通过阿拉山口口岸至中亚各国和欧洲；二是可以通过红旗拉甫口岸以公路和未来计划修建的中巴铁路至巴基斯坦等国。随着我国与中亚各国之间的贸易不断扩大，与东部省市相比，成都市和四川省在向西发展的陆路口岸方面，在距离上具有相对优势。交通运输条件的好坏是实施这一市场战略的重要保障。

4. 通道交通基础设施现状构成

目前，成都—西北和中亚口岸通道运输以铁路为主，公路和管道为辅，交通线路主要由 2 条铁路、2 条国道公路、1 条成品油管道构成(见图 7-11),其中铁路通道也是成都至北京和环渤海经济区的共用通道。

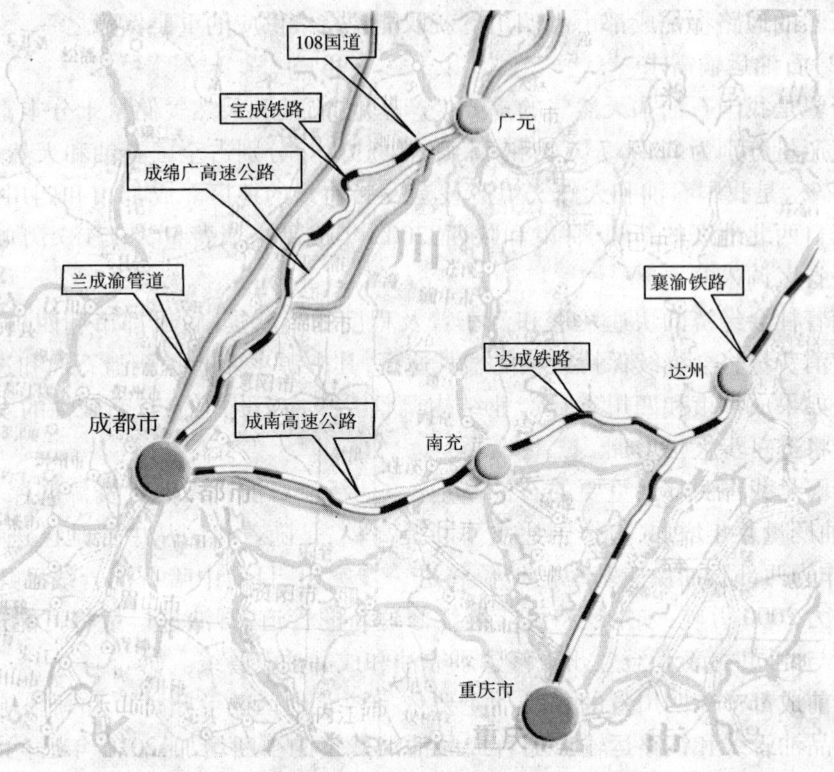

图 7-11 成都—西北和中亚口岸通道现状

5. 通道交通基础设施布局战略规划

(1)总体规划构想。

未来通道布局和运输能力必须满足:保障持续稳定获取社会经济发展所需外部能源、原材料;支持成都市和四川省拓展中亚、欧洲国际贸易市场;满足西南地区与西北地区之间旅客和其他货物运输需求;支持西部大开发战略的实施。由于运距长以及能源等大宗物资比例大,未来的通道应以大幅增加铁路能力和提高运行速度来提升通道的整体技术水平,为经贸发展提供有力支撑和保障。

①旅客运输:形成以宝成—兰新铁路快速客运为主,兰成渝铁路等为辅的跨区域旅客运输通道;

②货物运输:构建宝成—兰新铁路、兰成渝铁路、成都—库尔勒铁路多通路的铁路货运通道以及成都至西安、成都至兰州的高速公路通道。

(2)主要规划项目。

①宝成铁路全线复线和提速改造。

建议国家尽早安排宝鸡—阳平关段的复线建设以及对全线进行提速改造,在增大运输能力的同时，提高旅客列车运行速度，将宝成铁路作为全国快速客运网络的组成部分。

②建设兰成铁路。

该铁路不仅可以较好地为九寨沟旅游服务，更主要是可以加强西南地区与西北地区的甘肃、新疆、青海等省区的联系，有利于促进西部大开发战略的实施；可增强西南地区与新亚欧大陆桥的连接和能力供给，减轻宝成铁路的运输压力，缩短运输距离，促进对外贸易的发展；有利于西南地区从新疆、甘肃以及中亚地区获取社会经济发展所需要的能源和原材料等。

③规划新建成都—格尔木—库尔勒铁路。

该线路是成都至新疆南疆和红旗拉甫口岸最短的一条线路，也是未来获取新疆石油、煤炭等能源的一条重要线路。成都至格尔木铁路从成都枢纽引出，经都江堰、理县、马尔康、阿坝进入青海境内，经久治、玛曲、河南至泽库，然后分成两条线路，一条经同仁、尖扎、湟中至西宁，另一条经同德、兴海、沿察汗乌苏河谷至都兰、宗加、诺木洪、大格勒至格尔木，全线长约1750km。其中，四川省境内约450km。库尔勒—若羌—格尔木铁路长约1250km，为国家铁路网中长期规划的项目。建设成都至格尔木铁路，不仅可以形成库尔勒—格尔木—成都的一条长距离运输通道，完善路网结构，而且还可以带动和促进川西北地区和青海东中部地区的经济发展，有助于西部大开战略的实施和全面小康社会的建设。

④贯通成都—广元—汉中—西安高速公路。

该高速公路是国家高速公路网规划的北京至昆明高速公路（M4）中的一段，其中成都全广元段已建成，广元—汉中—西安尚未建成。

⑤建设成都—广元—兰州高速公路。

成都至广元段已建成，广元—兰州段是国家高速公路网规划的兰州至海口高速公路（M45）中的一段，目前尚未建设。

⑥根据石化产业规划布局，配合规划修建相应原油管道。

成都市根据经济发展和产业结构调整需要，一直在争取大型石化项目，如果项目获准，则需要规划建设武威—彭州原油管道，使新疆原油或中亚进口原油能够通过管道直接输往成都加工地。

（3）未来通道的主要通路构成。

规划实施完成后，成都—西北和中亚口岸通道主要通路见表7-7、图7-12所示，通道运输能力和交通条件将大为改善。

成都—西北和中亚口岸的主要通路 表7-7

类　型	名　称
铁路通道	①成都（经宝成铁路/达成—西康铁路）—西安
	②成都（经宝成铁路）—兰州—乌鲁木齐—中亚口岸
	③成都（经兰成铁路）—兰州—乌鲁木齐—中亚口岸
	④成都—格尔木—库尔勒—中亚口岸
公路通道	①成都（经京昆高速/包茂高速）—西安
	②成都（经兰海高速）—兰州—乌鲁木齐

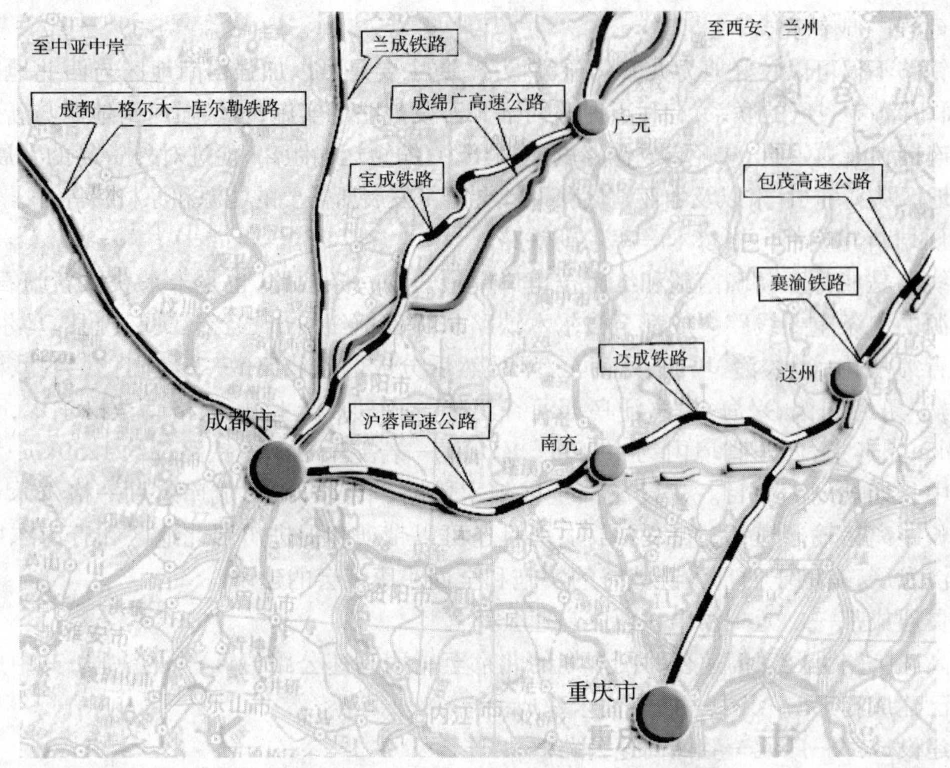

图7-12　成都—西北和中亚口岸通道未来构成示意图

(七)成都—东盟自由贸易区通道

1. 通道功能

该通道是成都市和四川省加强与泛珠省区合作、拓展东门市场以及增加能源保障的未来重要通道。该通道的成都至昆明段与成都至广西沿海港口通道共用。通道的主要功能为:

(1)成都市和四川省与泛珠省区云南省之间的主要交通通道,承担两省之间的经济和人员往来运输;

(2)成都市和四川省拓展东盟市场的国际贸易通道,尤其是2010年中国—东盟自由贸易区建立后,通道条件对于贸易的紧密程度和贸易量有着重要影响;

(3)促进四川与云南两个旅游资源大省加强合作、构建川滇大旅游区(或大旅游线路)的重要交通载体;

(4)随着我国经东盟至云南进口能源通路的逐步形成,该通道也将为成都和四川省获取进口能源提供选择和增强保障性;

(5)担负成都和四川省至广西沿海港口的进出物资运输任务。

2. 与东盟经贸发展趋势分析

经济全球化是世界经济发展不可逆转的大趋势，成都市和四川省在国际贸易上与沿海省市相比处于较明显的地缘劣势，在吸引国际产业转移和产品进出口方面难以形成较全面的竞争优势和较大的产业规模。随着2010年中国—东盟自由贸易区的建立，这一局面将有可能得到较大的改变。自由贸易区的建立，将会极大地扩大相互间的经济合作与贸易往来，促进相互间市场范围和市场规模有效扩大，将为成都市和四川省较大规模地拓展国际贸易、更大范围更深程度地融入到经济全球化中、促进经济更快发展创造有利机会。成都市和四川省应充分利用与东盟各国陆路通道距离相对较近、运输快捷的地理位置优势，结合国家对至东盟通道的建设，积极打通成都至东盟的国际贸易大通道，拓展东盟国际市场，并将其作为未来扩大国际贸易的一个重要突破口和促进经济增长的动力源之一。

3. 通道交通基础设施现状构成

成都—东盟自由贸易区通道成都至昆明段，目前主要由成昆铁路和国道G108构成，铁路和公路的技术等级都比较低，运输能力和通行能力小，于大通道的要求相比还有很大的差距，如图7-13所示。

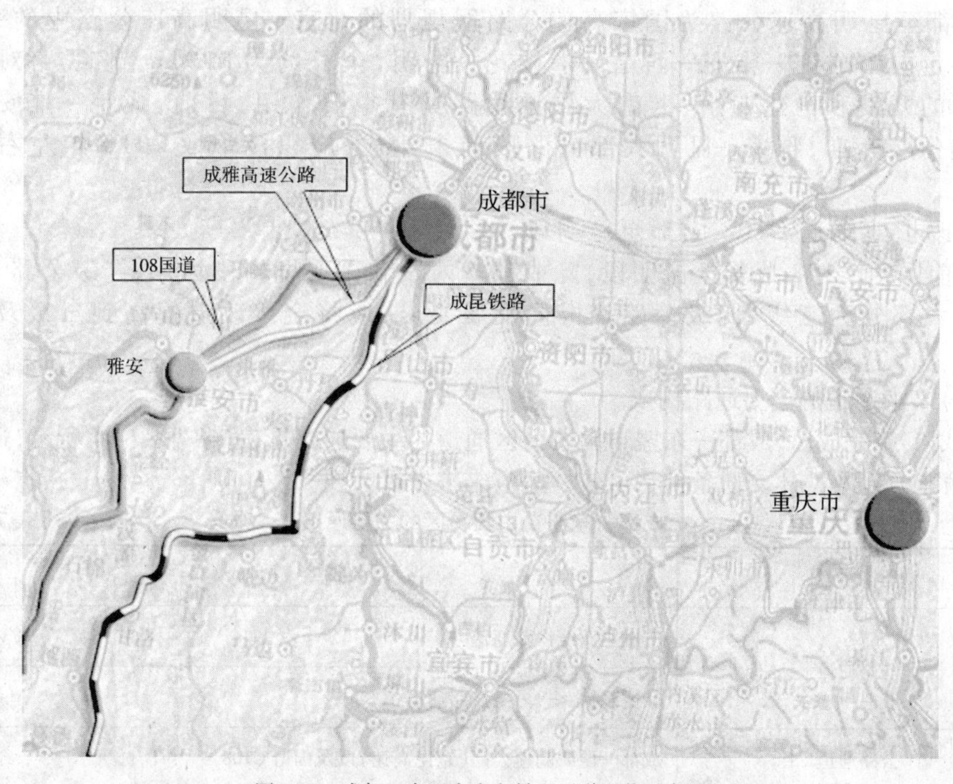

图7-13 成都—东盟自由贸易区通道现状示意图

4.通道交通基础设施布局战略规划

(1)总体规划构想。

该通道既是成都市和四川省至东盟重要的国际贸易通道,也是重要的旅游通道,通道的运输能力和质量必须满足未来的对外贸易发展和游客对时间性、便捷性、舒适性的要求,铁路和高速公路都具有重要作用,能力和技术水平应满足大幅增强通道功能、促进外贸和旅游业较快发展的要求。

(2)主要规划项目。

①改造既有成昆铁路和增建二线。

成昆铁路建于20世纪70年代,技术标准较低,目前运输能力已饱和。该线路是四川省大宗货物进出广西沿海港口的重要通路,也是未来四川省发展与东盟贸易以及促进旅游业进一步发展的重要线路,无论是从运输需求还是经济发展战略上都需要对成昆铁路进行大的技术改造,并增建二线,使其功能满足成都市和四川省经济发展的要求。铁道部已将其列入"十一五"规划建设的项目。

②贯通成都至昆明高速公路。

成都至昆明高速公路为国家高速公路网规划的北京—昆明高速公路中的一段,其主要走向为成都—雅安—西昌—攀枝花—昆明,全长约为829km,该线路对于旅游资源的开发和构建四川、云南大旅游线路具有重要作用,目前,成都—雅安段已为高速公路标准,雅安—昆明大部分路段尚未建成,应积极争取2010年左右全线贯通。

③改扩建国道G108成都至昆明段。

目前国道G108成都至昆明段,除成都境内段和昆明境内段为一、二级公路外,其余路段大部分为三级、四级公路。根据发展要求,应将全线改造提高到二级及以上标准。

(3)未来通道的主要通路构成。

规划实施完成后,成都—东盟自由贸易区通道的主要通路见表7-8、图7-14所示,通道功能、运输能力以及整体交通条件将可较好适应未来发展需要。

成都—东盟自由贸易区的主要通路 表7-8

类型	名称
铁路通道	①成昆双线铁路通道
	②成渝铁路—内昆铁路通道
公路通道	成都—昆明高速公路(京昆高速)以及国道G108

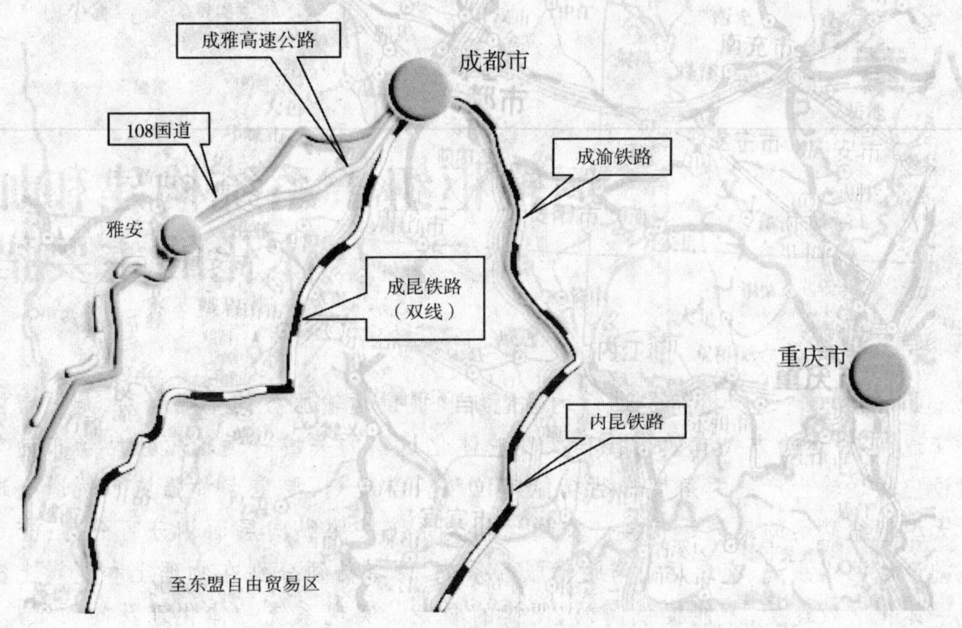

图 7-14　成都—东盟自由贸易区通道未来构成示意图

第八章 >>>

运输枢纽子系统构建和加强一体化的主要措施

内容提要：运输枢纽是进行运输组织和提供运输服务的重要场所，是城市内外交通、各种运输方式有效衔接和实现一体化运输的关键。运输枢纽站场布局与建设应从运输生产链的角度进行功能定位和科学规划，要重点加强城市轨道交通对大型枢纽站场的集疏运衔接。交通运输大系统按照纵向层面划分可分为：交通基础设施网络系统、交通运行与运输服务系统，两者必须分别在物理上和逻辑上实现一体化有效连接，才能提供高效、便捷的服务。实现系统一体化涉及的面很广、需要解决的问题很多，重点在于体制和机制以及市场构架所能形成的推动力。

第一节　运输枢纽子系统构建与发展

一、枢纽的概念及运输枢纽与交通枢纽的区别

目前在理论界、学术界，对交通运输方面的枢纽没有统一规范化的定义和分类，“枢纽”的叫法非常混乱，概念不清，“交通枢纽”和“运输枢纽”经常混用，不仅在口头表述和文章上，在一些规划文件上也有这种现象，由此造成对枢纽的相关问题和内涵认识不清晰，规划的内容和思路界定不清楚，不少规划只停留在宏观层面或理念上，难以被具体化落实。有些站场虽然规划了布局方位以及场地，但没能被有效建设和经营起来。其关键的问题就是对交通枢纽与运输枢纽的区别以及枢纽在运输链中的功能作用没有搞清楚。

（一）“交通”与“运输”的区别

“交通”与“运输”都具有广义和狭义的含义，经常被相互替用或通用，但严格来说，二者有区别，侧重的对象和内容不同。“交通”的主要含义是通行、往来，关注的重点主要是载运

工具的方式和运行过程以及运行的整体状态;“运输”的主要含义是运送、搬运,关注的重点是载运工具载运对象(即人和货物)的位移及实现位移所提供的各项服务,其具有产出产品的性质,是载运工具运行的目的和结果,生产过程包括运输组织、装卸、载运工具运行过程、信息和单据传递、以及其他相关的服务。即使通常所说的“私人交通”、“公共交通”,实质上也是指采用“私人载运工具”、“营业性载运工具”进行的“运输”。

(二)交通枢纽与运输枢纽的区别

交通枢纽,主要是指交通网络的中枢或重要结点,是载运工具流产生、汇集、交汇的关键区域。交通枢纽强调的主要是交通网络的汇集和连接,满足交通流的继续或改变流向的要求,并不一定要进行具体作业。除了具体的网络节点以外,一般地,其所指的结点和线路交汇衔接是在一个地域范围内由相关线路连接形成的大结点,具有宏观和抽象的概念。因此,涉及交通区位条件、网络上的重要节点城市或枢纽城市时可以用交通枢纽表示,如西南交通枢纽、全国性综合交通枢纽、北京综合交通枢纽等。其中心意义,一是指已经具有或需要规划建设相应数量和功能级别的通道与之相连和匹配,二是指区域网络核心功能和对区域经济辐射带动功能的支撑强度。

运输枢纽,是指运输网络中有较大规模客货运输生成源的主要结点,并由一组或多组客货运输站场构成的为进行客货运输生产和为旅客(货主)能够集体性便利地利用公共运输的基础设施。其规模主要取决于当地的对外运输量和中转量,也与整个运输网络的组织模式有关。运输枢纽形成的根本前提是所在地区有较大的客货运输需求生成源、区域客货流的主要汇点和中转地,而不仅仅是交通网络的结点。

(三)运输枢纽与交通枢纽的关系

运输生产必须依托载运工具的交通运行来完成,交通流产生于客货流,运输枢纽站场既是进行运输生产组织的具体场所,同时又是公共运输载运工具流(除了直接的门到门运输以外)在交通枢纽内发生、到达、通过、停靠的具体物理点,是与交通网络相配套的基础设施,是交通枢纽结点功能的具体体现和落实。尽管运输枢纽的规模主要取决于当地的运输量和中转量,但是其形成必须要有相应发达的交通运输网络作为基础和前提,否则不能形成运输枢纽。运输枢纽规模较大的城市必定是网络的重要结点和交通枢纽城市,但反之并不一定成立,即有主要以交通流通过为主交通枢纽城市。

(四)运输枢纽与运输站场在概念及层次上的差别

在当前非规范化的叫法中,运输枢纽既有指一组或多组客货运输站场的集合,如北京铁路枢纽、北京公路主枢纽等;也有指单个运输站场实体的,如六里桥综合客运枢纽、上海虹桥综合交通枢纽等。为了便于所指和表述的一致性,有必要对叫法进行规范统一。

1. 运输枢纽

建议统一到总称的概念上,指一个地区内枢纽站场的有机整体,至少应包含两个及以上枢纽站场或多种运输方式枢纽站场的组合。

(1)单一方式运输枢纽(对于大交通方式而言,可以有多种集疏运方式),指的是其枢纽站场的集合体,如某铁路枢纽,指的是结点范围内的所有客货运站场、线路和编组场等基础设施的整体;国家公路运输枢纽、某公路主枢纽,指的是结点范围内客货运枢纽站场以及信息中心等基础设施的集合体。

(2)综合运输枢纽,指的是两种及以上对外运输方式枢纽站场集中布局的一体化组合实体,不是宏观概念,而是运输站场实体,之所以不用站场称呼,主要是避免诸如"北京西站综合客运站"等绕口叫法。对于宏观上或泛指的各种运输方式枢纽站场集合的概念,建议用"综合交通运输枢纽"表述,如"完善××市综合交通运输枢纽布局,积极发展和建设综合运输枢纽"。

2. 运输站场

运输站场是一个具体的实体概念,指进行运输生产组织、客货换乘(换装)、中转衔接以及货物仓储的建筑场所。如公路客运站、货运站,铁路客运站、货运站、货场,既可以是枢纽站场,也可以是非枢纽的一般性客货运站场;机场、港口也属于站场范畴。

枢纽站场是指归属于运输枢纽组成的客货运站场,如北京铁路枢纽的北京站、北京西站、北京集装箱中心站,北京公路主枢纽的六里桥客运站、四惠客运站等。

二、枢纽站场在运输生产链中的功能作用及与运输承运人之间的关系

运输枢纽的实体是运输站场,一般由枢纽系统内的多个运输站场以及信息中心构成。运输站场是进行公共运输生产的必备场所和设施,是运输中转衔接环节的重要平台,它担负着载运工具停靠、停放、整备,客货运输受理,客货集散、中转、装载发送和到达接卸、货物仓储、信息与单证传递,以及运输工具的运行调度指挥等功能。运输站场的发展对于增强运输能力、提高运输效率和服务水平具有重要影响,也有助于提高运输组织化程度和改进运输组织模式。但是,在运输生产链中,运送是目的和关键,运输链中的链主和主导者是承运人,他们主导和决定着运输的组织模式和市场的运行状况,尽管运输站场的功能在运输生产过程中很重要,是不可或缺的组成部分,但站场作业和站场服务仅是运输生产过程中的一个环节,服务于承运人的运送生产,属于从属地位,不可能主导和控制运输生产链和运输市场。运输枢纽站场最根本的作用是承运人进行运输生产和面对货主的场所,公用型货运枢纽其本身不是承运人,不直接参与运输过程,今后也不太可能发展为以货运站场为总代理的运输组织方式,就如港口不是船运代理和组织船舶运输一样。然而,在一些公路运输站场规划中,往往以运输站场控制运输组织、主导运输组织化程度提高的思想进行规划,由此造成一些规划的站场(主要的货运站场)建设不起来,或利用率和效果不理想。

在运输生产过程中,无论是旅客还是货主都是与承运人(或承运代理人)之间的合同关

系，而不是与运输站场构成合同关系，而不是与机场、汽车客运站、港口等构成运输合同关系。而且，运输网络开展、运输工具调配、运输组织也都是由承运人决定和执行的，如港口的航线、班次开行是由船运公司决定的，而不是港口，港口只能通过改善自身的条件增强对承运人或货主在指定港口时的吸引力。实际上，公用型运输站场是提供运输专业技术服务的物业平台，服务的对象是承运人，并通过为承运人提供相应的站场服务从承运人中获取收入，其能力、环境、服务质量是争取更多业务的重要条件，同时也是行业发展水平的重要考核指标。

不同运输方式的运输站场运行方式不同，应有相对应的规划建设思路。铁路运输中，运输站场属于所在地铁路公司，为其他铁路承运人提供作业服务，通过铁路清算体系清算。水路运输、航空运输、公路旅客运输，将站场作业及服务作为独立的业务全部委托给港口、机场、汽车客运站经营，港口、机场、汽车客运站提供社会化服务。而公路货物运输机动灵活，不像其他运输方式必须要有固定的线路站点进行作业，并且货物受理、装卸、运输组织等基本上都需要承运人自己完成，很难将站场作业分离出来交给公用型站场公司。因此，公路货运站的主要形式是承运人向公用型站场租用场地、办公用房、仓库、大型装卸设备以及信息平台服务等，公用型公路货运站实际上是提供一定公用物业设施和信息平台的承运人集中区，相似于物业经营单位，承运人是否愿意进驻要取决于经济性、地理位置等因素。当然，货运站本身也可以自己开展这些服务，尤其是利用信息系统优势开展中介服务，为货主、众多的小型运输企业和个体车主提供各种有关的信息服务，提供诚信运输保障，代理运费结算等，也可以成为一些运输企业的承运代理人。由于目前公路货运企业普遍规模不大，对场地条件要求不高、灵活性大，加之运输市场的低成本竞争环境，对公用型公路货运站的发展，一方面仍然需要加大运输市场发展的引导，培育骨干运输企业，增加对货运站场的使用需求；另一方面要结合公路运输生产的实际，以服务于承运人、增强运输市场管控能力的思想进行规划建设，要使承运人使用得起，并能增加业务收益。

三、运输枢纽子系统构建与发展主要目标要求

都市运输枢纽系统是由各种运输方式的枢纽站场实体和综合运输枢纽实体组成，其最主要的功能就是进行运输生产集中组织，为旅客或货物提供使用公共运输服务的出发、到达、中转的平台场所和设施。都市运输枢纽系统的构建是一项非常复杂的系统工程，不仅涉及各种运输方式以及综合运输系统本身，而且涉及城市发展和社会经济学等众多复杂的问题，与城市空间布局、土地利用总体规划密切相关，对城市形象、交通环境、出行便利性等有重要影响。其系统构建和发展应达到以下目标要求：

（1）各种运输方式的枢纽站场布局符合城市空间布局规划和土地利用总体规划以及城市交通管理要求，引导城市空间结构优化，尽可能减少因运输枢纽布局原因而造成穿行市区交通大幅增加以及局部交通过度集中、拥挤等。

(2)枢纽站场规模、设施等总体发展水平要有效保障和满足运输生产组织需要以及预留未来发展空间,要体现以人为本,与社会进步和人们生活质量提高相适应,以及拥有较高的信息化服务水平。

(3)各枢纽站场要与城市交通、城市物流配送体系一体化紧密衔接,增强便捷性和使用方便性。

(4)充分体现规模化、集约化、节约资源的思想,科学确定合理规模以及布局方式,积极发展集各种运输方式于一体的综合客运枢纽。

(5)枢纽站场的规划布局和建设要有利于促进运输组织方式创新和效率、效益的提高。

四、运输枢纽子系统构建与发展的主要思路

(一)科学编制都市运输枢纽总体布局规划,引导枢纽站场合理布设

都市枢纽站场作为城市的重要建筑物和大型基础设施,其地理位置布局规划和建设规模,不仅直接影响着进入都市的交通线网布局、运输组织的顺畅程度、城市内部客货交通流的流向以及集聚地区和集聚强度,而且影响着城市空间结构布局、功能布局、城市交通线网布局。如果布局不合理、与城市客货流分布和流向不协调,将会造成不合理运输增加、城市交通负荷加重和交通拥堵,制约城市发展空间。因此,必须根据城市空间发展战略、土地利用规划、交通运输的功能作用以及与城市发展的关系,科学编制运输枢纽(站场)总体布局规划,由交通运输专家、城市规划专家共同进行论证,通过后纳入城市总体规划,从城市总体布局和发展的需要对各类运输枢纽站场的布局进行指导和约束。

借鉴国外大城市经验,结合我国都市规模不断扩大、以地铁为骨干的城市交通网络正在大面积构建的发展特点,运输枢纽(站场)总体布局应体现以下思想:

(1)对市区内的既有主要铁路客站要尊重历史现实,并进行现代化改造。

都市内的现有主要铁路客站是交通运输与城市空间结构相互布局的历史结果,已形成了比较复杂的都市铁路枢纽线路布局和各站场之间的关系,迁移的难度和成本巨大,而且在市区内布局有其很大的合理性,国外许多城市的铁路车站也都在市内中心地区。关键是要对其功能进行合理定位,加强和改善与城市交通的连接,按现代化的要求进行设施改造、装备配置。

(2)规划新建的铁路站场应尽可能布局市区外围地区。

根据城市功能疏解、减轻城市交通压力的发展要求,市中心区人口外迁、客流外移的特点,以及城市轨道交通线网的向外延伸,规划新建的铁路站场应尽可能布局市区外围地区,并与都市人口和客流分布相协调,加强薄弱地区的站场配置,如北京市应加强北部地区的铁路客站布局。同时,应对枢纽内的各站场进行比较合理的功能分工,时间性要求强的城际铁路、高速铁路和客运专线应尽可能安排引入市区主要客站,其他安排在市区外围客站,通过

轨道交通的有效衔接进入市区各地。

(3)单一的公路客运枢纽站场应规划布局于市区外围交通便捷的地区。

为了减少外部大型客运车辆对城市交通的影响,除与市区铁路客站组成综合客运枢纽以外,单一的公路客运枢纽站场应尽可能布局在市区外围区域,如北京市的四环路附近,成都市的三环路以外地区;同时,建立城市公共交通的便捷连接。在轨道线路尚未连通前,应及时开通地面公交线路,在与城市轨道主要换乘站或公交站场之间可采取公交摆渡方式,形成便捷集疏运。公路客运枢站场应根据客流规模和特点,以及不同方式的经营成本、效率、效益等,研究各城市具体的布局与经营模式,是以经营多个方向客运线路的综合型客运枢纽站场为主,还是以经营单一主要方向客运线路的单方向客运枢纽站场为主,或二者结合统筹布局。对于市中心地区的既有公路客运枢站场,可通过土地置换等方式进行迁移。

(4)积极规划建设综合客运枢纽。

对于同一区域布局不同运输方式的客运站场,要通过土地利用规划以建设综合客运枢纽的方式促使他们整合,进行联合建设。例如,北京应将在通州布局的公路主枢纽客运站与铁路新东站进行整合,北部地区公路主枢纽客运站与建议规划的铁路清河客运站进行整合和一体化建设,建设首都机场集公路、城际铁路的综合客运枢纽等;而市区中心的北京站、北京西站、北京南站等,由于空间有限以及客车进出通道等问题,则不宜公铁合建,而是加强公路客运站与铁路客站的轨道交通联接。对于省会城市,由于一般仅一个或两个铁路客站,服务的辐射范围包括全省,因此,应积极规划布局建设公铁综合客运枢纽。

(二)发挥政府引导作用,对客货运枢纽站场采取分类指导政策,加快枢纽站场建设

随着我国交通网络基础设施的快速发展,交通状况的不断改善,运输枢纽发展滞后已成为突出问题,不仅影响着运输能力的充分发挥和行业整体服务水平的提高,而且由于客运枢纽站场是城市的重要窗口和标志性建筑物,对城市形象的影响也很大。无论是国家交通运输主管部门还是地方政府,都已开始将加快运输枢纽站场建设作为重要任务之一。

运输枢纽站场是保障运输开展、实现交通网络一体化的重要基础设施,同时又是运输生产企业的生产性设施,既可以由运输经营企业独自建设和使用,也可以采取公用型服务的方式进行建设和独立经营,对社会开放,为运输市场的众多经营者提供服务。从资源节约和政府引导的角度,应大力发展公用型枢纽站场。因此,在发展上存在着政府投资建设责任与企业投资建设经营的界限划分问题。一般地,效益好、经济较发达地区的站场较容易获得投资和发展,效益差、落后地区、政府投资参与少的站场发展困难。要加快站场发展,很重要的一点就是要明确政府在不同类型运输站发展中的责任和投资范围,为此,需要根据交通运输和社会发展的当前阶段和发展要求,结合不同地区、不同运输方式的需求特性,对客货运输站场属性进行研究和定位,制定相应的支持发展政策。

客运枢纽站场既是运输企业进行运输生产、运输组织的必要基础设施，又是城市的门户窗口和城市标志，城市对其建筑形象有相应要求，具有一定的公益性质，而且一般投资都较大，难以完全按经营性项目进行投资建设。因此，需要行业主管部门、地方城市政府的推动和引导，除了场地规划以外，在投资上应给予相应较大的支持。

对于货运枢纽站场，由于生产性、经营性特征比较明显，应按照规模化、集约化、符合网络布局合货物流向的要求，政府规划场地，以"企业为主、政府扶持、社会化服务"的模式进行投资建设与经营。

（三）以"货物运输和物流组织相融合"进行枢纽站场布局建设，促进运输组织方式创新

物流与运输是分不开的，货物运输应将物流管理技术和物流服务融入到一起，并以其来提高运输组织和管理水平。货物运输和物流不是两套独立的系统，不能分别单独建设，因此，货物运输枢纽站场规划需要将物流中心纳入统一规划、建设，为物流公司进行物流组织、配送、仓储、提供停车场地和信息平台等服务，实施外部货物运输与城市配送有效对接，减少货运站场与物流中心之间的再次倒运。货运站场建设最根本的目的就是要提高运输组织化程度和运输效率、降低运输费用，更好地提供运输的全程服务，而不是为了通过不必要的倒转增加作业环节和作业量。

以公路货运枢纽站场为例，公路运输的最大优势是"门到门"，货运枢纽站场以及物流中心的规划建设宗旨就是在发挥这种优势的基础上，通过合理组织提高运输的经济性和效率。货运站的主要作用是受理业务和为进行合理的运输组织、降低运输成本提供支撑和服务，其合理布局和建设对于运输组织模式和运输组织创新（如"干线＋集散"运输模式的开展等）以及运输成本节约具有重要影响作用。公路货运枢纽站场的布局与建设规模应体现以下思想：

（1）货物进入公路货运站作业主要是为了提高运输效率，为货主节约运输费用，完成某些必须在货运站才能完成的货运作业。

（2）减少运输环节和装卸搬运次数，是减少运输费用和提高送达速度的关键；在运送条件和经济性可行的情况下，一般货主都会采取"门到门"直达运输，不进入货运站，只是相关的信息和数据在货运站传送。需要进入公路货运站作业的一般是：零担货物、拼装运输货物、拆装箱货物以及需要在货运站包装、仓储和配送的货物等；大宗散货以及整车运输不需进入公路货运站作业（除非仓储与配送需要）。

（3）进入货运站的货物量与运输组织方式和不同装运的运输费用有很大关系，大量开展干线运输（如采用20～40吨的大型厢式货车运输等）与两端集散的组织方式，如果经济效果好，将会吸引相当部分原来采用小吨位整车直达运输的货物进入站场作业。

（4）从减少中转环节的角度来说，物流的最高境界是"物流无中心"。在信息系统的支持下，按定单要求的数量、时间、批次，按时生产，按时直接送货到门。从运输组织角度来说，如果运输条件和经济可行，即使是大型车运输甚至是大型车拼装运输也可以采取直接送货到货主仓库的运输组织方式，尽量减少不必要的装卸倒载，但需要用户仓库配置有相应装卸平

台和装卸设备等。因此,用户的装卸条件也直接影响着系统效率和进入公路货运站(物流中心)作业的货物量。

铁路、航空运输货运站场也应与物流配送相结合。铁路、航空运输企业的经营范围已不再是单纯的铁路或航空运输,他们利用自身的优势跨行业集公路运输、物流配送的一体化经营发展趋势越来越明显,越来越多的铁路货运站利用自身的汽车运输车队或委托汽车专业运输公司进行全程运输或物流配送。即铁路、航空运输的货物,除了仓储等需要,一般都可以从铁路、航空货运站直接运送到用户,而不需要再进入公路货运站或其他的物流中心进行中转。因此,随着铁路、航空货物运输模式按着物流运输链组织方式发展的增强,铁路、航空货运站也应与物流中心相结合、一体化建设,促进与公路联合运输、物流配送的经营模式发展。

(四)加强与枢纽站场衔接的城市交通的同步建设

枢纽站场的运行状况以及便利程度,很大程度上取决于与城市交通网络的衔接和集疏运组织水平,只有枢纽站场与城市交通形成畅通便捷的交通衔接,枢纽的运行效率、运行状况、地区交通才能得到较好的改善,才能减少人们提前出门的时间和在站场候车、候机的时间,才能较好地改善枢纽站场的拥挤状况,以及相应地减小对站场建设的规模需求。

与枢纽站场衔接的城市交通除了在规划上协调以外,应与枢纽站场同步设计、同步建设,及时提供良好的集疏运服务。

市区大型铁路主要客运站(如北京市的北京站、北京西站、北京南站等),应有两条以上的城市轨道交通线,以及便捷的地面公交和出租车服务。

较大规模的铁路客运站、辅助客运站,主要公路客运站,主要民航机场,应有至少一条城市轨道交通线,以及便捷的地面公交以及出租车服务。

其他一般的客运站,应有发车频率较高、便捷的地面公交以及出租车服务。

应同步建设与城市道路网衔接的进出便捷、通行能力充分的货运枢纽站场的连接通道。

(五)加强枢纽站场的信息化建设,大力提高信息化水平

枢纽站场的信息化建设是运输系统信息化的关键,不仅直接关系到枢纽的运行效率和服务化水平,而且关系到运输组织模式和运输效率,关系到一体化运输系统的建设和运输行业的整体信息化水平,关系到“以人为本”思想的体现。因此,应大力加强枢纽站场的信息化建设,加强与各类交通运输信息化系统与信息化平台有效衔接,实现信息资源共享。枢纽站场应按照现代化的站场信息服务要求和运输系统信息化水平提高的要求,建设和完善各类信息系统;政府则应统一标准和加强公用信息平台的建设,以及市场主体无力推动的、涉及整个行业经营模式改进的信息系统的建设,如以促进联合运输开展为目标的单据传输系统、运费结算系统等。

第二节　加强系统一体化的主要措施

一体化运输服务涉及到市场构架、运输组织、法律法规、技术标准、信息传递、价格政策、货运代理等多方面的内容，问题非常复杂，也是目前的主要薄弱方面，需要进行专业性、系统性的研究。本章节主要是从宏观上、思路上提出一些方向性建议。

一、交通运输系统纵向层面关系

交通运输是工具，不是目的。交通运输为人们交往和物资流通提供支撑条件和服务，其发展是为了支持经济和社会发展目标的实现以及人们生活质量的提高。因此，可以说，交通运输是达到其他目标的一种“工具”，是为其他目标服务的，它不是目标本身。从使用者角度而言，使用者要求和最终关心的是便捷、效率、经济、全程一体化的交通运输服务，运输经营者以及私人的交通运输工具能够在布局完善的交通基础网络上顺畅、无障碍和较高服务质量地完成旅客和货物的全程运输。从交通运输系统的使用关系划分，可分为用户、交通运行与运输服务、交通基础设施三个层面，它们之间的关系及对一体化的要求如图 8-1 所示。

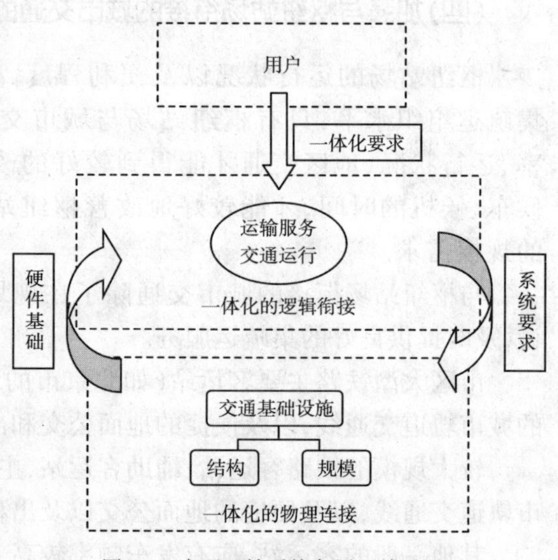

图 8-1　交通运输系统各层面关系图

从运输生产和使用的角度来看，交通运输大系统按照纵向层面划分，可分为交通基础设施网络系统、交通运行与运输服务系统。

交通基础设施网络系统，是交通运输工具得以运行的基础，其发展水平以及各部分的连接关系直接影响着交通运输工具的通达和运输组织方式，其各部分物理上的一体化连接是构建一体化交通运输系统和进行一体化运输组织的基础条件。在该层面上建设综合运输体系主要有两大任务，一个是根据各种运输方式的优势和功能需求进行优化组合，解决结构比例问题；另一个就是促进各种运输方式协调发展、有效衔接、相互配合，基础设施网络各组成部分物理上的一体化连接是构建综合运输系统的重要基础条件。

交通运行与运输服务系统，是交通运输发挥功用、产出效率和效益的系统，是综合运输体系最终成果和效率的体现，其各组成部分和环节的一体化逻辑衔接是实施连续、无缝的一体化运输组织和服务的关键，也是提高交通运输效率和服务水平最具有效力的手段。在该层面上建设综合运输体系和构建综合运输系统的任务，就是要在制度、机制以及市场构架和规则上消除环节障碍，促进各种运输方式分工协作、紧密配合、提供一体化的全程运输服务。

二、实现物理上一体化连接的主要方向性措施

（一）加强规划编制和提高综合运输发展规划的约束力

目前，规划的主要问题是：

（1）规划的水平不高，没有长期发展的明确理念作指导，没有一个比较稳定的长期发展主线，长远性、战略性不足，主要是以解决当前或近期问题为重点；

（2）综合运输发展战略贯彻不足，缺少具有约束力的真正体现综合运输发展的综合运输大框架规划，在实际建设实施中，以各部门各自的专项规划为依据；

（3）规划的连续性、稳定性差，缺乏约束力，变化大，经常有较大的调整。

针对目前规划方面存在的上述问题，应从以下方面努力加以解决：

（1）提高规划编制的科学性。以科学发展观为指导，加强综合运输理论研究，提高对交通运输与国民经济、自然、环境的关系的认识，结合发展需要和我国国情，科学地编制高质量、具有前瞻性的交通运输发展规划。同时，应扩大规划编制的参与面，对规划或规划研究报告提出的发展理念、发展战略、重大布局及其他相关的主要问题进行较大范围的广泛讨论，以取得各层面、各有关部门及专家比较统一的共识。

（2）加强综合运输发展规划编制，提高对专项规划的指导和约束力，促进各种运输方式基础设施的协同发展和良好衔接。重大和大型交通基础设施建设必须受综合运输发展规划约束，才能做到各种运输方式的合理配置和相互衔接。

（3）提高规划的连续性和较长期稳定性。经政府批准通过后的规划，应将其视为法律性文件，维护其严肃性和权威性，进行较大的调整和修改应按相应的程序报批后进行。

（二）从项目立项审批和土地供给审批环节上加以促进

各级主管部门应根据发展规划，编制主要交通基础设施布局规划，研究各种运输方式、城市内外交通之间的衔接关系，加强布局规划的科学论证和各相关部门的协调，建立重大项目规划建设协调机制。要从项目立项审批和土地供给审批环节上，促进资源整合和相关项目的同步设计、同步建设。

（三）共同布局设计，联合投资建设

对于涉及多种运输方式、城市集疏运交通的工程项目，如综合客运枢纽等，主建部门应联合其他相关部门共同进行布局论证与设计，联合投资建设；对于未能同步联合投资建设

的，应预留在技术上可行的接入场地和空间。

三、实现逻辑上一体化衔接的主要方向性措施

(一)及时形成运营网络对接

对于新项目，其他集疏运方式应及时开通或调整相应的运营线路与之对接，例如，地面公交线路和车站应与城市轨道车站相对接，城市公共交通应及时开通与铁路车站、公路客运站衔接的线路等。

(二)营造一体化分工合作的市场机制和环境

(1)深化改革，使企业真正成为市场主体，增强合作的动力和积极性；

(2)市场开放，公平准入，合理竞争，促进企业加强联合、协作，以提高专业化和核心竞争力，参与市场竞争；

(3)建立合理的各种运输方式价格比价关系，充分发挥各自的优势。

(三)加强一体化运输服务提供与有效衔接的制度和法规建设

多种运输方式分工协作、共同完成全程运输，需要有相应的制度和法规以及市场运作规则作保障，如责任划分、技术标准、单据形式、信息传递、费用清算、赔偿、仲裁等等，这些需要政府和行业协会积极推动，加强建设。

(四)加强一体化的信息平台建设和信息资源共享

信息技术的发展和推广是推动一体化运输的重要因素，各环节的有效衔接和一体化的全程运输服务很大程度上是建立在信息系统的有效连接和信息资源共享的基础上。

(五)积极发展货运代理业

货运代理业的发展可以更大范围地促进一票到底的全程运输服务的开展，并会推动各种运输组织的创新以及相关制度和规则的完善。

附录 >>

交通运输发展的相关政策评述

内容提要：国家综合运输相关规划与政策和城市交通发展政策共同构成我国大城市综合运输系统规划、建设、运行的政策环境。本部分从我国综合交通体系建设、城市规划、城市土地利用、城市交通管理、城市综合交通规划等方面，对我国城市综合运输系统发展相关的政策法规进行评述。总体而言，这些政策法规对于建设以大城市为中心的综合运输系统具有积极的指导意义和支持保障作用。

至目前为止，我国交通运输业基本上是按照不同行业自成体系，交通运输发展规划、投资建设、产业政策的制定也由不同行业主管部门分别进行，没有纳入统一的大系统进行综合性、平衡性的考虑，因此难以形成资源优化配置的各种运输方式顺畅、高效衔接的综合运输系统，整体功能不强、衔接环节不顺畅、交通拥堵、体现以人为本不足等问题比较突出。

城市综合运输系统是国家综合运输体系的重要组成部分，也是城市建设规划的重要内容，它的发展不仅受到国家总体交通运输政策的影响，也受到城市规划、土地、城市交通建设与管理等相关政策的影响。过去由于体制分割，城市的内部与外部交通分别由不同的部门进行规划、建设与管理，难以形成紧密衔接、协调一致的城市综合运输系统。近年来，随着交通运输业管理体制的改革与调整，综合性的交通运输业政策、规划相继出台，为城市综合运输系统建设扫除了一些障碍，提供了基础平台，优化了发展环境。

一、有关综合运输发展方面的政策评述

改革开放以来，我国交通运输发展迅速，综合交通网络规模不断扩大，网络布局和结构得到改善，设施装备水平较大提高，运输能力显著增强。但从总体上看，交通运输仍然不能适应国民经济和社会发展的需要，"瓶颈"制约尚未完全消除，结构性矛盾仍较突出。根据党的十六大提出的全面建设小康社会总体任务，需要加快建立便捷、通畅、高效、安全的综合运输体系，以最小的资源和环境代价满足经济社会对运输的总需求。在这一形势下，国家出台

了一系列政策和规划来推动综合运输的发展,政策的着力点集中于三个方面:一是加快综合交通网建设;二是提高运输效率与服务水平;三是推进交通管理体制改革。

1. 加快综合交通网建设

"十一五"规划从"大力发展主要面向生产者的服务业,细化深化专业化分工,降低社会交易成本,提高资源配置效率"角度,对交通运输进行了规划。对加快我国交通运输业发展,优化结构、提升质量、创新服务具有积极的指导意义。规划要求"优先发展交通运输业","统筹规划、合理布局交通基础设施,做好各种运输方式相互衔接,发挥组合效率和整体优势,建设便捷、通畅、高效、安全的综合运输体系"。根据"十一五"规划,国家发改委编制了《"十一五"综合交通体系发展规划》(以下简称《"十一五"综合规划》)作为"十一五"期间指导我国交通运输发展、确定该领域重大工程和安排政府投资的重要依据。2007 年,《综合交通网中长期发展规划》(以下简称《综合规划》)获国务院审议通过,这是我国 2020 年以前交通运输基础设施空间布局的总体规划,是指导各种运输方式布局和发展规划的依据,标志着我国综合运输发展进入实质性阶段。

《综合规划》共分综合交通网现状评价、规划指导思想与目标、规划原则、功能定位、规划方案、综合交通网发展重点、规划实施前景和政策措施等 8 个方面内容,概括起来要重点解决 3 个方面问题:一是交通运输总量问题;二是交通运输结构问题;三是交通运输衔接问题。《规划》确定了"五纵五横"综合运输大通道、国际区域运输通道和综合交通枢纽的布局,并提出了发展重点和相关政策措施。

《"十一五"综合规划》确定了"十一五"期间我国综合交通体系的网络总规模为 260 万公里左右,综合运输大通道骨架网基本形成。在设施建设方面,重点规划了综合运输大通道及枢纽、能源运输系统、集装箱运输系统、区域开发交通和农村交通网络等。

评述:《综合规划》的发展思路和政策主要是,一是在综合运输体系思想的指导下,继续加快各种运输方式的发展,促进各种运输方式完善结构和系统优化;二是通过规划和项目立项等手段,加强发展引导和协调,促进各种运输方式间的网络结构优化和枢纽有效衔接,发挥各种运输方式在约束条件下的比较优势和整体效率,实现集约、高效和可持续发展,转变交通运输发展方式。《"十一五"综合规划》是各交通专项发展规划的上层规划,是对各专项规划的综合、优化和提升,明确了我国"十一五"期间交通基础设施的发展目标和任务,对于统筹协调各种运输方式,合理配置和有效利用交通运输资源,发挥综合交通的整体优势将发挥重要作用。

当前我国交通运输面临的现实问题是基础设施总量不足和五种运输方式的基础网络都处于完善期,但进一步发展又受到资源、环境等外部条件约束。上述规划以具体项目为依托,以加大财政对公益性交通投资、拓宽投融资渠道、优先供给运输大通道建设的土地和空域资源等政策措施为保障,确保了我国综合运输系统能够以发展为主线,加快基础设施的网络建设。同时,相关政策也明确提出要合理配置、集约利用运输线路资源,衔接优化各种运输设施空间布局,提高网络承载能力,建设现代综合交通体系。其对于我国综合运输系统的建设和实现交通运输又好又快可持续发展具有重要指导作用。

2. 提高运输效率与服务水平

《“十一五”综合规划》对于运输服务提出了六个发展目标：一是提高旅行时间准确性；二是初步建立运输产品、价格多样化，多方式相协调、点线面相衔接、集疏运相配套的客货运输服务体系，满足不同货种、不同层次旅客运输需求；三是建立全国性综合交通公众信息平台，以及基于卫星导航和地理信息技术的大城市交通诱导系统，建立比较完善的货运代理、客货营销等运输服务中介体系；四是提高运输效率；五是扩展普遍服务；六是基本建立起干线机场、高速公路网、快速铁路线路组成的城际快速客货运输网络。

评述：对于交通运输来说，系统效率最终要通过使用系统来体现，而《综合规划》主要是关于综合交通网络规划，对系统建设的指导主要在交通基础设施方面，对运输系统层面的内容涉及不多，只是在促进交通科技进步、促进交通资源节约和环境保护，以此带动综合运输系统整体效率、效益上升等方面提出了指导性、方向性的意见。《“十一五”综合规划》则明确提出了运输服务方面的发展目标，确定了以发展为主题，全面提升运输供给能力与服务水平的交通运输运行系统构建思路。在这一政策的指导下，我国将在加快交通基础设施网络建设的同时，更加注重提高运输效率和服务质量，全面推进各种运输方式现代化进程，使综合运输系统能够持续、健康、高效地运行和发展。

3. 推进交通管理体制改革

《综合规划》——深化交通体制改革。积极推进交通运输综合管理体制改革，统筹交通运输规划、建设、运营和管理。加强各交通部门之间的协调和配合，尽可能发挥综合运输的整体优势和效益。

《“十一五”综合规划》——以体制改革为保障，促进运输市场体系的完善。积极稳妥推进铁路体制改革，继续深化水运、公路和民航体制改革，为建立我国综合交通管理体制创造条件。应加强交通运输市场机制建设，完善交通运输市场的进入、退出机制和监管体系，促进公平竞争，形成全国统一、开放的运输市场。同时，加强交通运输的法律法规建设。

评述：交通运输的管理体制必须与其不同阶段的特点相适应。经过多年的发展积累，我国各种运输方式均已形成了较大的规模与基础，水运、公路、民航等行业也完成了政企分开的管理体制改革。当前交通运输业的发展重点已开始逐步由各种运输方式的自系统建设转向综合运输系统协调发展，因此也要求更高级别的综合管理部门发挥主导作用。

在《综合规划》和《“十一五”综合规划》中，对于交通运输的管理体制改革都给予了高度重视，也触及了铁路和综合运输管理体制改革等关键性问题。从国家政策的基本取向来看，转变政府职能、建立“大交通”管理体制的趋势已十分明确。在 2008 年 3 月召开的十一届全国人大一次会议上，“大部制”体制改革方案获得通过。随后，对公路、水运、民航、邮政和城市客运等多个行业进行统筹管理的新的交通运输部成立，它承担了“涉及综合运输体系的规划协调工作，促进各种运输方式相互衔接”的职能。尽管在此次改革中，铁路的相关管理职能最终还是没能并入交通运输部，但现有改革方案已经在构建“大交通”体制的道路上迈出了实质性步伐，对促进交通运输业协调发展和保障综合运输系统高效运行将发挥重要作用。

二、有关城市交通和城际交通发展方面的政策评述

《“十一五”综合规划》将城际客运与城市群及大城市交通作为发展重点之一，明确提出了：城际客运系统应以高速铁路、航空、高速公路为主；城市群和特大城市以发展轨道交通和道路公共交通为主。

1. 城际客运

在保证安全、增加能力的前提下，要大力提高运行速度和方便舒适程度，继续推进以北京、上海、广州、郑州、武汉、成都、西安、沈阳等中心城市为核心，连接主要省会城市的城间旅客快速运输系统建设，加快重点区域快速运输网的形成，构建以快速客运系统为主干的城市间客运系统。

2. 城市交通

大城市、特大城市客运交通应发展以轨道交通为骨干、道路交通为主体的公共交通系统。特大城市要以缓解日益拥堵的交通状况为目标，制定公交优先策略，大力发展大输送量的地铁和城市轻轨，建设道路准快速公交网络系统；在有条件的大中城市建设快速公共汽车交通系统（BRT）。同时，要从建设城市交通与城郊交通一体化运输系统出发，加快城市主要客运枢纽和配套的大型公共停车场等设施建设以及货运枢纽建设，增强城市交通与城市间交通的衔接配合和资源共享；增加城市交通控制与管理系统的科技投入，大力发展智能化交通管理与引导系统，合理引导交通需求，有效疏导交通流量的时空分配；继续推广可替代燃料公交车辆的技术开发和使用，推动国Ⅲ排放标准的全面实施，减少交通对环境的损害。

评述：城市交通与城际交通是大城市综合运输系统重要的子系统，《“十一五”综合规划》将其作为“十一五”期间我国综合交通体系的发展重点，在国家政策层面上给予了高度关注。在城际交通方面，规划了环渤海、长三角、珠三角、华中、西南、东北等区域以重点城市为中心的城市间快速客运系统，将使这些地区以交通为依托，进一步发挥中心城市的辐射带动作用，快速推进区域一体化进程，同时也为中心城市自身的发展创造了条件。在城市交通方面，将解决道路拥堵问题确定为特大城市交通发展目标，以优先发展公共交通为手段，特别强调加快轨道交通建设以及重视枢纽的建设与衔接。此外，针对城市交通产生的资源消耗和环境污染等问题也提出了对策措施。这些政策充分体现了“以人为本”的城市交通发展理念，对于构建资源节约、环境友好型的城市交通系统具有重要指导意义。

三、有关城市综合交通规划方面的政策评述

城市的建设和发展是一项庞大的系统工程，而城市规划则是驾驭整个城市建设和发展的基本依据和基本手段。为保证科学、合理地制定和实施城市规划，确定城市的规模和发展方向，实现城市的经济和社会发展目标，我国于1990年开始施行《中华人民共和国城市规划法》（以下简称《规划法》）。城市规划具有很强的综合性，关系各行各业，涉及多个领域，其中也包括城市的交通运输，《规划法》中与城市交通运输相关的内容主要有：

第十五条　编制城市规划应当贯彻有利生产、方便生活、促进流通、繁荣经济、促进科学技术文化教育事业的原则。

评述：交通运输是社会生产与人民生活正常运行的重要基础，是经济与各项社会事业健康、稳定发展的基本保障，为切实贯彻上述原则，城市规划的编制必须高度重视城市交通运输的建设与发展。

第十九条　城市总体规划应当包括：城市的性质、发展目标和发展规模，城市主要建设标准和定额指标，城市建设用地布局、功能分区和各项建设的总体部署，城市综合交通体系和河湖、绿地系统，各项专业规划，近期建设规划。

评述：《规划法》明确规定城市综合交通体系是城市总体规划的内容之一，即制定城市总体规划对城市空间进行布局时必须对城市综合交通体系进行配套的规划，从法律层面确定了城市综合交通体系在城市规划与建设中的地位，确保了综合运输规划与城市建设用地、功能分区等其他规划内容的协调一致和顺利衔接。

第二十四条　新建铁路编组站、铁路货运干线、过境公路、机场和重要军事设施等应当避开市区。港口建设应当兼顾城市岸线的合理分配和利用，保障城市生活岸线用地。

第二十七条　城市旧区改建应当遵循加强维护、合理利用、调整布局、逐步改善的原则，统一规划，分期实施，并逐步改善居住和交通条件，加强基础设施和公共设施建设，提高城市的综合功能。

评述：《规划法》对于城市新区开发和旧区改建所涉及的交通运输问题做出了较为具体的规定，体现了统筹协调、资源优化配置的综合运输体系发展理念，同时强调了交通运输在完善城市功能、促进城市繁荣方面的基础保障作用。

按照《规划法》要求，编制城市总体规划时必须同时编制城市综合交通规划。前几年，北京、上海、天津、广州、深圳等一批特大城市先后编制完成了城市综合交通规划。近年来，一些大城市和中等城市也开展了综合交通规划，如济南、厦门、苏州、杭州、东莞、温州等都相继完成和正在编制城市综合交通规划。

评述：城市综合交通规划的编制对于支撑城市科学、可持续发展，实现城市交通与土地、经济、城市空间布局的协调，构建高效、通达、安全的交通发展环境具有重要意义。但目前各城市的综合交通规划大多从交通基础设施建设角度出发进行编制，且偏重于城市内部交通，

对市域交通、对外交通、运输枢纽等方面比较笼统或涵盖不全,并非真正意义上的包括城市内部交通和外部交通、基础设施和运行使用的大城市综合运输系统规划。对于城市综合运输系统规划应包含的内容、范围、体现的发展思想等还有待于进一步研究和明确。

四、有关城市交通建设用地方面的政策评述

交通基础设施建设需要占用大量的土地,同时交通生成的强度和集中度在很大程度上决定于土地的布局规划,因此城市的交通运输与城市土地利用之间存在密切关系,大城市的综合运输系统发展也受到相关土地政策的深刻影响。1986 年《中华人民共和国土地管理法》(以下简称《土地法》)经全国人大通过并颁布,标志着我国土地管理工作开始纳入依法管理的轨道。随后 20 多年的时间内,为适应我国土地管理的新形势,《土地法》历经三次重要修订,形成当前文本,其中与城市综合运输系统相关的内容主要有:

第四条　国家实行土地用途管制制度。

国家编制土地利用总体规划,规定土地用途,将土地分为农用地、建设用地和未利用地。严格限制农用地转为建设用地,控制建设用地总量,对耕地实行特殊保护。

……建设用地是指建造建筑物、构筑物的土地,包括城乡住宅和公共设施用地、工矿用地、交通水利设施用地、旅游用地、军事设施用地等……

第十七条　各级人民政府应当依据国民经济和社会发展规划、国土整治和资源环境保护的要求、土地供给能力以及各项建设对土地的需求,组织编制土地利用总体规划。

第十九条　土地利用总体规划按照下列原则编制:

(一)严格保护基本农田,控制非农业建设占用农用地;

(二)提高土地利用率;

(三)统筹安排各类、各区域用地;

(四)保护和改善生态环境,保障土地的可持续利用;

(五)占用耕地与开发复垦耕地相平衡。

第二十二条　城市建设用地规模应当符合国家规定的标准,充分利用现有建设用地,不占或者尽量少占农用地。

评述:按照《土地法》规定,交通基础设施用地属于建设用地,用地总量受到严格控制。近年来,党中央、国务院按照科学发展观的要求,又出台了一系列严格的土地政策,收紧了包括交通基础设施在内的各项建设用地供给。在这种政策环境下,一方面,城市交通运输的发展必须贯彻综合运输系统建设理念,走集约化发展道路,与城市的土地总体规划相结合,科学、合理、高效地利用土地,用最小的土地占用满足更多的客、货运输需求;另一方面,要根据科学发展观的要求,编制好城市交通发展战略规划,对土地、线位等需求进行平衡和预留,保障交通运输的合理发展,避免过大的动迁和用地成本的大幅增加。

第五十四条　建设单位使用国有土地,应当以出让等有偿使用方式取得;但是,下列建

设用地，经县级以上人民政府依法批准，可以以划拨方式取得：

（一）国家机关用地和军事用地；

（二）城市基础设施用地和公益事业用地；

（三）国家重点扶持的能源、交通、水利等基础设施用地；

（四）法律、行政法规规定的其他用地。

评述：根据上述条文规定，城市综合运输系统建设用地可以以划拨方式取得，体现了交通基础设施明显的公益性特征，将其用地归属于政府配置资源范畴，便于根据交通运输建设用地需求的特点合理安排用地，以满足城市发展对交通运输的客观需求。但是，土地的划拨方式取得并不代表着交通用地可以宽松，交通用地仍然受用地总量指标和项目用地指标严格控制，受城市土地使用规划的限制，交通项目的数量规模、建设标准必须经过科学的严格论证，通过相应的程序进行立项报批等，没有取得土地使用证的项目不得开工建设。"十五"期以来，国家加强了这方面的管理和检查力度，暂停了一些已开工项目和要求补办相关手续。由于城市土地空间资源严重短缺，交通运输系统建设更加应该按照"资源节约型、环境友好型"的模式发展，科学合理用地。

五、有关城市公共交通方面的政策评述

改革开放以来，我国城市公共交通有了较快发展，但随着经济社会发展和城镇化进程的加快，一些城市交通拥堵、群众出行不便等问题日益突出，严重影响了城市发展和人民群众生活水平的提高。优先发展城市公共交通是提高交通资源利用效率，缓解交通拥堵的重要手段。为解决好城市交通问题，促进城市健康发展，原建设部、发展改革委等六部委于2005年联合发布了《关于优先发展城市公共交通的意见》（以下简称《意见》），用于指导全国各城市公共交通的发展。

《意见》从进一步提高认识、充分发挥规划调控作用、完善公共交通基础设施、优化公共交通运营结构、保障公共交通的道路优先使用权、积极稳妥地推进行业改革、进一步加大政策扶持力度、加强组织领导和监督检查八个方面对优先发展城市公共交通提出了指导意见。

依据《关于优先发展城市公共交通的意见》，原建设部、发展改革委、财政部、原劳动与社会保障部于2006年下发了《关于优先发展城市公共交通若干经济政策的意见》（以下简称《经济政策》），主要从以经济手段促进行业发展角度提出优先发展城市公共交通的若干意见。

《经济政策》共提出六方面意见，分别是："加大城市公共交通的投入"、"建立低票价的补贴机制"、"认真落实燃油补助及其他各项补贴"、"规范专项经济补偿"、"维护职工合法权益，稳定职工队伍"、"加强领导，落实责任，确保行业稳定"。

评述：上述政策针对我国土地资源稀缺、城市人口密集、群众收入总体水平还不高这一客观形势，明确了优先发展公共交通是我国城市交通发展的基本政策，是贯彻落实科学发展

观和建设节约型社会的重要举措。《意见》不仅确定了公共交通在城市交通中的优先地位,而且提出了公共交通系统建设的战略目标和实现目标的具体措施与政策保障,对加快我国城市公共交通发展,完善城市综合运输系统具有重要的指导意义。《经济政策》是在《意见》基础上,对城市公共交通发展所涉及的经济领域的问题做出具体指导的政策性文件。它进一步明确了城市公共交通的公益性定位和政府在其中的主导性作用,特别是在财税政策、相关补贴等方面做出了明确规定,为城市公共交通的发展提供了可靠的资金保障。此外,它还从队伍建设和行业监管等方面提出了相关意见,将引导城市公交行业健康、稳定发展。

在上述政策的指导下,我国许多城市根据本城市具体情况制定了相应的"公交优先"政策,并在实施后取得了良好效果。

1. 实行低票价政策

为了更大地发挥公共交通的作用、缓解城市交通拥堵不断恶化的发展趋势,很多城市通过财政补贴手段对公共交通实施低票价政策。例如,北京市将公共交通定位为公益性事业,对原有的票制票价进行改革,单一票制的普通公交车1元/人次、空调车2元/人次,自2007年1月1日开始又实行持"一卡通"乘车打折政策,刷卡成人打四折、学生打两折。同年10月7日,北京市又对轨道交通票价进行了降价调整,轨道交通全路网(不含机场轨道交通线)实行单一票制,票价为2元/人次。经过这一系列票价政策调整,使北京公共交通的吸引力显著增强,客流量和城市公共交通分担率明显上升。目前,全市公共电汽车的客流量已经由2005年的940万人次/日上升到1100万~1200万人次/日,地铁全线的日均客流量调价后激增了近60%,由日均157万人次上升到248万人次,目前更是达到325万人次,市内交通的公交分担率也已经超过了小汽车,达到30%左右,引导市民选择公共交通出行方式的效果十分明显。市民的公交出行成本也大幅降低,据测算,仅轨道交通的票价调整就使80.2%的乘客平均每人次减少支出1.3元。

2. 加大公交投入力度

近年来,许多地区加大了对公共交通的投入力度。就北京市而言,由于2007年开始实行的低票价政策获得了良好的效果,2008年全市地方财政支出安排了87.1亿元用于继续支持这一政策。另外,财政还安排资金100亿元,大力支持轨道交通建设。目前,北京市对公共交通基础设施的投资已超过城市基础设施投资总额的50%,设施建设速度明显加快,规模迅速扩大。截至2008年上半年,全市轨道网总里程已达到142公里,加上7月20日投入运营的10号线、奥运支线和机场线,轨道网总里程接近200公里,比"九五"期末翻了近两番。在资金的支持下,公交专用道的建设速度也显著加快,目前已超过200公里,进一步保障了公共交通的优先路权,提高了公交车辆的通行能力和周转率,方便了市民的日常出行。

3. 优化公交线路和车辆运营结构

公交线网与车辆结构优化也是优先发展公共交通的重要政策之一,北京市的公共交通改革方案中也包括了这方面的政策措施。具体包括:为方便居民出行新开辟部分线路、对一些线路做局部调整以及减少重复线路等,同时加强线路之间的衔接,改善换乘条件等。北京市还把原来的市场化和公益性的线路都归结为公益性公共交通,使得公共交通的潜力给予了充分挖掘。在调整公交车辆运营结构方面,以安全、舒适、快捷、环保等为目标,确立了以市内公共电汽车为主体,专线车、空调车、双层车、旅游车、长途汽车、以及出租汽车为辅的公交车辆结构,满足了广大市民的不同出行需求。此外,北京市还加快了"绿色公交"步伐,CNG、LPG 公交车、出租车、加气站大规模推广使用,截至 2007 年底,使用清洁燃料的"绿色"环保公交车达到 13996 辆,占公交电汽车总数的 50% 以上,其中天然气公交车 3752 辆,使北京市成为世界上使用天然气公交车最多的城市。通过这些政策的实施,城市公共交通的吸引力进一步增强,对缓解交通拥堵,改善城市环境发挥了重要作用。

参考文献

[1] 罗仁坚. 北京市综合运输发展战略规划[R]. 国家发展改革委综合运输研究所,2007.

[2] 罗仁坚. 成都市综合运输发展战略规划研究[R]. 国家发展改革委综合运输研究所,2008.

[3] 高扬,李伟. 北京城市交通发展模式以及当前紧迫任务[J]. 城市交通,2005(1).

[4] 王小广. 城市发展战略性失衡的严重后果——兼论解决中国大城市交通拥堵的对策[J]. 中国经济时报,2007(11).

[5] 戴学锋. 北京城市交通堵在思路上——对北京交通规划的深层次思考. 人民网,2005(2).

[6] 北京交通发展纲要(2004—2020 年)[R]. 北京市人民政府,2005(4).

[7] 郭小碚,罗仁坚,等. 我国现代综合运输体系框架研究[R]. 国家发展改革委综合运输研究所,2003.

[8] 金凡等,译. 迈向可持续的公共交通之路——首尔公交改革的经验与成就. Gyeng Chul Kim 著. 城市交通,2006(5).